おもしろ
日本史
大全

「歴史の真相」研究会

宝島社

はじめに

「どのような歴史もすべて物語と分析の混合物である」

かつて、フランスの歴史学者フランソワ・フュレはこう語った。歴史は過去に起こったことではなく、歴史家たちによって作り上げられたものである、と。

歴史が作り上げられるその過程において、必要不可欠なものが資料、すなわち歴史書である。けれども、そもそも歴史書に記されていることが事実かどうかは、現代に生きる誰にもわからない。

誰もが一度は見たことがあるだろう源頼朝や聖徳太子の「肖像画が別人だった」など、学校の教科書でさえ10年もすれば内容が変わってしまう例は枚挙に遑《いとま》がない。数多くの人の目にさらされる歴史教科書でさえ、このような誤謬が多いのだから、「いわんや歴史書をや」である。我々が知っている〝歴史〟は単に、歴史家による現時点での「もっとも有力な見立て」にすぎないのだ。

歴史は、時代とともに変遷していく。もっと言ってしまえば、権力者の移ろいとともに。言い換えれば、〝価値基準〟や〝正義〟とともに。そういう視点で数々の資料——異説・新説・奇説を洗い直すと、新しい歴史像が見えてくる。

「西行は清盛を見捨てて頼朝についた」「本能寺の変は〝壇ノ浦〟の続き」「上杉謙信の急死は信長による暗殺」「龍馬は西郷をバカだと思っていた」「土方歳三は幕府軍の仲間に暗殺された⁉」「生類憐みの令の本当の狙いとは?」「あと一歩で〝徳川内閣〟が成立していた」「小野妹子は最初の遣隋使ではなかった⁉」エトセトラ。

教科書や大河ドラマの描写が真実だとは限らない。本書で取り上げている日本史も、「真実の可能性がある」という以上のことは言えない。それでも、学校で教えてくれない〝真実〟は確かに、ある。かつて、日本という国で何が起こったのか。そして、何が起こらなかったのか。判断は読者諸兄に委ねるしか、ない。

「歴史の真相」研究会

▶月岡芳年が描いた源義経。（右）五条橋で武蔵坊弁慶と戦う義経。（左）奥が義経、手前が武蔵坊弁慶。弁慶は後に義経の家来となった

容姿端麗な美男子？ 出っ歯の醜男？

映画やドラマでは、必ずといっていいほど二枚目俳優が演じる武将・源義《みなもとのよし》経《つね》。それもそのはず、『義経記《ぎけいき》』には、かの楊貴妃《ようきひ》や松浦佐用姫《まつらさよひめ》に例えられるような美貌の持ち主だったと記されているのだから。

だが一方で、『平家物語』には「色白で背の低い男だが、前歯がとくに出ている」とか「平家の中のえりくずよりもなお劣っている」などと記されて、散々だ。平家側からすれば、一族を滅亡に追いやった男なのだからこのような批評は仕方ないにしても、これはあまりにもひどい。

楊貴妃に例えられるほどの美貌の持ち主？

謎多き武将・源義経は美男子だったのか？

では、彼の容貌を客観的に記した資料やその姿を描いた絵画はとなると、実はひとつも残されていないのだ。ひたすら眉目秀麗な英雄として語られているが、いささか美化されすぎていることは否めないだろう。

義経は１１８９年に戦に敗れ、自ら命を絶ったとされるが、その遺体は判別できないほど腐敗していたため、「義経不死伝説」まで語られている。

日本史上初の「国王」就任を目指した男

織田信長は朝廷を滅ぼして国王になろうとした!?

天皇の威を借りる日本の権力構造を覆す!?

藤原氏、平氏、源氏、足利氏…。彼らはみな、天皇家と姻戚になったり、官位をもらって威信を高めることで、支配の後ろ盾にしてきた。実権を持たないにもかかわらず、なぜか誰も天皇を「王位」から引きずり下ろそうとは考えなかったのだ。

▶楊斎延一画「本能寺焼討之図」。本能寺の変は明智光秀以外の首謀者がいたともいわれ、謎が多い事件である

かの織田信長もまた、例外ではなかった。内裏の修復を援助したり、金品を献上するなど朝廷に対して平伏する姿勢を貫く。ところが1577年に右大臣に任命されると、信長は翌年にその位をあっさり返上。やがて、朝廷が権限を持つことに口出しをはじめる。これは、「朝廷に権威を認めてもらう」体制にはコミットしないという宣言であった。

信長は新しい価値観に基づいて、天皇に代わる「日本の国王」になろうとしていたと思われる。このままでは朝廷を滅ぼされると危惧した公家たちは、勤王主義者の明智光秀にある話を持ちかける。これこそが、本能寺の変の真相ではないだろうか…。

幕末最大のミステリー、正体不明の暗殺者

近江屋事件の標的は坂本龍馬ではなかった!?

あの日、坂本龍馬はとばっちりで殺された!?

事件は大政奉還後の１８６７年12月10日に起きる。幕府に目を付けられていた坂本龍馬は、身の危険を感じて「近江屋《おうみや》」へと移っていた。夕方頃、維新志士の中岡慎太郎《なかおかしんたろう》が龍馬のもとを訪ねる。龍馬と中岡が話し込んでいたところ、突然、何者かが部屋に駆け込

▶（右）1867 年頃に撮影された、坂本龍馬座像。（左）中岡慎太郎。隣の黒く塗り潰された部分には女性が写っているとされる

み2人は斬られる。黒幕が誰なのかは謎が多く、龍馬はとばっちりで殺されたとする説があるのだ。

中岡は龍馬とともに、薩長同盟に尽力した人物。しかし、争いを好まず無血開城をさせた龍馬とは対照的で、武力による討幕を掲げていた。そのために、浪士たちによる陸援隊《りくえんたい》を組織したほどだ。それが、京都の治安維持部隊である新撰組や京都見廻組にどう映っていたかはいうまでもない。

襲撃されたとき、額を斬られただけの龍馬とは違い、中岡は暗殺者から執拗に滅多斬りにされている。中岡が尾行され、同時に居合わせた龍馬も口封じに殺されてしまった、という可能性が指摘されている。

▶（右）篤姫は１日に５回も着替えをするほどのキレイ好きだったという。（左）枕絵（春画）は性風俗を描いたもので、浮世絵のひとつ

大奥入りの前の厳しいお嬢様教育とは？

薩摩藩士・島津斉彬《しまづなりあきら》の養女となった天璋院篤姫《てんしょういんあつひめ》は、いずれ御台所《みだいどころ》になるという立場から、輿入《こしい》れ前に薩摩の鶴丸《つるまる》城《じょう》で徹底的に〝お嬢様教育〟を受けたといわれている。

篤姫はそこで島津家そして徳川家の歴史をはじめ、大奥でのしきたりや行事作法を学ぶ。厳しい教育は〝性教育〟でも同じだった。篤姫には〝世継ぎをもうける〟という重要な役割があったのだ。男女の秘戯（＝性行為）を描いた枕絵《まくらえ》（春画）を使い、彼女は徹底した性教育を受けたという。

しかし、実際に篤姫が送り込まれた

世継ぎのため、篤姫は性教育を教え込まれた

“お嬢様”な篤《あつ》姫《ひめ》だが実はかなりの床上手だった!?

将軍・家定《いえさだ》は性的不能だったため、子を作ることはできなかった。もし、それを周囲が知っていて子作りが難しい家定との間に世継ぎをもうけろと篤姫を送り込んだのであれば、なんともむごい話である。

だが、いずれ大奥へ入ることへの心がまえということもあり、篤姫は〝大奥教育〟に対して決して弱音を吐くことはなかったという。

偉大なる天才の情けない一面

言い訳がましく女好き 石川啄木の ヘタレ伝説

女性のことに関しては興味津々だった!?

明治末期の浪漫派詩人・石川啄木《いしかわたくぼく》。情感豊かな詩や歌で人々の心を掴んできた彼だが、私生活では数々の情けない逸話を残している。

20歳の頃、文学の道に進むため定職に就いていなかった啄木は、米屋に借金をしていた。そのとき啄木は借金が

▶（右）啄木は娼妓との遊びに金を費やし、借金を重ねたという。写真は函館市大森浜にある啄木の銅像。（左）妻の節子とともに写った写真

返せない理由を文章で説明したことがあり、用紙の長さは1メートル33センチにも及んだという。当時、借金をするのは珍しいことではなかったが、言い訳がましいにもほどがある。

啄木には女関係の逸話も多い。22歳のとき、短歌の添削を依頼されていた彼は、依頼者の平山《ひらやま》良子《よしこ》と名乗る女性に興味を持ち、妻がいる身ながらラブレターを送ったことがある。だが、その平山氏は実は男性であり、啄木は見事に騙されてしまったのだ。

また、23歳の頃の日記に、とんでもない内容が記されている。人に見られてもいいようにローマ字で書かれたそれは、なんと自らのH体験記。女好きだったのは間違いなさそうである。

▶（右）卑弥呼は“鬼道”によって統治する巫女だったともいわれる。photo by malfet_（左）奈良県の箸墓古墳を卑弥呼の墓とする説もある

卑弥呼は動乱を治めたカリスマか？

『魏志倭人伝』によれば、倭国は動乱期にあり、長らく戦が続いていた。やがて疲弊しきった国々は、和平を画策し始める。そこで国々の同意のもと、王としてひとりの女子が擁立された。これが「卑弥呼《ひみこ》」である。

だが、この卑弥呼は実は、役職名だったのではないかとする説がある。平和を求めた国々は、その〝象徴〟として女王を王にすることにし、「卑弥呼」という役職を設け、代々女性が就くこととなった――つまり卑弥呼とは、国内が平和な状態にあることを示すシンボルだったというのだ。

女王・卑弥呼は実在しなかった!?

卑《ひ》弥《み》呼《こ》は人にあらず役職名、または称号だった!?

『魏志倭人伝』には、「女王卑弥呼が死ぬと男子の王が立てられた。邪馬台国の人々はこれに服さず、内乱状態になり1000人が死んだ」という記述がある。これは、〝卑弥呼〟職を廃して男性の王を擁立したが、〝平和の象徴〟がいなくなったことで再び内乱が起きた……と考えられるのだ。

倭国の平和は「卑弥呼」あってこそのものだったのだろう。

おもしろ日本史大全

Contents

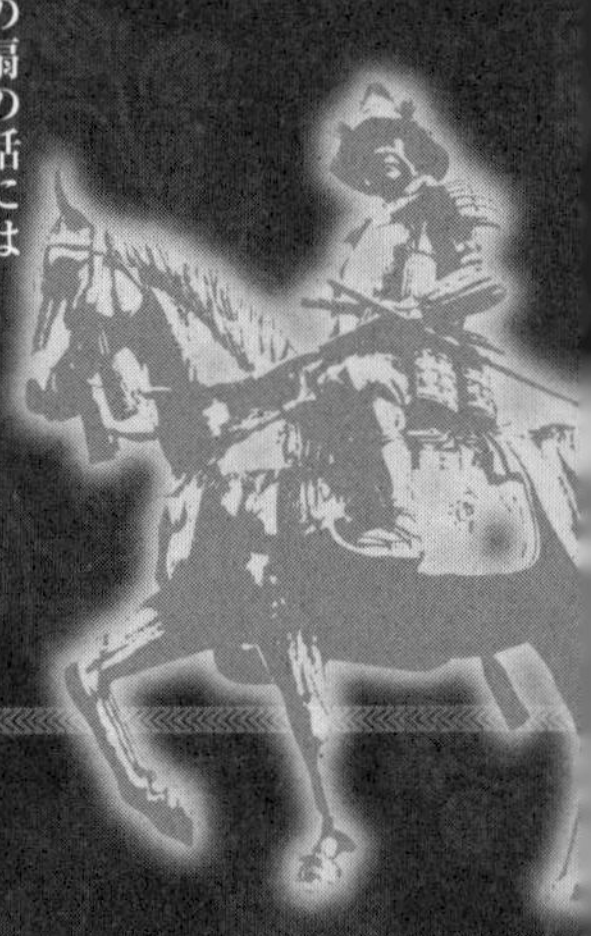

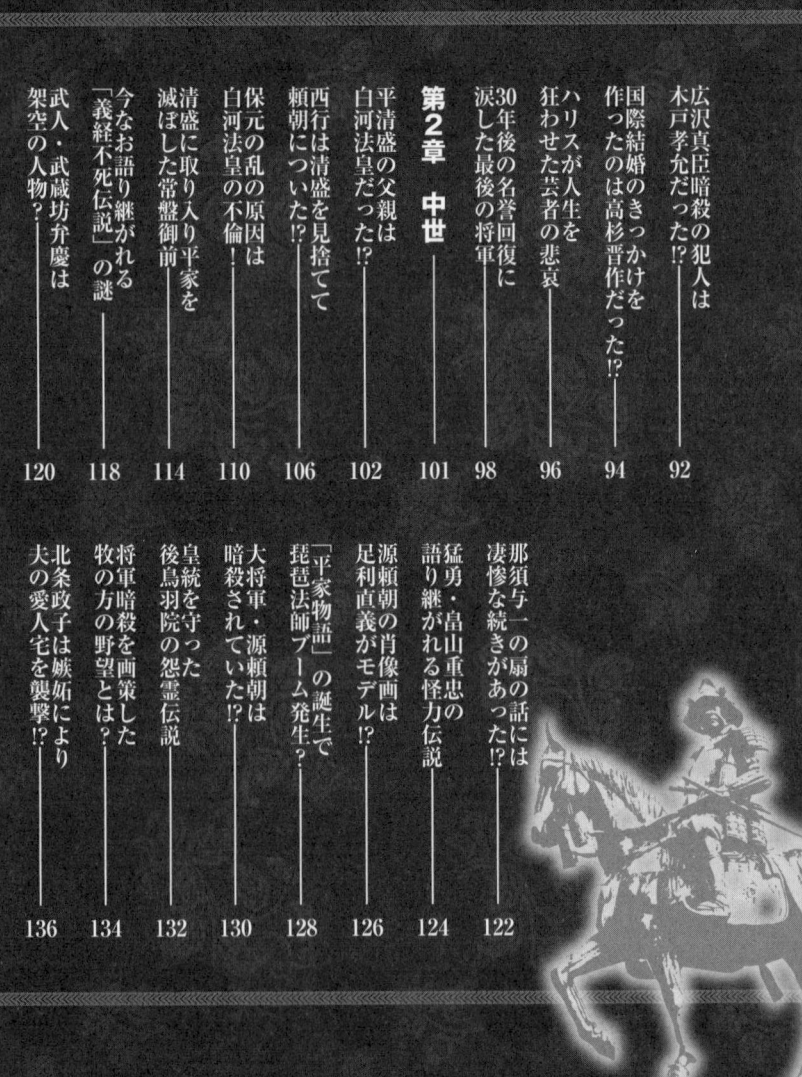

第1章 幕末

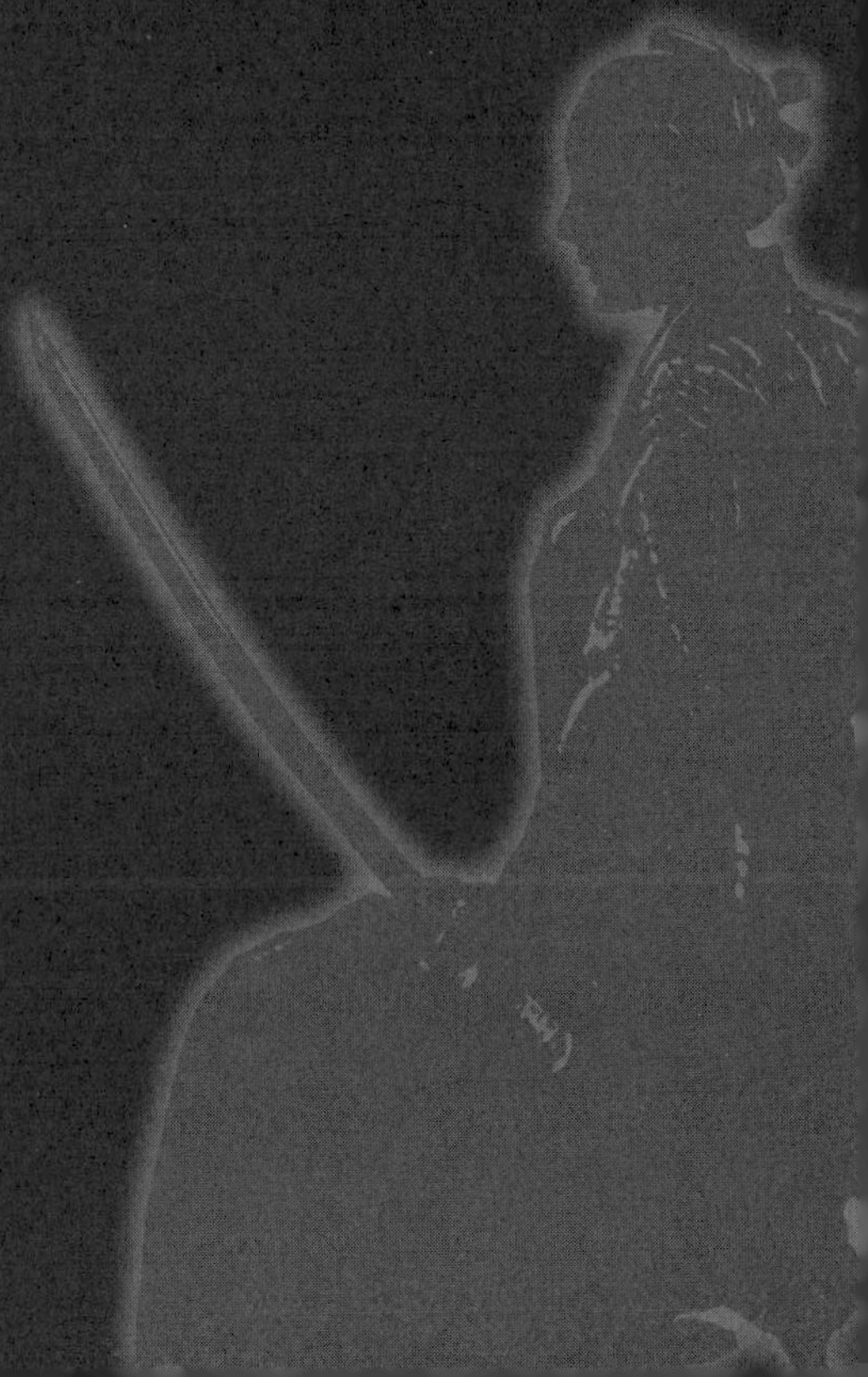

幕末最強の戦闘集団は腐女子好みのイケナイ関係

新撰組は男色にまみれていた!

武士のたしなみとされた衆道

局長、近藤《こんどう》勇《いさみ》を中心として結成された、幕末最強の戦闘集団・新撰組。脱走すれば切腹、私闘をしても切腹、士道に背《そむ》いたと判断されても切腹というこの切腹組織には、実は男色がはびこっていた。

そもそも明治政府に入るまで、男色は〝武士のたしなみ〟といわれるほど一般的で、決して特殊なものではなかったという。歴史を繙《ひもと》いてみても、有力な武将や大名には夜の相手を務め

新撰組局長・近藤勇

る小姓がついていた。有名な所では織田信長の小姓・森蘭丸《もりらんまる》が挙げられるが、ほかにも徳川家康や武田信玄、伊達政宗《だてまさむね》など、そうそうたる顔ぶれにも〝そっちの気〟があったようだ。

江戸幕府の三代将軍・徳川家光も生粋《きっすい》の男色家で女性にからっきし興味がなく、中年をすぎるまで世継ぎをもうけることすらなかったという。

新撰組の男色家・武田観柳斎

こうした風潮は新撰組においても同じこと。男ばかりが何十人、何百人と集まるのだから致し方ない。

中でも有名なのが、五番隊組長を務めた武田観柳斎《たけだかんりゅうさい》。子母澤《しもざわ》寛《かん》の『新選組物語』に描かれたエピソードによると、武田は隊中美男五人衆のひとりである馬越《まごし》三郎をいたく気に入り、ことあるごとに追い回した。

その気のない馬越は辟易《へきえき》し、ついには副長・土方歳三《ひじかたとしぞう》に除隊を申し出る事態に発展してしまったという。

暗殺集団・新撰組のBL的事件簿

其ノ一	其ノ二	其ノ三
近藤勇、隊内で衆道が流行っていると書簡に記す	武田観柳斎が馬越三郎を追いかけ回す	加納惣三郎が隊内の男を魅了する（創作）

武田のエピソード自体は創作の可能性もあるが、新撰組に衆《しゅ》道《どう》が蔓延《まんえん》していたのは本当のようだ。事実、局長、近藤勇が友人・中島次郎兵衛に宛てた書簡にも「局中頻ニ男色流行仕候」、すなわち、〝新撰組の中でも男色が流行《はや》っている〟とある。

男色に無縁だったプレイボーイ土方

こうした事実を受けてか、新撰組内の男色を描いた作品も少なくない。99年に公開された大島渚《おおしまなぎさ》監督作『御法度《ごはっと》』も新撰組内部の衆道を描いているし、司馬遼太郎の『新選組血風録』にもそうしたエピソードはたびたび登場する。BL好きの腐女子は大喜びだろう。

だが、近藤勇をはじめとする幹部クラスには、そうした噂がほとんどない。特に土方はまったくその趣味がなかったようで、残された資料はプレイボーイぶりを示すものばかりだ。

写真にも残っている彼のルックスを見れば、「さもありなん」といったところだろうが。

新撰組鬼の副長と恐れられた土方歳三

袂をわかった旧友との友情秘話

ヘッポコ道場主だった 新撰組局長・近藤勇《こんどういさみ》

竹刀技はからっきしだよ近藤くん

「真剣をもたせると敵なし」と称された新撰組局長・近藤勇《こんどういさみ》。その腕前は天才剣士・沖田総司《おきたそうじ》にも劣らぬといわれたほど。ところがなぜか、竹刀《しない》技となるとからっきしだったという。

新撰組の結成前、彼は天然理心流《てんねんりしんりゅう》・近藤周助《しゅうすけ》の跡を継ぎ、道場「試衛館《しえいかん》」を開いていた。道場破りの他流試合を申し込まれることも多々あったが、竹刀技がダメだった近藤がとった対策は、なんと外部から助っ人を連れてくるというもの。情けない

にもほどがある。

彼が救いを求めたのは、九段坂上三番町にある神道無念流《しんどうむねんりゅう》の渡辺昇《わたなべのぼり》。道場破りの技量に応じて、渡辺の道場「練兵館《れんぺいかん》」の者に助太刀《すけだち》を頼んでいた。

近藤と渡辺の交友関係

道場破りを撃退したあとは、助勢に加わった門弟たちにご馳走が振る舞われた。当時のことだから沢庵《たくあん》を肴《さかな》に冷酒をあおるだけだが、門弟たちにとってはこれでも格別。それを楽しみにしていた者も多く、助勢に行ってはご馳走に舌鼓を打っていたという。その後も、近藤と渡辺の交友関係は続いていく。

だが、渡辺昇といえば坂本龍馬に並ぶ倒幕運動の立役者。つまり、新撰組局長である近藤とは相反する立場になるわけだ。『渡辺昇自伝』によると、渡辺に危機が迫ったとき近藤は「京都を去れり」と注意を促したという。逆の道を突き進んだふたりだが、若き頃の友情は永遠に不滅だったのである。

立場を超えた深い友情 人物相関図

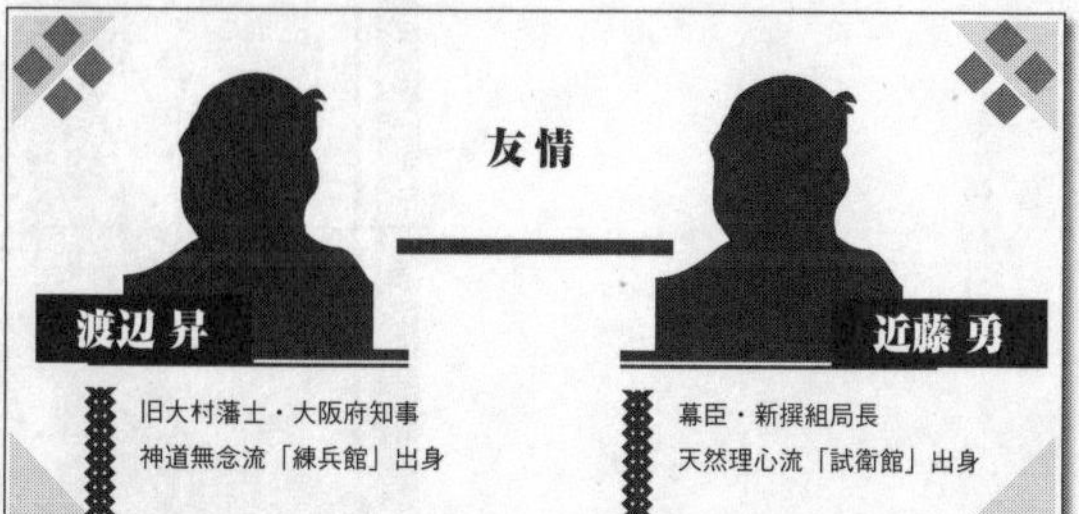

たったひとりの最終決戦

土方歳三《ひじかたとしぞう》は幕府軍の仲間に暗殺された!?

死に場所も遺体の行方も不明…

「たとい身は 蝦夷《えぞ》の島根に 朽ちるとも
魂《たま》は東の 君やまもらん」

新撰組副長・土方歳三《ひじかたとしぞう》が死を覚悟して詠んだというこの歌は、現実となってしまった。大政奉還後も新政府軍に対して徹底抗戦を続けた彼は、北海道・箱館の地で乱戦中、銃弾に倒れてこの世を去ったのである。

だが、実際、彼が朽ちたとされる場所は確認されておらず、

亡骸《なきがら》も行方不明になったまま。「土方は本当に敵の銃弾に倒れたのか？」という疑問とともに浮上してきたのが、なんと味方による暗殺説である。

徹底抗戦を掲げる土方は邪魔者に…

旧幕府軍の兵士たちはすでに戦意を喪失していた。というのも、戊辰《ぼしん》戦争で新政府軍の勢力が一気に拡大し、味方の軍艦が次々と座礁してしまったからである。その中でも土方だけは降伏することに頑強に反対し、徹底抗戦を掲げていたのだ。

だが、もはや旧幕府の敗北は目に見えていた。これ以上戦いを続けても犬死するだけ。「降伏に反対する土方さえいなければ、無駄な戦争を終えることができる」と誰もが考えただろう。〝乱戦にまぎれて土方を暗殺する〟という計画が、仲間内で持ち上がってもおかしくない状況だったというわけである。

土方が旧幕府の勝利と仲間を信じつつ策略を練っていた裏では、「土方暗殺計画」が着々と進行していたのかもしれない…。

大政奉還後 土方歳三の軌跡

其ノ一	其ノ二	其ノ三
1868年、戊辰戦争が勃発、新政府軍との銃撃戦に敗北する	旧幕府海軍と合流し、榎本武揚らとともに蝦夷地に入る	新政府軍の箱館総攻撃開始。乱戦中、銃弾に倒れ絶命

徳川ひと筋を貫いた新撰組局長の行方

近藤勇《こんどういさみ》の首はどこに消えた!?

胴体が葬られている場所は判明済み

1868年4月24日、官軍に捕縛された新撰組局長・近藤勇《こんどういさみ》は、中山道《なかせんどう》平尾《ひらお》一里塚《いちりづか》の牛馬捨場にて斬首される。斬られた首は京都に運ばれ晒《さら》し首となったのだが、その後、首がどこに消えたかは不明だという。ゆえに、近藤勇の墓と伝えられる場所が全国各地に存在しているというわけだ。

近藤勇の胴体が埋葬されている場所に関しては、ほぼ確実に判明している。その場所とは、東京三鷹市の龍源寺《りゅうげんじ》にある近藤

家の墓所。勇の養子・勇五郎《ゆうごろう》によれば、斬首を見届けたその夜、見張りの役人を買収して胴体を掘り起こし、この地に埋めたのだという。

徳川家ゆかりの地に埋められた？

では、胴体の首はどこに埋葬されているのだろうか。もっともポピュラーなのが、東京都板橋駅のごく近くにある墓所。新撰組の永倉新八《ながくらしんぱち》が建立したもので、近藤勇の命日には毎年、慰霊祭が行なわれている。だがこの場所はあくまでも慰霊碑であり、実際、遺体が埋葬されているかは不明なのだ。

また、あまり知られていないが、彼の首は愛知県岡崎市の法《ほう》蔵寺《ぞうじ》に密葬されたという説もある。この寺は徳川の始祖・松平《まつだいら》親氏《ちかうじ》が建立したものであり、近藤勇の首塚もあるのだ。過去に発掘作業が行なわれた際には、近藤の遺品と思われる品や同志の名が刻まれた石碑が出土したという。徳川家と関わりの深いこの地に埋められたのならば、彼も本望だろうが…。

日本各地に存在する近藤勇の首塚

円通寺（東京都荒川区）
近藤勇含め、幕府側の殉死した人々が供養されているという

天寧寺（福島県会津若松市）
土方歳三がたびたび参拝にきていたという近藤勇の首がある

高国寺（山形県米沢市）
近藤勇の従兄弟・金太郎が近藤の首を秘密裏に埋葬したという

いよいよ幕末の動乱期へ突入！

ペリー来航で家慶はショック死!?

鎖国体制が崩壊

１８５３年、江戸湾入口に４隻の軍艦が黒い巨大な姿を現した。アメリカのペリー艦隊である。太平の世に慣れていた人々にとって、異国の軍艦が突然、姿を現したことは大変なショックであった。幕府もその例外ではなかったが、実は事前にオランダを通じてペリー艦隊の来航の可能性を伝えられていたため、心構えはできていた。

しかし実際に来航されると、やはりその衝撃は大きく、たち

まち幕府に当事者能力のないことが明らかになった。黒船が発砲しないことがわかると、民衆は幕府の禁令を破って黒船見物を楽しんだという。

気の弱かった将軍様

当時の将軍は十二代家慶《いえよし》。政治には無関心でたいへん気が弱く、はっきりいって将軍としての器《うつわ》ではなかった。ペリーが来航して幕閣が対応に追われる中、家慶は病に伏せ、国家の命運を左右する重大事を決定できる状態ではなくなっていた。そして家慶は老中首座の阿部正弘にすべて任せ、そのまま帰らぬ人となってしまう。1年後の再来航を告げてペリーが去ったあと、わずか10日後のことだった。

家慶は動乱の時代を生き抜くだけの強い精神力を持ち合わせていなかったのである。

翌年、幕府はアメリカと和親条約を結ぶ。鎖国体制はこうして崩れ、日本はいよいよ幕末の動乱期に突入するのである。

日本の版画に描かれたペリー

プレゼントがきっかけで不平等条約締結!?

鎖国を解かせたのはペリーのプレゼント!?

鎖国政策を打ち破った外交戦術

江戸時代、200年以上にもわたって鎖国を貫いた日本。その鎖国を1年もかからずに見事に打ち破ったのは、ペリー提督《ていとく》による巧みな外交戦術だった。ペリー提督は、開国要求の答えを聞くために1854年に再来日。その際、彼らは日本人の興味を引くように、さまざまな贈り物を用意していたのだ。

それらが日本人の手に渡ったのは、ペリー提督と幕府との交渉の間に成立の目鼻がつき始めたときのこと。ペリー提督らは

記念として電信機械をはじめ時計や望遠鏡、農器具などを日本側にプレゼントした。それを手にした日本人は、はじめての西洋文化に大興奮！　さらに幕府の役人を船上に招いてフランス料理をもてなし、ナイフとフォークを用意してテーブルマナーを教えるなどして日本人を喜ばせていたのだ。

しかし、これは日米和親条約を締結するためにペリー提督が仕組んだ作戦の序章だったのだ…！

初めての西洋文化に日本人は…

長い間鎖国し続けてきた日本の人々が、西洋の文物《ぶんぶつ》、文化に興味を持たないわけがない。彼らはすぐさま新しい文化に喰いつき、答礼品《とうれいひん》として絹や漆塗《うるしぬ》りの机、花瓶までも贈っている。ペリー提督はこの作戦を交渉成立間近に用いることで、条約締結に向けてラストスパート！　結果、これまでかたくなに開国要求を拒否し続けてきた日本に開国だけでなく、不平等条約までもとりつけることに成功したのである。

日本に黒船がやってきた！

其ノ一	其ノ二	其ノ三
1853年6月3日江戸湾浦賀に来航。江戸はパニック状態に	開国要求の返答に、日本は1年の猶予をもらう。だが半年後、黒船再来日	ペリー提督による〝プレゼント作戦〟がはじまる。日米和親条約を締結

やっぱり相撲取りは強いんです！

相撲史上初の異種格闘技戦が開催

ペリー艦隊の圧倒的な戦力に…

今でこそグローバル化した日本の国技・相撲。外国人との接触は限られていた江戸時代に現在のような交流戦はなかった…と思いきや、実は「相撲力士が外国人相手に戦いを繰り広げた」という記録があるのだ！

1854年、日米和親条約締結の回答を受け取るため再来航したペリーは、交渉成立の目鼻がついた2月15日、アメリカ側からの贈呈として電信機械や望遠鏡、鉄砲などを贈った。西洋

文明の驚異的な科学力と武力に、当時の人々は萎縮したという。

米兵VS日本人力士！

「日本側としても何か誇示できるものはないか」と考えた幕府は、ペリー艦隊の謁見式で力士のぶつかり稽古を披露することに。すると狙い通り、力士たちを見たペリー一行はその勇猛さに度肝《どぎも》を抜かれたという。

だが、そんな日本の示威行動に好戦的なアメリカ人が引き下がるわけがない。彼らは力自慢の米兵と力士を戦わせたいと進言したのだ。そしてついに、日本初の異種格闘技戦が行なわれる！　試合はルール破りの米兵15人VS力士2人。米兵たちは一斉にふたりの力士に飛びかかり、ある者は鋭い右ストレート、ある者は猛烈なタックルを繰り出す！　だが、力士たちはものともせず米兵たちをバタバタと投げ倒し、一行からは悲鳴が沸き上がった。こうして相撲史上、初めての異種格闘技戦は日本の圧勝で幕を閉じたのである。

ペリー艦隊と江戸幕府条約締結までの過程

其ノ一	其ノ二	其ノ三
1853年、ペリー提督が4隻の船を率いて浦賀に入港	1854年1月、ペリー二度目の来航。謁見式で異種格闘技戦	1854年3月、日米和親条約が締結され、鎖国体制が崩壊する

幕府の最高権力者が暗殺された大事件

幕府は桜田門外の変を隠蔽しようとした！

桜田門外の変、起きる

1860年3月24日、幕府を揺るがす大事件が起きた。尊皇攘夷派から怨みをかっていた大老・井伊《いい》直弼《なおすけ》が、水戸浪士らによって暗殺されたのである。現役の幕閣最高権力者が白昼に暗殺されるなど、これまでにあり得なかったことである。幕府の権威が地に堕ちたことを天下に知らしめた事件であった。

この日は上巳の節句にあたり、諸大名は総登城することになっていた。そして直弼の行列が桜田門《さくらだもん》の橋を渡りかけた瞬

井伊直弼（肖像画）の暗殺事件「桜田門外の変」は、幕藩体制崩壊の契機となった

間、水戸浪士らが急襲したのである！　井伊家の護衛は60人あまり。それに対して、襲撃した水戸浪士は18人だった。

隠蔽しようとした幕府

事件当日は雪のため、井伊家の護衛である彦根《ひこね》藩士たちは雨合羽をつけており動きが鈍くなっていた。おまけに、刀には柄が濡れないよう柄袋がかぶせてあったため防戦が遅れてしまった。3分ほどのバトルの末に直弼は殺され、首を斬り落とされたのである。

当時の公式記録では、直弼は病死したことになっている。幕府は直弼暗殺をディスクロージャーせず、秘密にするつもりだった。井伊家の御家断絶と、それによる水戸藩への仇討ちといった争乱を防ぐためである。直弼の墓碑に命日が「三月二十八日」と刻まれているのもそのためだ。しかし白昼堂々の襲撃だったため、あっという間に世間に知れ渡ってしまった。その後、幕府の屋台骨はくずれていったのである。

「桜田門外の変」勃発までのあらまし

其ノ一
井伊直弼が天皇の許しを得ずに日米修好通商条約を締結する

其ノ二
安政の大獄勃発。直弼が水戸藩主徳川斉昭をはじめ大勢の反対者を処罰

其ノ三
1860年3月24日、江戸城桜田門近くで、直弼が水戸浪士に襲われる

最高責任者の驚くべき行動とは…

敵前逃亡に引きこもり ダメ人間・慶喜

大坂城脱出…まるで夜逃げ

1868年、新政府軍と幕府軍が衝突し、鳥羽《とば》・伏見《ふしみ》の戦いの幕が切って落とされた。数において優勢を誇った幕府軍だが、緒戦で敗北を喫してしまう。ここで、慶喜《よしのぶ》は素早く情勢判断を行なう。「相手は天皇を手中にしている。このままでは朝敵になってしまう…」。そして慶喜はとんでもない行動に出る。夜陰にまぎれて大坂城を抜けると、軍船で江戸へ戻ってしまったのだ！ 早い話が敵前逃亡。味方を戦地に置きざりにして、最

戊辰戦争の発端となった「鳥羽・伏見の戦い」。薩長連合軍の大勝に終わった

高責任者がケツをまくったのである。もうこのあとの慶喜は、ただただ恭順あるのみ。すべてを投げ出してしまうのだ。まったくもって無責任の極みである。ちなみに城を抜ける際、慶喜自ら「小姓の交代です」とウソをついたという。また、徳川のシンボルである大金扇の馬印を大坂城に置き忘れてしまったとか…何とも情けない将軍のトン走であった。

逃げたあとは引きこもり生活

江戸に逃げ帰った慶喜は江戸城からも去って、上野寛永寺《かんえいじ》内にある大慈院に引きこもり謹慎を続ける。その間にも新政府軍は東進を続け、時代は大回転。江戸城は無血開城となるも、上野彰義隊《しょうぎたい》戦争、長岡を中心とした北越戦争、会津戦争、箱館五稜郭《はこだてごりょうかく》の戦い…と戦乱は続き、多くの人が傷つき倒れていった。

しかし慶喜は、その間も場所を水戸に移して謹慎を続けている。最後の将軍・徳川慶喜は、32歳にして政治的生命を失ったのである。

「鳥羽・伏見の戦い」合戦のあらまし

其ノ一
1867年、小御所会議で、領地返納&徳川慶喜の辞官が決定する

其ノ二
幕府軍1万5000人と新政府軍4千500人が、鳥羽と伏見で衝突

其ノ三
新政府軍が幕府軍を退却させ、戦いが終了。慶喜は江戸へ逃れる

第1章 幕末
第2章 中世
第3章 戦国
第4章 江戸
第5章 近現代
第6章 古代

討幕を加速させる同盟の裏に隠された真実とは？

薩長同盟の交渉現場に龍馬は同席しなかった!?

不在説を裏付ける証言

幕末の世界で大きな勢力を持っていた長州藩と薩摩藩。互いに討幕の志は共通していたものの、「八月十八日の政変」で薩摩藩が長州藩を京都から追い出して以来、敵対関係にあった。討幕のためには、この両藩の同盟が必要不可欠と考えていた龍馬は、長州藩の桂《かつら》小五郎《こごろう》（木戸《きど》孝允《たかよし》）、薩摩藩の西郷隆盛《さいごうたかもり》らに手を結ばせる薩長同盟を築くのだが、この交渉現場には同席していなかったとされている。

薩摩藩の家老の日記によれば、龍

馬は同盟締結の説明を聞いて文書に裏書きをしただけというのだが、この説は、当事者である桂の記録や薩摩藩の動きの分析から否定されつつある。

やはり龍馬なしでは交渉不可能?

長州藩と薩摩藩はどちらも龍馬と通じていたが、藩同士の仲は最悪だった。桂と西郷の最初の会談の場では、西郷が直前になって現れないという事態も起きたくらいだ。1866年、龍馬不在で再び交渉が再開されたのち、数日後に龍馬が京都入りしたのだが、このときはまだ互いの意地とプライドのせいで、交渉すら始まっていなかったのである。

敵対していた藩同士なのだから、龍馬不在ではうまくいかないのも当然。桂は龍馬に詫びてから帰国するつもりだった。龍馬は西郷らに長州の苦しい立場と討幕のための思いを熱く語り、西郷側から交渉を申し入れることを約束させた。そうして、1月21日。ようやく薩長同盟が完成するのである。

薩長同盟を巡る人物相関図

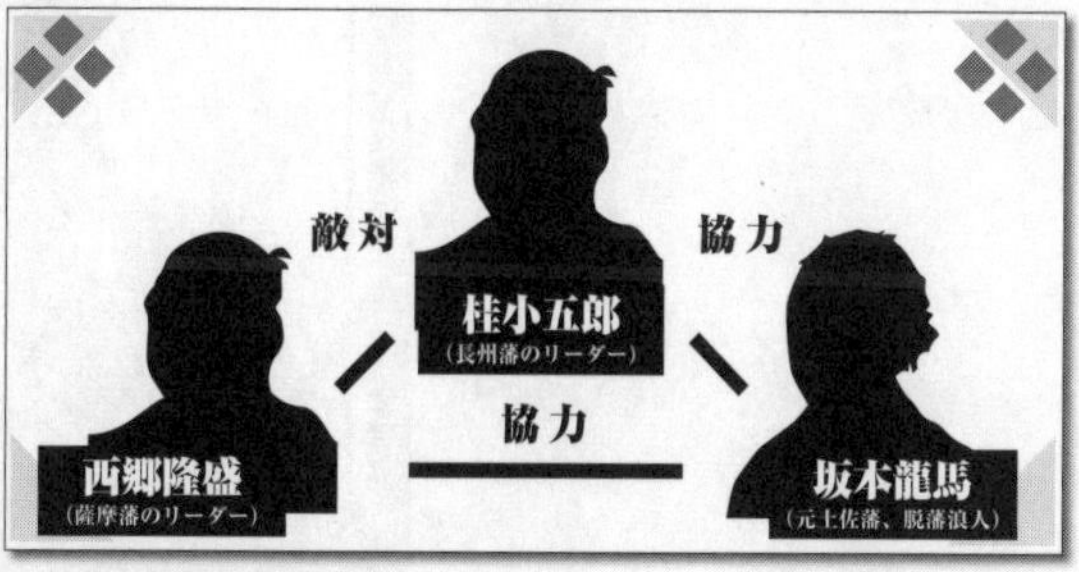

もし馬鹿なら大きな馬鹿で、利口なら大きな利口だろう

龍馬は西郷隆盛を馬鹿だと思っていた？

西郷隆盛との運命の出会い

維新の雄・西郷隆盛と龍馬《りょうま》との出会いは、薩長同盟からさかのぼること2年前の、1864年頃だといわれる。当時、龍馬が慕っていた幕臣の勝海舟《かつかいしゅう》は、この頃、神戸海軍操練所の軍艦奉行を務めていた。しかし、独自の海軍構想を練っていた勝は、幕府にその職を罷免《ひめん》されてしまう。幕府から帰府を命ぜられる前に、勝と西郷が初めて会ったのも、互いにさまざまな思惑あってのことだろう。神戸港の開港延期を案ずる西郷に、勝は策を

授けたといわれる。その後、勝はしきりに西郷について語った。ならばと龍馬も勝の紹介状を手に西郷のもとを訪れる。坂崎《さかざき》紫《し》瀾《らん》の「維新土佐勤王史《いしんとさきんのうし》」によると、龍馬は西郷について、

「西郷は馬鹿である。しかし其の馬鹿の幅がどれ程大きいか分からない。小さく叩けば小さく鳴り、大きく叩けば大きく鳴る」

と評している。

饒舌な龍馬、無口な西郷

龍馬と西郷との間で、どのような会話がなされたかについては諸説あるが、饒舌《じょうぜつ》、飄々《ひょうひょう》とした龍馬を評して西郷は、

「度量の大、龍馬のごときもの、いまだかつて之を見ず。龍馬の度量や到底測るべからず」と述べたという。

龍馬の「馬鹿なら大きな馬鹿、利口なら大きな利口」といい、西郷の「度量測るべからず」といい、互いに腹に一物ありと見て取ったのだ。西郷との出会いで、龍馬は更なる飛躍を遂げることとなる。

互いに一目置いた 龍馬と西郷隆盛

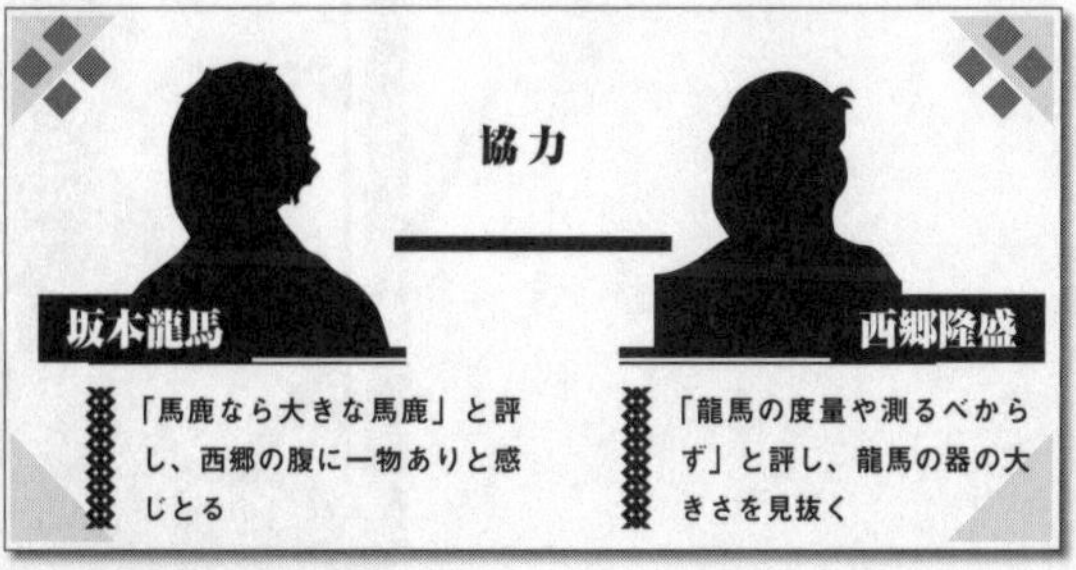
協力
坂本龍馬
西郷隆盛
「馬鹿なら大きな馬鹿」と評し、西郷の腹に一物ありと感じとる
「龍馬の度量や測るべからず」と評し、龍馬の器の大きさを見抜く

『お～い！竜馬』の描写は本当か？

謎の空白時期に龍馬は密航で上海へ!?

密旨を受けて上海渡航か？

アニメ化もされた漫画『お～い！竜馬』では、脱藩後に龍馬は上海《シャンハイ》に行ったという設定になっている。しかし、現在確認されている龍馬自筆の手紙などでは、そのことに直接触れているものなどはなく、史料的な裏付けはされていない。長府藩《ちょうふはん》（長州藩の支藩）が明治に制作した史料のなかでのみ確認できるのだ。

興味深い記述があるのは、『旧臣列伝』の同藩藩士「福原和勝」の項目だ。そこには1867年「藩主（毛利元周《もうりもとちか》）の密旨を受

け、土佐の坂本龍馬と共に清国上海に航し、外国の情況を探討す」とある。

上海で植民地の悲惨さを知る

しかし本当にこの時期に上海に渡ることができたのだろうか？　1867年で龍馬の行動に空白があるのは、4月1日から4月中旬までの病気療養をしていたとされる期間。その頃は、亀山社中から海援隊への移行時期にあたる。二度目の脱藩罪が許された頃だから、時期的には符合している。

実際、維新に活躍した人のなかには、上海渡航を経験した者は数名いる。1862年には長州藩の高杉晋作や薩摩藩士・五《ご》代《だい》友厚《ともあつ》が渡り、アヘン戦争後、列強の植民地となった敗戦国のみじめさを痛感している。龍馬もそうしたなかのひとりだった可能性はある。

密航だから確かな記録は残らなくてもおかしくない。それらの点から、上海渡航説は十分現実的な説だろう。

知っておきたい人物

高杉晋作《たかすぎしんさく》

長州藩士。吉田松陰の松下村塾に入り、1862年には藩命で、上海へ渡航。清国の植民地化や太平天国の乱を目撃し、衝撃を受ける。その後、尊攘運動に加わり、大政奉還を目前に病死する。

原文も写本もない船中八策につきまとう数々の謎

船中八策は〝船中〟でも〝八策〟でもなかった⁉

実は船のなかで作られなかった？

龍馬が起草し、海援隊の長岡謙吉に書き留めさせたといわれる「船中八策」は、土佐藩の大政奉還建白へとつながった。しかし、龍馬の功績を飾るこの船中八策には、さまざまな疑問が付きまとっている。これは1867年、下関からの船中で、後藤象二郎に王政復古案を告げたことがもとになっているため「船中」となったといわれるが……。『坂本龍馬海援隊始末記』によると7月16日付で「龍馬為めに長岡謙吉をして八策を草せしむ」とされている。船中と冠されていないのだ。そして船に乗っていたのは7月10日から13日で、15日には京に入っている。つまり船上で作成されたものとは思えないのだ。

八ではなく十一であった可能性

また、船中八策は「建議十一箇条」と呼ばれていたのだ。明治中期、龍馬の甥で養子の高松太郎の甥・弘松宣枝の著した伝記『阪本龍馬』のなかにある一節では「則ち彼（龍馬）は満腹の経綸《けいりん》を吐露《とろ》し、長岡謙吉をして建議十一カ条を草しめたり」とされている。もっとも弘松は、9、10、11の三カ条を不詳としており、結果として八策になっている。こうした謎は、原文書も写本も存在せず、詳しい成立過程を証明する史料もないため、今後、何か重要な証拠が見つからない限り答えは出ない。しかし大政奉還建白に龍馬の書記である長岡が関わっていたのは確実であり、やはり龍馬の意向が大きな影響を与えていたのは事実だろう。

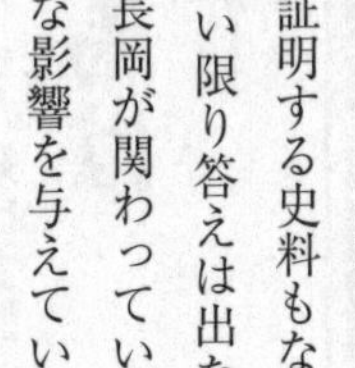

知っておきたい人物

長岡謙吉《ながおかけんきち》

土佐藩出身で海援隊隊員。河田小龍のもとで蘭学を学び、脱藩したのち海援隊に参加。隊の事務処理の多くをこなし、1867年には船中八策を書き留めた。龍馬の死後、二代目隊長になる。

襲撃された直後に龍馬と中岡が交わした短い会話とは？

死を覚悟した龍馬は盟友を気遣った！

中岡慎太郎が語った事実とは？

全身に20カ所以上といわれる刀傷を受けた中岡《なかおか》慎《しん》太郎《たろう》だが、頭を斬られた龍馬とは対照的に即死に至るような致命傷は受けず、同志に見守られながら息を引き取ったのは襲撃の翌々日だった。この間に、中岡が多くのことを語り残したとされているが、傷の状況や出血の具合などから考えても、それほど詳細まで語ることができたとは考えにくい。

のちに、さまざまな人物によって語られた中岡の〝遺言〟は、彼らなりの解釈や願望が多分に含まれたものだと考えたほうがよさそうだ。ただ、襲撃の様子に関しては、中岡以外の人物が知る由もないわけで、恐らくはそれが中岡の語り残した唯一の事実だったのだろう。

龍馬が殺される、生々しい一瞬

中岡と龍馬は近江屋母屋《おもや》の2階で火鉢を囲んで語り合っていた。やがて、「腹が減ったので軍鶏《しゃも》でも食おう」ということになり、菊屋峰吉を使いに出した。しばらくして、「十津川《とつがわ》の者」と名乗る三人の男が手札を持ってやってきた。下僕の山田藤吉がそれを取り次いで2階に上がると、男達は山田を背後から斬り倒し、龍馬と中岡がいる奥座敷に飛び込んだ。時刻にして午後8時頃のことであった。ひとりが中岡に襲いかかったので短刀で受けるが、勢いに押されて頭を斬りつけられた。とっさに相手の足元に飛び込んだが、そこへまたいくつもの太刀を浴びせられた。

龍馬×中岡コンビのトリビア

仲良く並んで眠る

維新を見届けることなく散った龍馬と中岡。京都市東山区・護国神社にふたりの墓は並んで建てられている。右が中岡、左が龍馬の墓。同神社には、高杉晋作や桂小五郎など、多くの幕末の志士たちが眠っている。

一方の龍馬は、肩から首にかけて一太刀を入れられた。立ち上がって床の間にある刀を取り、応戦しようとしたが、頭を横なぎに斬られてしまい、その場に崩れ落ちた。刺客は「もうよし」といい、立ち去ったという。

刺客の「こなくそ」は嘘だった？

倒れた龍馬は、「自分は脳を斬られたので間もなく死ぬ」といい、中岡に「どこを斬られたのか？」と問いかけた。中岡が「あちこちを斬られた」と答えると、「それでは、動けないか？」と聞いてきた。中岡が「大丈夫だ」と答えたが、龍馬はそのまま死亡したという。

刺客が龍馬に斬りつける際、「こなくそ」といい放ったという有名な話があるが、実は中岡の証言にこの言葉は登場していない。また、刺客が龍馬に斬りかかるまでのエピソードは何通りも語られているが、これらは龍馬の死後にさまざまな推測から都合よく付け足されたものだろう。中岡には襲撃の一瞬の様子を語り残すのが精一杯だったに違いない。

2度目の挑戦も叶わず……

龍馬が成し得なかった蝦夷地開拓計画

北国に見た龍馬長年の夢

1867年、海援隊《かいえんたい》の武器などを積載した〝いろは丸〟が鞆《とも》の浦沖の六島《むしま》付近で軍艦と衝突した。これにより〝いろは丸〟は沈没、この船に託されていた龍馬の蝦夷地《えぞち》開拓の夢も、儚《はかな》く散ることとなった。

土佐の人たちが蝦夷地に興味を持ったのは安政年間。箱館と下田に米領事館が設置されると、土佐藩からも北方視察に行く者が登場。そして彼らの視察話を聞いた龍馬は、蝦夷地の開拓

を夢見るようになったという。だが実施直前に発生した池田屋事件により、計画は中止に終わる。

龍馬の夢は呆気なく海底へ

それでも龍馬は夢を諦めなかった。だが、脱藩後の龍馬は事実上の失業状態。そんな龍馬を見た木戸孝允《きどたかよし》は、下関の本陣・伊藤家に寄寓《きぐう》させ、商売をさせようとしたのである。当時の下関は、秋には北国の物資を積んだ〝北前船《きたまえぶね》〟が集まっていた。また、蝦夷地から日本海を西回りし、下関から瀬戸内海に出て大坂へと抜ける〝北前航路《きたまえこうろ》〟も繁栄し、何かと蝦夷地との繋がりがあったのだ。木戸にチャンスをもらった龍馬は下関を本拠に移し、ふたたび蝦夷地開拓を試みたのである。龍馬は妻を長崎から呼び寄せ着々と計画を進めていく。そして〝北行の船〟としていろは丸をチャーターするが、前述の通り初航海にしてまさかの沈没。結局、この年の末に龍馬は暗殺され、夢が実現することは未来永劫《えいごう》なくなってしまったのである……。

龍馬の夢を壊した〝いろは丸〟とは？

年代	出来事
一八六二	イギリスで建造される
一八六六	オランダ人から大洲藩郡中奉行である国島六左衛門が購入
一八六七	大洲藩が坂本龍馬に貸与する 大坂に物資を運ぶために長崎を出港 紀州藩船である明光丸と衝突、沈没する

男の中の男というイメージは虚像!?

英雄・西郷隆盛には男色趣味があった!?

西郷隆盛は美少年が大好物!?

戦国武将に男色趣味が多かったという話はよく耳にするが、西郷隆盛も男性にそれはそれは強い興味を示していたという。西郷は山《やま》田《だ》顕義《あきよし》という男にゾッコンだった。山田は明治政府では初代司法大臣にまで上りつめた人物。西郷はひと目で彼の容貌に惚れ込んでしまったというから驚きだ。いわばひと目惚れである。

西郷は山田の手をとり「君は実にヨカ美少年なり」といった

とか。

また、西郷は龍馬の一族である坂本源三郎にも惚れていた。源三郎は「水もしたたる源三郎」といわれるほど周囲では評判の美少年。西郷は、そんな源三郎を大いに気に入り、「連れて帰って武士に取り立てたい」と訴え続けていたという。

同性愛の末に心中未遂事件まで？

西郷はまだ吉之助《きちのすけ》と名乗っていた頃、幕府に追われて京都から逃れてきた僧侶・月照《げっしょう》とともに海に身を投げるという心中未遂を起こしている。ふたりはそのとき抱き合った状態で海に飛び込んだとされ、そのため西郷と月照の間にも〝禁断の関係〟があったのではないかといわれているのだ。

西郷隆盛という、なんとも男らしい姿が印象的な人物にそんな趣味があったとは、想像しづらい。

だが、西郷は戦国武将のような男色趣味を堂々と周囲にひけらかしていたのである。

西郷隆盛の〝オトコ関係〟を巡る 人物相関図

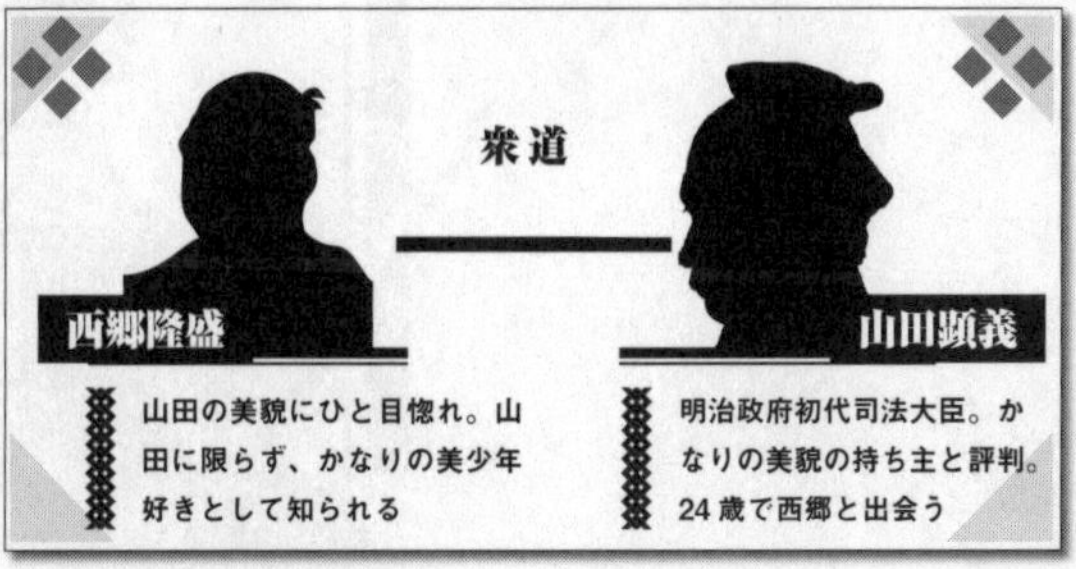
衆道
西郷隆盛
山田顕義
山田の美貌にひと目惚れ。山田に限らず、かなりの美少年好きとして知られる
明治政府初代司法大臣。かなりの美貌の持ち主と評判。24歳で西郷と出会う

実は死んでいなかった維新三傑のひとり

西郷隆盛《さいごうたかもり》は西南戦争後ロシアで生きていた？

隆盛像のモデルは別人だった！

東京・上野公園の西郷隆盛《さいごうたかもり》像を見た夫人の糸子さんは「宿んし（うちの人）はこげんなお人じゃなかったこてえ」と驚いたという。それもそのはず、隆盛像のモデルとなった肖像画は西郷本人ではないのだ。

これは西郷の死後に描かれたもので、〝弟・従道《つぐみち》の目元〟と〝従兄弟・大山巌《いわお》の顔つき〟をモデルにしたという。

残念ながら西郷の肖像画はもとより、彼の写真は一枚も残っ

ていない。当時は写真機が存在しており、幕末の偉人たちはその姿を写真に残しているのだが…。

維新後、明治天皇から自らの御真影《ごしんえい》と引き換えに、写真を送るよう所望されたときでさえ、彼はこれを拒否したという。なぜ、彼は自分の姿が世間の目に触れることをかたくなに拒んだのだろうか？

西郷家は隠密を生業にしていた！

西郷家はもともと隠密を生業とする家系で、彼の父・吉兵衛《きちべえ》は斉彬《なりあきら》の重臣である赤山靱負《あかやまゆきえ》の御用達として情報収集を行なっていたという。

そして彼も江戸にいた頃「お庭方」という職に就いており、情報収集や工作を任務として他藩の動向を探っていた。その仕事がら、西郷は自分の容貌や特徴が知られることを避けていたのかもしれない。

西郷隆盛の歴史年表

年代	出来事
一八二八	薩摩藩士の家に生まれる
一八五八	安政の大獄で追われ、入水自殺を図るが失敗
一八六六	薩長同盟を締結
一八六八	王政復古の大業を成す 鳥羽・伏見の戦いにおいて参謀として指導
一八七一	廃藩置県を実施
一八七三	征韓論争に敗れ下野
一八七七	西南戦争に敗れて自刃

西郷はロシアに渡っていた？

そんな西郷にまつわる最大のミステリーが、西郷が死んだとされる西南戦争の「後」にある。なんと西郷は死んでおらず、ロシアに渡って生き延びていたというのだ。1891年、シベリア鉄道視察の後に来日することが決まっていたロシアの皇太子ニコライと一緒に、実は生きていた西郷隆盛が帰国するという噂が流れた。西郷の目的は、「日本の政界を粛清する」こと。この噂を受けて明治天皇も冗談まじりではあるが「それが事実なら西南戦争の論功行賞を取り消さなければならない」と述べたほどで、当時はちょっとした騒ぎとなっている。そしてこの噂がひとつの大事件を起こす。西郷復権を恐れた巡査・津田三蔵《つだ さんぞう》が、来日した皇太子ニコライを暗殺しようとしたのだ（大津事件）。津田は西郷が復権すると与えられた勲章を取り上げられると考え、事件を起こしたという。西郷がロシアに渡っていたという証拠は存在しない。だが、生存説ひとつで事件が起きるほどの影響力は、彼が唯一無二の存在である証《あかし》だろう。

天然痘が原因で崩御したのはウソだった……!?

孝明《こうめい》天皇《てんのう》の死の裏には岩倉具視《いわくらともみ》の影があった

健康だったはずの孝明天皇

孝明《こうめい》天皇が即位したのは12代将軍・徳川家慶《いえよし》の在位中のことである。即位時、天皇はまだ16歳、政治経験が乏しいままに安《あん》政《せい》の大獄《たいごく》や桜田門外《さくらだもんがい》の変などが起きた動乱の時期を駆け抜けることとなる。

また、公武合体《こうぶがったい》運動の推進などを行ない、天皇として尽力した。天皇の多忙さに周囲は天皇の心労や体調を心配するが、天皇はいたって健康だったという。そんな孝明天皇が急な発熱で

孝明天皇を暗殺した張本人だと噂される岩倉具視

倒れたのは1866年12月25日のこと。原因は天然痘《てんねんとう》と発表される。すぐに24時間態勢での治療措置がとられ、その甲斐あってか天皇の症状は順調に回復しはじめた……が、病状は急変。そのまま帰らぬ人となってしまった。

波紋を呼んだ天皇の急死

あまりに急なできごとだっただけに、孝明天皇は何者かによって暗殺されたのではないかという〝暗殺説〟がささやかれたのも無理はないだろう。

「いったい誰が何のために天皇を殺したのか」「天皇が死んで一番得する人物はいったい誰なのか……」そこでひとりの男の名前が浮かび上がる。のちの王政復古《おうせいふっこ》の大号令で知られる男、岩倉具視《いわくらともみ》だ。

岩倉具視はかつて公武合体論者だったが、彼は世間が倒幕ムードになるとあっさりと尊王攘夷《そんのうじょうい》に転向。これが結果的に孝明天皇との関係に決裂を招くこととなってしまったのだ。孝明天皇が在位されている限り出世することは難しい。そう考えた岩倉が天皇暗殺を企てた……というのである。

明治天皇へと替わって、岩倉は出世

孝明天皇から明治天皇へ替わると岩倉は一躍出世。これは孝明天皇が在任していればありえない展開だっただけに、さらに〝岩倉具視による暗殺説〟を盛り上げることとなってしまったのだ。

そんな天皇暗殺がささやかれる岩倉だが、彼にはもうひとつ疑いがかかっているものがある。〝天皇すり替え説〟だ。これは睦仁《むつひと》親王が明治天皇となられる際、別の者に差し替えられたというもの。それを示すように即位前とあとで天皇はまるで〝違う人〟なのである。

たとえば、睦仁親王は天然痘を患っており顔面には天然痘特有の後遺症があったが、明治天皇の顔には見られない。また、虚弱体質だったという幼少時代に対し、即位後はといえば側近の者を相撲で投げ飛ばすこともあったとか。さらに、「字が下手」「政務に無関心」「乗馬の記録がない」という睦仁親王に対し、明治天皇は真逆の要素を持っているのである。

天皇はすり替えられていた!?

それではいったい誰にすり替えられたのだろうか。その人の名は南朝の末裔《まつえい》である大室寅之祐《おおむろとらのすけ》。つまり「北朝」系の子孫である睦仁親王に代わり「南朝」の大室が即位したということだ。これにより北朝系に仕えていた徳川家や松平家は、天皇にとって「逆賊《ぎゃくぞく》」になってしまった。これが新政府にとって江戸幕府勢力を一掃する「口実」となり戊辰戦争《ぼしんせんそう》が起きたのである。

岩倉は天皇をすり替えることによって旧体制を完全に破壊することに成功した……ということである。

当時、人々は噂を耳にしては真相を確かめようとしてきた。しかし、明治に入ると皇室のプライベートやスキャンダルを公言することはタブー化されてしまう。岩倉は周囲の追及を〝うまく〟免《まぬが》れたのである。

孝明天皇の死を巡る 人物相関図

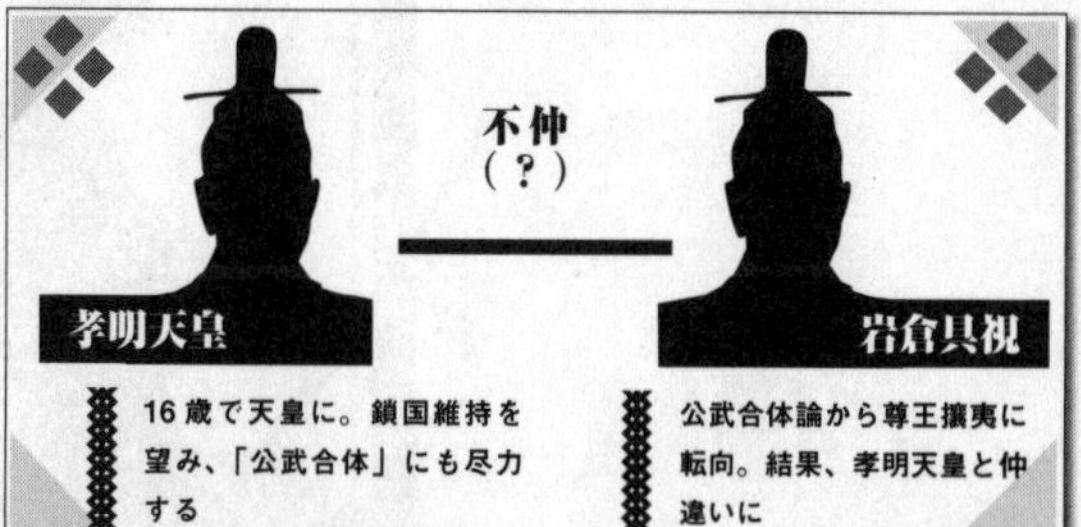
不仲
（?）
孝明天皇
16歳で天皇に。鎖国維持を望み、「公武合体」にも尽力する
岩倉具視
公武合体論から尊王攘夷に転向。結果、孝明天皇と仲違いに

フィクサー岩倉具視の権謀術数

「討幕の密勅」はニセモノだった!?

討幕の密勅に見られる疑問点

「討幕の密勅」は1867年10月13日に薩摩藩、14日には長州藩へ下された。内容は「賊臣・慶喜《よしのぶ》を討伐せよ」というもの。いずれも中山忠能《なかやまただやす》、正親町三条実愛《おおぎまちさんじょうさねなる》、中御門経之《なかみかどつねゆき》の3名の署名があった。

しかし、この密勅にはいくつかの疑問点がある。

まず密勅の渡し方。薩長それぞれの藩士である大久保利通《おおくぼとしみち》と広沢兵助《ひろさわひょうすけ》が正親町三条の屋敷を訪れ、そこで直接手渡されてい

るのだが、この形式は極めて異例。たとえ密勅とはいえ詔書が一公家《くげ》の私邸で渡されることは、普通あり得ないという。

偽勅を支持した人物は誰なのか!?

疑問点はまだある。この密勅には天皇の直筆はおろか、勅旨伝宣の奏者として連名している中山忠能らの花押《かおう》（署名の下に書かれる記号）も添えられていないのだ。通常、花押は本人が書くのが当然で、それがないのは明らかに不自然。しかも、3名の署名の筆跡はまったく同じだという。

これらの疑問点から、この密勅は宮中の倒幕急進派が天皇の許可を得ることなく「討幕の密勅」を起草し、両藩に渡したものだと考えられる。

そしてこの偽勅《ぎちょく》を支持した人物こそ、かの岩倉具視《いわくらともみ》だ。岩倉は当時、薩摩藩士・西郷隆盛と結び武力による政権奪取を唱えていた倒幕派の中心人物。強引な手を使ってでも慶喜を討とうとした…と考えるのは、決して突飛ではない。

「討幕の密勅」偽勅の疑惑

其の一	其の二	其の三
明治天皇または摂政の署名がない	署名された3名の「花押」が書かれていない	密勅が一公家の私邸で直接、手渡されている

真面目一徹・吉田松陰の知られざる一面

獄中で密かに育んだ松陰たった一度の恋

人生でたった一度の愛のメモリー

高杉晋作や桂《かつら》小五郎《こごろう》といった立役者を育てた吉田松陰《よしだしょういん》。彼の生涯を語る中で、女性の名前が出てくることはほとんどない。ただひとりを除いては。松陰30年の人生に登場する唯一の女性は、「高須久子《たかすひさこ》」なる人物。ふたりが出会ったのは、師・佐《さ》久《く》間《ま》象山《しょうざん》とともにアメリカ密航計画に失敗して長州の野山獄《のやまごく》に送られたときのこと。場所はもちろん獄中である。

想いを通じ合わせた過程は定かでないが、互いの心情が込め

られた句が残っている。

「鴫《しぎ》立つて　あと淋しさの　夜明けかな」

　これは松陰が野山獄を出るときに、久子が読んだ句だ。久子が松陰を慕っていたことがよくわかる。

句から読み解く松陰のあま～い恋心

　一方、松陰の気持ちはこれから数年後、安政の大獄によって幕府の元へ檻送《かんそう》される直前、野山獄に再入獄したときの歌で明らかになっている。

「箱根山《はこねやま》越すとき汗の　出でやせん　君を思ひて　ぬぐひ清めむ」

　江戸へ向かう当日、久子が縫った手布巾《てふきん》を贈られた際に松陰が読んだ句だ。何とも甘酸っぱい。

「一声を　いかで忘れん　ほととぎす」という久子の返しも、切なさがいっぱいだ。高須久子は明治に入ってからも、つねに松陰のことを語っていたという。勉学ひと筋といった印象の松陰にも、こんな〝青春の日々〟があったのである。

吉田松陰・恋の人物相関図

高須久子
・松陰、ただひとりの想い人
・久子もまんざらでもない
吉田松陰
・久子とは獄中で出会う
・恋心を綴った歌を詠む

時代を先取った吉田松陰という男の教え

松陰の松下村塾《しょうかそんじゅく》はゆとり教育型だった

志が高ければだれでも入門可能！

高杉晋作、久坂玄瑞《くさかげんずい》、伊藤博文《いとうひろぶみ》、そして山縣有朋《やまがたありとも》…。幕末から明治にかけて日本の行く末を担った面々だが、彼らはみな吉田松陰主宰の松下村塾出身者である。

松下村塾は、松陰の叔父である玉木文之進《たまきぶんのしん》が長州藩の萩松本《はぎまつもと》村《むら》に設立した私塾で、松陰自身もここで学んだ。後に塾頭になった松陰は、武士や町民など身分の隔てなく生徒を受け入れたという。「長門の国は僻地《へきち》であるが、ここを世界の中心と思って

松下村塾を開塾した教育者・吉田松陰

励めば日本を動かすことができる」が信念である。

詰め込み型ではなくゆとり方式

近所の青二才をあれほど立派に育て上げたのだから、さぞかし厳しい詰め込み教育が行なわれていたのだろう…と思いきや、それとはまったくの逆。門下生の発想や自主性を大事にする教えだった。

目下の門下生に対しても丁寧な物腰で接し、一方的に教えるのではなく意見を交わし合うのが松下村塾スタイル。入門希望者が訪ねたときには「自分もまだ、学んでいる身。教えることはできないがともに勉強しよう」という言葉をかけたとか。

1859年、松陰は「安政の大獄」に連座して処刑されたため、松下村塾も閉鎖の憂《う》き目を見る。だが門下生たちは、日本の将来を憂い自らの信念を貫いた師の志を受け継ぎ、日本を新時代へと導いた。吉田松陰――彼は今の時代に必要な〝人材育成のプロフェッショナル〟だったに違いない。

吉田松陰の歴史年表

年代	出来事
一八三〇	長州藩士の家に誕生
一八三四	吉田大助の養子になる
一八五〇	九州に遊学
一八五二	通行手形を持たずに東北方面を旅行したため処分を受ける
一八五四	アメリカ密航に失敗し投獄される
一八五五	出獄
一八五七	松下村塾を開塾
一八五八	間部詮勝《まなべあきかつ》の暗殺を計画
一八五九	斬刑

〃孝〃を大事にした偉人の決断

高杉晋作《たかすぎしんさく》が松陰の死後 沈黙した理由とは？

放れ牛と評された高杉だったが…

鼻輪も通さぬ牛――気性が激しく奔放《ほんぽう》な性格だった長州藩士・高杉晋作《たかすぎしんさく》は、同志たちにこう呼ばれていた。17歳で松下村塾に入門した彼は、やがて「事を議するときにはまず、晋作を呼んで決める」と、吉田松陰にも厚い信頼を寄せられる存在となる。1859年、松陰が処刑された後、門下生たちは次々と尊王攘夷《そんのうじょうい》運動に身を投じた。もちろん高杉も尊王攘夷思想の持ち主だったが、どういうわけか運動に参加しなかった。

エリート教育を受けて育った高杉晋作

父と決別して奇兵隊を結成

1859年3月、高杉の同門・久坂玄瑞《くさかげんずい》の下に彼から一通の手紙が届く。その内容は「父から尊皇攘夷運動に参加することを戒められており、それに背《そむ》けば不孝になる」というものだった。当時は〝孝〟を説く儒教の考えが一般的で、名門・高杉家の嫡男《ちゃくなん》である彼が強い孝行心を持っていたのは当然である。

1860年、高杉は父の勧めに従って結婚し、藩士として平凡な人生を送ることで両親を安心させようとした。そんな彼の心を突き動かしたのは、長州藩を代表して訪れた上海《シャンハイ》の光景。アヘン戦争で敗れて以来、欧米列強の植民地と化した街を見て彼は思った。

「このまま幕府に政治を任せては日本も二の舞だ」

帰国するや父と決別した晋作は奇兵隊を結成。長州を倒幕派に統一させたのである。彼の決起の裏には「親不孝」の十字架を背負う「覚悟」があったのである。

高杉晋作の歴史年表

年代	出来事
一八三九	長州藩士・高杉小忠太の長男として誕生
一八五二	明倫館に入門
一八五七	松下村塾に入門
一八五八	江戸へ遊学
一八六〇	山口町奉公井上平右衛門の次女、まさと結婚
一八六二	英国公使館焼き討ち
一八六三	奇兵隊を結成
一八六四	功山寺で挙兵
一八六五	高杉家を廃嫡、谷潜蔵に改名
一八六七	肺結核のため死亡

「世を忍ぶ仮の姿」が冒険家なのか？

冒険家・間宮林蔵《まみやりんぞう》は幕府のスパイか⁉

シーボルト事件を密告した林蔵

１８２８年10月、帰国の途についたオランダ商館付きの医師・シーボルトの船から、国外持ち出し禁止の日本地図が見つかる。幕府はこれをスパイ行為と見なし、シーボルトは国外追放。地図を贈った書物奉行の高橋景保《たかはしかげやす》も投獄される。これが「シーボルト事件」だ。

シーボルトが持ち出そうとしたのは、伊能忠敬《いのうただたか》の『大日本沿海輿地《よち》全図』。高橋景保は忠敬の師であった高橋至時《よしとき》の息子で、忠敬が死んだあと未完成だった地図の作成を引き継いでいたのである。そして驚くことに、この事件は忠敬の弟子、間宮林蔵《まみやりんぞう》の密告によって発覚したというのだ！

冒険家から幕府のスパイに転身！

かねてより北方の植物に興味を持っていたシーボルトは、林蔵が蝦夷《えぞ》地で採集したという押し葉標本を手に入れるべく彼に手紙を送った。だが林蔵は「外国人との贈答は国禁に触れる」と考え、開封しないまま勘定奉行に提出したのである。これが原因でシーボルトと景保の交流が露見。国禁を犯そうとしたことも発覚してしまうのである。林蔵に対する世間の目は厳しかった。冒険家として名高かった彼の名声は、〝大師匠を陥れた卑怯者《ひきょうもの》〟として一気に失墜したのである。

その後、彼は学者の道を捨て、なんと幕府の隠密《おんみつ》として後半生を送ったという。もしかすると彼はもともと隠密であり、蝦夷地の探検もスパイ活動の一環だったのかもしれない…。

間宮林蔵を取り巻く人物相関図

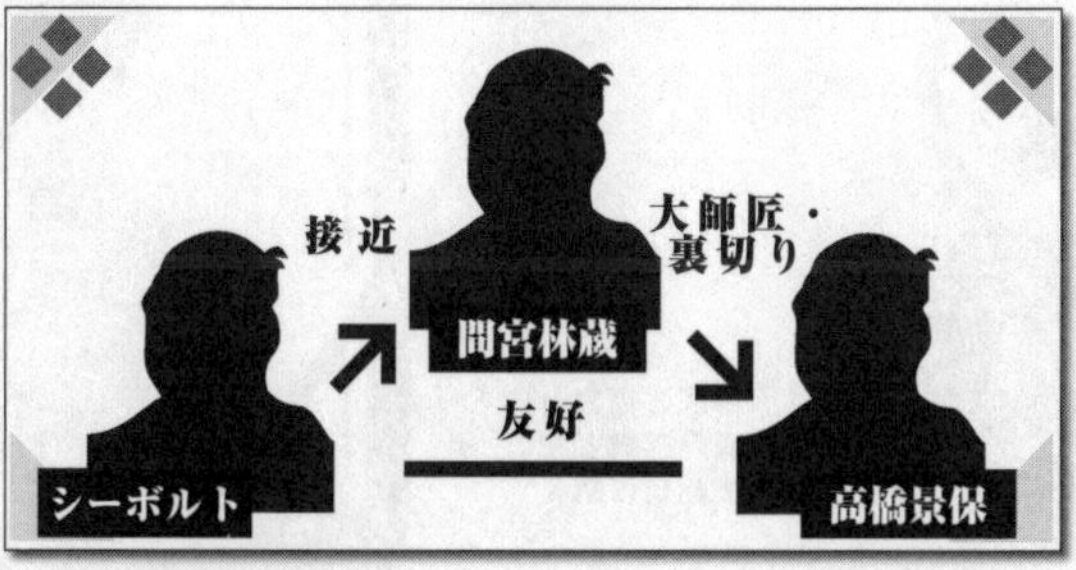

姑・天璋院とバトルの日々…

公武合体策の犠牲者となった和宮

将軍家茂の妻となる

十四代将軍家茂《いえもち》といえば、正室・皇女和宮《かずのみや》のことを欠かすわけにはいかない。和宮は孝明天皇《こうめいてんのう》の妹で、母は大納言橋本実久《はしもとさねひさ》の娘である。

1851年には、すでに有栖川宮熾仁親王《ありすがわのみやたるひと》との間で婚約が成立していたが、幕府の要請で、急遽和宮は将軍家茂と結婚することになる。幕府の権威が薄れ、朝廷の権威が増す中で、安藤《あんどう》信正《のぶまさ》ら幕閣は公武合体論を唱えたのである。天皇の姉妹が将軍

和宮は天璋院と協力して、徳川家の存続と慶喜の助命を朝廷に訴えた

と結婚するのは初めてのことだった。

大奥&天璋院との対立

1862年、家茂と和宮の婚儀が行なわれたが、その様子は歴代将軍たちのそれとは異なっていた。和宮は将軍より高い身分である内親王の地位で降嫁《こうか》したため、和宮が主人で家茂が嫁を貰う客分という逆転した立場で行なわれたのである。ところが姑《しゅうと》にあたる天璋院《てんしょういん》（篤姫《あつひめ》）との初対面では、上座に座る天璋院に対して和宮には座布団もなかった。天璋院は和宮に対し、武家の作法に従うことを求めたのだ。

屈辱を覚えた和宮は、天璋院に対して徹底的に対抗。江戸城内では将軍の正室を〝御台《みだい》様〟と呼んだが、和宮はそれを拒否して〝和宮様〟と呼ばせた。さらに、挨拶は家茂から和宮に言《ごん》上《じょう》させるなど、将軍家の慣例をことごとく破ったのである。だが、他者への気遣いが巧かった家茂の機転で、やがて和宮と天璋院は和解したのである。

『皇女・和宮』を読む

『天璋院と和宮』植松三十里／PHP文庫

和宮の生涯

徳川将軍家の妻となったふたりの女性、篤姫と和宮の波瀾万丈の生涯を描く。異なった環境で育ち姑&嫁関係になった彼女たちは、初めこそ対立したものの、やがては心を通わせる

皇女和宮の〝替え玉説〟

和宮についてこんな仰天説がある。和宮はふたりいて、大奥に入った彼女は替え玉だったというのだ。その根拠となったのが、家茂の墓が発掘調査されたときに見つかった一束の頭髪である。調査結果によると、発見された頭髪は和宮と別人のものだということがわかった。ちなみに彼女がすり替わった理由は結婚を拒んだため、直前に死亡したためなど諸説ある。

和宮が替え玉だったとすると、天璋院が彼女に冷たい態度で接したのも納得がいく。

天璋院の養父・近衛《このえ》忠熙《ただひろ》は和宮の兄・孝明天皇からの信任が厚く、孝明天皇の顧問として活躍していた。つまり、天皇家と近衛家は非常に近しい関係にあったのだ。和宮と天璋院がもともと知り合いだった可能性は高い。本当の和宮を知っている天璋院は、もちろん彼女が別人であることに気付き、不遜《ふそん》な態度で接したのではないだろうか。

和宮VS天璋院 人物相関図

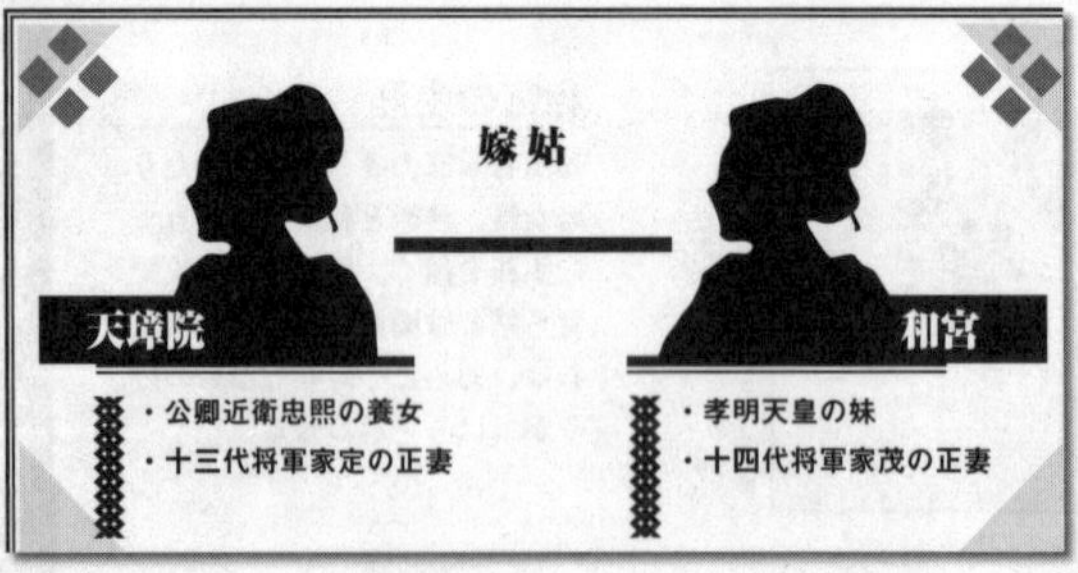

人々に夢を見させる埋蔵金伝説

幕府御用金は赤城山にある!?

勘定奉行・小栗忠順《おぐりただまさ》が隠した御用金

1868年、江戸城が無血開城となった際、新政府軍はまず金蔵へ向かった。目指すは幕府御用金。財政難に喘《あえ》いでいた新政府は、幕府の保有財産を資金源にしようと考えていたのである。ところが、城内の金蔵は空だった。そこで新政府は、幕府が隠匿《いんとく》したと判断し、御用金探しがスタートする。まず疑われたのが、大政奉還時に勘定奉行を務めていた小栗忠順《おぐりただまさ》。彼はすでに斬首に処せられていたのだが、「以前、権田村《ごんだむら》に引き揚げ

5千億円が眠っているという赤城山

る小栗が御用金を持ち出し、赤城山麓《あかぎさんろく》に密かに埋めた」という流言が飛んだからさあ大変。以来、赤城山の各地で発掘が行なわれた。

埋蔵を提案したのは井伊直弼？

幕府御用金の埋蔵に関与したとされるメンバーのひとりで幕府の勘定吟味役だった中島蔵人《なかしまくらんど》が、臨終の際に甥の水野智義《みずのともよし》を呼び、次のようなことをいい残した。「御用金埋蔵を提案したのは当時の大老・井伊直弼《いいなおすけ》であり、実行犯は自分のほか小栗忠順や林鶴梁《はやしかくりょう》など数名であった。赤城山麓に埋められた金額は約360万両、手がかりは古井戸の中」と。さらに埋蔵の位置を記した巻物『大義兵法秘図書』や埋蔵の際に使った道具を記した文書『万《よろず》四《し》目《め》上覚《あげおぼえ》之《の》帳《ちょう》』など、埋蔵金の存在を指し示す史料が大量に出てきたのである。現代の金額に換算すると、5千億円以上にもなる幕府御用金。赤城山周辺では、大政奉還から140年以上経った今なお、発掘作業が行なわれている。

小栗忠順

江戸末期の幕臣。勘定奉行、軍艦奉行など多くの奉行を務め、幕府の財政再建に尽力する。大政奉還後も薩長への主戦論を唱えるが受け入れられず罷免される。1868年、薩長軍に捕縛され、斬首される。

突如巻き起こったナゾの大騒動

ええじゃないかの乱舞 お札降りは誰の仕業？

怪奇現象・天からお札が降る!?

１８６７年７月から翌年４月にかけて、東海道～畿内を中心に民衆たちの大乱舞が起こった。

岩倉具視《いわくらともみ》の『岩倉公実記』によると「神符がまかれ、人々はヨイジャナイカ、エイジャナイカ、エイジャーナイカと叫んだ」とある。その様子を描いた錦絵《にしきえ》には、空から降るお札をわれ先に取ろうとする人々が描かれているのだ。もちろん当時、飛行機やヘリコプターがあるわけもなく、お札が自然に降ってくる

民衆は集団になって街を踊り巡ったという

などあり得ない。山の上から誰かがばらまいたと思われるが、それで人々の手元にうまく届くかは、はなはだ疑問である。

倒幕派が仕組んだ大イベント?

最近の研究で有力視され始めているのが、「空から降ってきたように見せかけて、誰かが人の目につきやすい場所に置いていったのではないか」とする説。では、誰が何の目的でお札を置いていったのというのか?

後に、倒幕派の大江卓《おおえたく》が「自分が札を造ってまいた」と申し出ている。本当に彼がやったかどうかは不明だが、彼のように幕府に不満をもつ人間の仕業である可能性は高いだろう。というのも、こうした大騒動は民衆に大きな動揺を与えたのだから。幕府にとっては決して好ましくない状況だ。

事実この年の11月9日に大政奉還、翌1868年1月3日には明治維新が起きている。ええじゃないか効果があったのか、倒幕派の狙いは成功しているのだ。

幕末の大乱舞

其ノ一	其ノ二	其ノ三
大乱舞発生。東海道の宿場に秋葉神社のお札が降下する	**ええじゃないかの大乱舞が東海道、畿内全域に広がる**	**「王政復古の大号令」の宣言により明治維新が実現する**

直弼に疎まれた家老・岡本黄石

井伊直弼に嫌がらせを受けた家老がいた！

贈られてきた馬は片目が潰れていて…

大老・井伊《いい》直弼《なおすけ》に滅法嫌われた男がいた。彦根藩家老の岡本《おかもと》黄石《こうせき》だ。岡本は尊皇攘夷《そんのうじょうい》派であり、勤王詩人である梁川星巌《やながわせいがん》について漢詩を学んでいたが、開国派の井伊直弼にはそれが気に入らなかったらしい。こんなエピソードがある。彦根藩では江戸から故郷へ帰る際に、殿様から馬が贈られるという習わしがあった。だが、黄石に贈られてきたのは脚の不自由な馬。使い物にならないと取り換えを希望するも、次に贈られてきたのは

井伊直弼。彼は黄石を大いに嫌い…

なんと片目の馬だったという。また、直弼らを中心にして行なわれた安政の大獄で、師として慕ってきた梁川星巌が捕縛対象者とされ、自身も直弼によって職を罷免《ひめん》されてしまう。

直弼死後は、直憲を全力サポート

しかし、そのようなことがあっても黄石が主君の悪口をいうことは決してなかったとか。それは直弼の死後も同じだったという。直弼が桜田門外の変で横死後、黄石は水戸邸へ斬り込むという藩士をなだめて、幕府へは、直弼が暴漢に傷つけられたと届け出る。そのようにして事を穏便《おんびん》に済まさせた黄石の対応は勝海舟らの賞賛を受けることとなった。そして藩政に復帰。また、その後は直弼の子・直憲《なおのり》に藩論を指導するなどして助け、藩の存続のために善後処理に尽くしたという。

直弼にどんな嫌がらせを受けても諦めることなく主君と藩のために行動をした岡本黄石。直弼には認められなかったものの、彼がとった行動は英断といえよう。

家老・黄石と大老・直弼を巡る 人物相関図

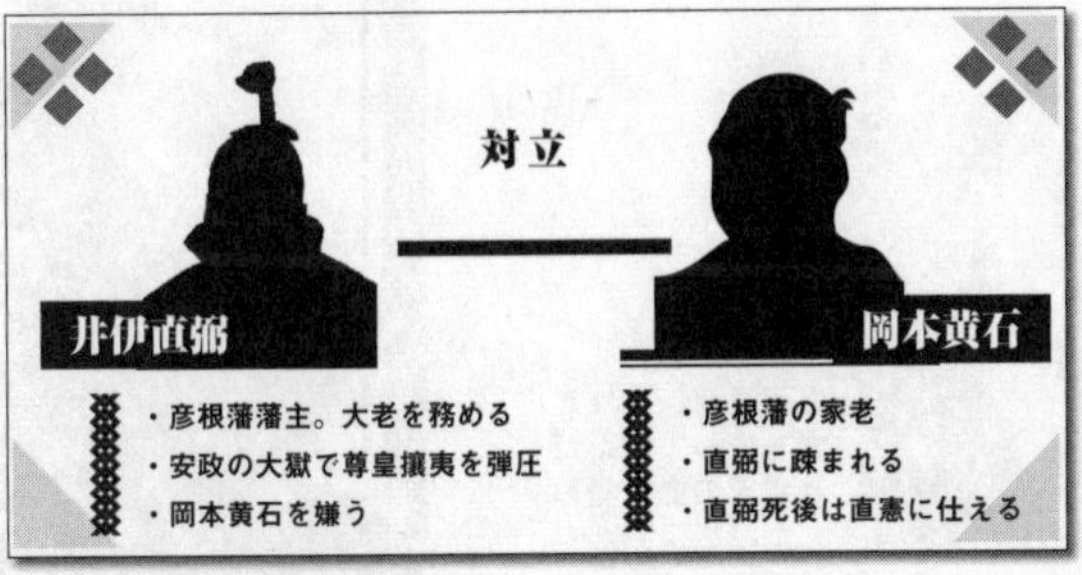
対立
井伊直弼
・彦根藩藩主。大老を務める
・安政の大獄で尊皇攘夷を弾圧
・岡本黄石を嫌う
岡本黄石
・彦根藩の家老
・直弼に疎まれる
・直弼死後は直憲に仕える

迷宮入りした暗殺事件の謎

広沢真臣暗殺の犯人は木戸孝允だった!?

天皇とも親交があった広沢真臣

倒幕に大きく貢献し、明治新政府参議でもあった広沢真臣《ひろさわさねおみ》。彼の名はあまり知られていないが、西郷隆盛《さいごうたかもり》や大久保利通《おおくぼとしみち》に匹敵する名声と実力を持っていたため、当時はかなりの大物になると期待されていた。

しかし、彼が政治家としての手腕を発揮しようとしていたその矢先、広沢は何者かに暗殺されたのである。

この事件を受け、広沢と親交が深かった明治天皇は犯人逮捕

広沢真臣。彼は実力を持っていただけにその命が狙われたのだろうか…

を命ずる異例の勅令を出す。また、3年後には「参坐《さんざ》制度」として陪審員制度を採用した裁判を取り入れている。だが容疑者に80名もの名が挙がっていたにもかかわらず、犯人特定には至らなかった。そして事件はそのまま迷宮入りしてしまった。

できすぎの広沢に木戸が嫉妬!?

事件から約140年、これまで犯人としてさまざまな説が取り沙汰されてきたが、その中に意外な人物の名がある。広沢の同志・木戸孝允《きどたかよし》だ。当時、木戸は長州閥のトップクラスに身を置いていた。しかしそこに実力派の広沢が現れ、トップの座を奪われるのを恐れた木戸が広沢暗殺を企てた…というのだ。広沢は太っ腹な男で人柄も愛されていたため、その彼を木戸がライバル視していたという話もないとはいい切れない。現在も広沢暗殺についての真相は明らかになっていない。しかしできすぎたばかりに他人からライバル視され、地位確立のために殺されたというならば、なんともひどい話である。

木戸孝允と広沢真臣の人物相関図

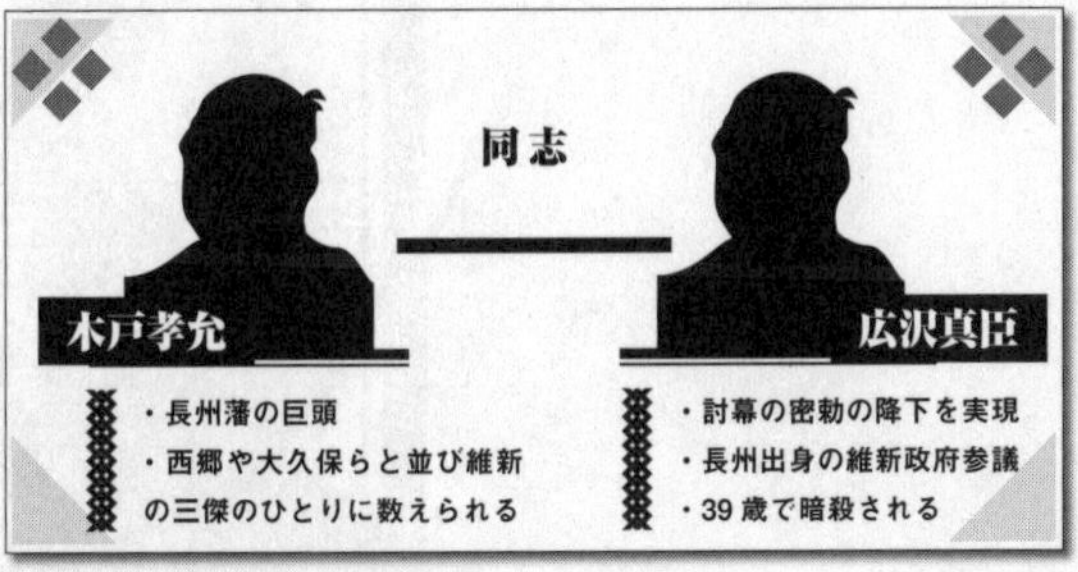
同志
木戸孝允
・長州藩の巨頭
・西郷や大久保らと並び維新の三傑のひとりに数えられる
広沢真臣
・討幕の密勅の降下を実現
・長州出身の維新政府参議
・39歳で暗殺される

日本で初めて外国人と結婚したのは…

国際結婚のきっかけを作ったのは高杉晋作だった!?

イギリスへ出発！の予定が…

今や国際結婚は身近なものとなったが、日本で初めて外国人と結婚した人物は幕末にいた。

その人の名は、南貞助《ていすけ》。彼は留学先だったイギリスから妻として英国人女性を従え帰国した。日本における国際結婚第1号の誕生である。その貞助のイギリスへ渡るきっかけを作ったのが、高杉晋作だったのだ。

晋作は1865年、イギリスを視察したいと藩に申し出た。

だが藩から旅費をもらい、密航の手配も終えていざ出発というときに、イギリス商人グラバーから「今は藩を離れるべきでない」とストップがかかってしまう。晋作はしぶしぶ諦めるが、イギリスへ行ける権利を放棄するのももったいない。そこで、従弟《いとこ》の貞助に声をかけたのである。

国際結婚をした、その理由《わけ》とは

貞助は渡英後、勉学に励んだ。だが次第に学費などが間に合わなくなり、彼は仕方なく帰国することとなる。だが貞助は数年後、ふたたびイギリスへ。彼はその頃、日本民族とヨーロッパ人の優秀な血を混ぜるという「人種改良論」を唱《とな》えており、日英の混血児を得ようとしていたのだ。そのときに出会い、妻としたのが英国人女性ライザ・ピットマンだったのである。

もし、晋作が渡英の権利を貞助に譲っていなかったら、この結婚はあり得なかったはずだ。国際結婚カップルを生みだすきっかけを作ったのは、意外にも高杉晋作だったのである。

渡英権利を巡る 人物相関図

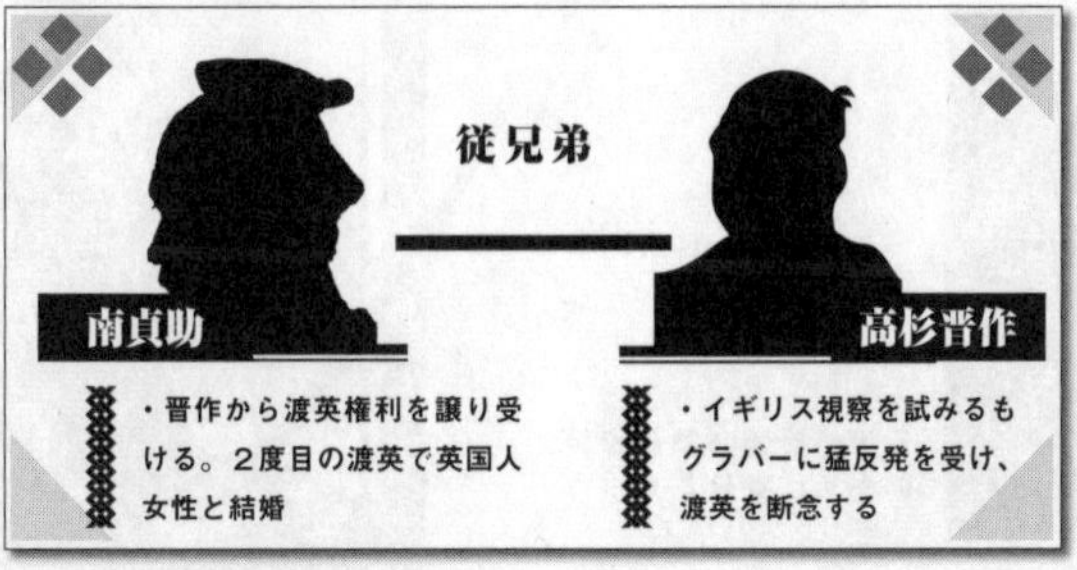

従兄弟
南貞助
・晋作から渡英権利を譲り受ける。2度目の渡英で英国人女性と結婚
高杉晋作
・イギリス視察を試みるもグラバーに猛反発を受け、渡英を断念する

ハリスの〝看護婦〟要求に呼ばれた人気芸者

ハリスが人生を狂わせた芸者の悲哀

〝看護婦〟を知らない幕府は……

日米修好通商条約《にちべいしゅうこうつうしょうじょうやく》締結のために日本を訪れていた初代アメリカ駐日総領事《ちゅうにちそうりょうじ》タウンゼント・ハリス。彼は慣れない異国暮らしが続いたため持病を悪化させて床に臥《ふ》せてしまう。そこでハリスは通訳を通し看護婦をつけるよう幕府の役人に依頼した。しかし、当時の日本には〝看護婦〟など存在しなかったため、役人たちは「ハリスは女を欲しがっている」と勘違い。

こうして連れてこられたのが、下田一の人気芸者であった斎

日米修好通商条約締結のために来日したタウンゼント・ハリス

藤きちである。彼女にはすでに婚約者がいたにもかかわらず、幕府は条約締結要求の矛先をほかに向けるため、きちを連れていく必要があったのだ。

ハリスのもとに行くため婚約を破棄？

きちは婚約者との仲を半ば無理やり引き裂かれ、ハリスのもとに送りこまれた。だが、当時の日本人は異国の人々によくない偏見を持っていたため、婚約を破棄してハリスの元に行った彼女は世間から冷たい目で見られる。また、きちがひと月に十両という多額な報酬を得ていたことがさらに世間を騒がせた。

3カ月後、ハリスの病態が回復し、きちは解雇される。彼女はふたたび芸者として町に戻るものの世間からの視線は冷たく、〝唐人（＝外国人）お吉〟と呼ばれるまでになった。その後彼女は酒に溺れ、48歳のとき川に身を投げ、命を絶ったのである。結婚を目の前に幸せを迎えるはずだったきち。彼女の幸せは、国の政略によって奪われてしまったのだ。

ハリスに奪われたきちの一生

年代	出来事
一八四一	尾張国知多郡に生まれる
一八四八	琴や三味線を習いはじめる
一八五五	芸者となり〝お吉〟と名乗り、たちまち人気芸者に
一八五七	ハリスのもとへ送り込まれる 3カ月後、解雇されてふたたび芸者に
一八六八	芸者を辞める
一八七一	髪結業をはじめる 酒に溺れるようになる ふたたび芸者となる
一八七三	小料理屋廃業 物乞いをして暮らすようになる
一八九〇	自殺

その涙の意味を、誰ぞ知る…

30年後の名誉回復に涙した最後の将軍

32歳にして政治的生命を失う

最後の将軍・徳川慶喜は矛盾に満ちた将軍だった。幕末期、慶喜の行動はポリシーを欠き、結局、「家康以来の逸材」と敵からも恐れられた才能を一度も発揮することなく、32歳にして歴史の舞台から逃走した。

慶喜は尊皇攘夷の総本山である水戸家に産まれながら、最後は朝敵となり徳川幕府の幕引き役となったのである。

江戸城が無血開城すると、徳川家は駿府（静岡）に移封される。

余生を送った静岡では、慶喜は“ケイキ様”と呼ばれ親しまれた

戊辰戦争の終結を受けて謹慎を解除された慶喜も駿府に居住する。その後、慶喜は政治的野心をまったく持たず、狩猟・囲碁をはじめ趣味に没頭。こうして駿府での生活は、30年にも及んだ。

30年後に参内して名誉回復

明治期において慶喜の復権は意外と早くから進み、1880年に正二位、1888年には従一位に復した。

それから10年後、慶喜は初めて参内し、明治天皇と皇后に拝謁する。実に30年ぶりの再会は、慶喜にとって完全なる名誉回復を意味した。このとき、慶喜の頬に一筋の涙がつたったという。その涙は何だったか。歓びの涙か、悔恨の涙か…。

参内を果たしたあと、慶喜は公爵となり貴族院議員にも列せられている。そして1913年、公爵徳川慶喜は76歳でこの世を去った。徳川であるばかりでなく、源頼朝以来、武家政権の長としての征夷大将軍の最期でもあった。

十五代将軍慶喜の生涯

年代	出来事
一八三七	徳川斉昭の七男として水戸藩邸で産まれる
一八四七	一橋家の養子になる将軍家慶の一字をとって慶喜を名乗る
一八五三	十五代将軍継嗣問題が起きる
一八五八	安政の大獄がはじまる
一八六〇	桜田門外の変勃発
一八六二	将軍後見職就任
一八六六	家茂の死去に伴い征夷大将軍の座につく
一八六七	大政奉還。将軍職辞任
一八六八	鳥羽・伏見の戦いで、慶喜は大坂城を抜け出し海路江戸へ
一九一三	76歳で死去

おもしろ
日本史
大全

第2章 中世

実は出世を約束されたサラブレッド!?

平清盛《たいらのきよもり》の父親は白河法皇《しらかわほうおう》だった!?

成り上がりのイメージと出生の秘密

平清盛といえば、武家の出身でありながら太政《だじょう》大臣の位にまで上り詰め、一族郎党ことごとくを官職に就け、「平家にあらずんば人にあらず」と身内に言わしめた傑物である。

頭角を現したのが保元の乱（清盛39歳）、平治の乱（同42歳）を制した中年期だったことから、一般的にルックスのイメージは完全にオッサンのそれだろう。

出家して剃髪《ていはつ》した51歳以降の姿を思い浮かべる方も多いかも

出家後の清盛像（菊池容斎《きくちようさい》画）

しれない。エネルギッシュな風貌は、〝成り上がり〟のイメージとどこかリンクする。

だがしかし、清盛には〝やんごとなき貴人のご落胤《らくいん》〟という噂がつきまとう。誰あろう、「天下三不如意」で知られる白河法皇である。

犯されざる白河法皇の権威

「天下三不如意」とは、『平家物語』に登場する白河法皇の思い通りにならない3つのもの――賀茂川の氾濫水、すごろくのサイ、山法師（比叡山延暦寺の僧兵）を指す。逆にいえば、この3つ以外のことであれば、すべてが意のまま。当時、白河法皇の権力はそれほど絶対的であった。

その絶対権力者と血がつながっているとなれば、平治の乱以降の清盛の大躍進も合点がいく。

『平家物語』によれば、母親の祇園女御《ぎおんのにょうご》は白河法皇の寵愛を受けた後、忠盛との間に清盛を授かったとされている。

平清盛の歴史年表

年代	出来事
一一一八	伊勢平氏の頭領・平忠盛の嫡子として生まれる
一一二九	白河法皇、77歳で崩御
一一五六	保元の乱
一一五九	平治の乱
一一六〇	正三位に叙され、武士で初めて公卿の地位に就く
一一六七	従一位太政大臣となるも、すぐに辞任
一一六八	出家
一一七一	娘の徳子を入内させる
一一七七	鹿ヶ谷の陰謀が発覚。反平家分子が一掃される
一一七九	治承三年の政変。後白河法皇を幽閉し、その院政に終止符を打つ
一一八〇	孫の安徳天皇が即位 後白河法皇の第3皇子・以仁王が平氏追討の令旨を発する 源頼朝挙兵
一一八一	熱病に倒れる。享年64

祇園女御は氏素性《うじすじょう》も生没年も不詳だが、妹の子を猶子《ゆうし》にしたとする説もある。その子供こそ、平清盛であるともいわれている。

権力の頂点に立った親子の共通点

いずれにせよ、清盛は祇園女御の後押しを得て、出世街道を駆け上がる。武家の出で太政大臣の地位にまで上り詰めるなど、異例中の異例である。

後に天下を取った武家出身の源頼朝が、朝廷とは一線を画して鎌倉幕府を開いたのとは好対照である。清盛は、あくまでも既存の権力基盤にこだわった。天皇の外戚となり、政《まつりごと》をほしいままにすることにこだわった。それはまるで、父親であるかつての白河法皇のように。

この親にして、この子あり。

「平家にあらずんば人にあらず」は、清盛が発した言葉ではない。けれども白河法皇の「天下三不如意」の意識は、脈々と受け継がれていたのかもしれない。

最晩年にケンカ別れ!?

西行は清盛を見捨てて頼朝についた!?

希代の悪漢と漂泊の詩人は元同僚！

『平家物語』の描写や日本人の〝判官びいき〟により、これまで悪漢とされてきた平清盛。しかし２０１２年の大河ドラマ『平清盛』では、その知られざる姿が描かれている。卓越した政治力とカリスマ性で武士としては日本初の覇者となった男は、人情味あふれる好漢だった、と。そして、その清盛と生涯を通じての親友として描かれているのが、漂泊の詩人として知られる西行《さいぎょう》である。

西行法師（菊池容斎画）

もともと武門の家柄だった西行は、清盛とは同い年の友人で、ともに北面の武士として鳥羽上皇の身辺警護にあたっていた。

ふたりの交流と不可解な距離感

流鏑馬《やぶさめ》など武芸のみならず、和歌や蹴鞠《けまり》にも才があった西行は、将来を嘱望されていたにもかかわらず、23歳のときに出家。山里の草庵を転々とする生活に身をやつす。その後、奥州平泉への旅を経て高野山に入ってからも、西行と清盛の交流は続いていたようだ。

高野山に課された造営費用の免除を清盛に依頼した「円位書状」のほか、清盛への期待を表したり偉業を称えるような和歌が残されている。

ところが、これをもって〝生涯の親友〟とするには、いささか無理がある。そもそも同じ北面の武士だったとはいえ、清盛と西行では当時の身分が違いすぎたからである。また、清盛の死に関わる和歌を残していないのも、生涯の友だったのだとし

知っておきたい用語集

北面の武士

白河法皇が創設した院の直属軍。御所の北側に詰め所があったことから、こう呼ばれた。おもな任務は院の身辺警護だが、寺社の強訴を止めるため動員されることもあった。

円位書状《えんいしょじょう》

西行から高野山に宛てた書簡で国宝。高野山に課された和歌山日前宮造営の賦役免除を清盛に頼み込み、認められた報告がなされている。ちなみに、「円位《えんい》」は西行の法名。

たら不自然だ。

権力者とはだいたいトモダチ!?

晩年、後白河法皇を幽閉した清盛に対して、西行が失望したとする説もある。だとすれば清盛の死後、源頼朝と面会した西行の動きに疑惑が生じる。清盛を見限って頼朝に接近しようとしたのではあるまいか。

また、先の失望説を採れば、後白河法皇の使者だった可能性も浮上してくる。折しも、頼朝が弟の義経と決定的に対立していた頃である。表向きは勧進（浄財の寄付依頼）目的で義経と縁深い奥州平泉へ赴くにあたり、安全の保証を得るためとされているが…。

面会時、歓待した頼朝と対照的に、西行はつれない態度だったという。贈物としてもらった純銀の猫まで、通りすがりの子供に与えたという徹底ぶり。イメージとはかけ離れた無頼ぶりである。演出過多、ととらえることもできる。その裏に、なんらかの政治的取引があったとしても不思議ではない。

異母兄弟のたどる数奇な運命

保元の乱の原因は白河法皇の不倫！

無類の好色漢だった白河法皇

平清盛は、当時の絶対権力者・白河法皇のご落胤だという説がある。事の真偽は不明だが、これが武家出身の清盛が朝廷で出世街道を驀進できた理由だとすれば、一応の筋は通る。

それにしても、自らの子を家臣に託すとは、さすが「天下三《てんかさん》不如意《ふにょい》」（思い通りにならないものは3つだけ――賀茂川の氾濫、すごろくのサイ、比叡山延暦寺の僧兵）で知られる白河法皇である。

無類の好色漢だった白河法皇は、奔放にさまざまな身分の女性と関係を持ったとされる。清盛の母親しかり、幼いころから白河法皇が養育していた藤原璋子《ふじわらのたまこ》しかり、である。

清盛と崇徳上皇は異母兄弟!?

藤原璋子といえば、白河法皇の孫にあたる鳥羽上皇の中宮で、のちの崇徳天皇と後白河天皇の生母にあたる人物だ。白河法皇は自らが寵愛する女を孫に与え、さらに関係を続けたというのだから驚くよりほかない。

そんな背景により、崇徳天皇の実父が白河法皇だという噂は当時から流れていた。鳥羽上皇が崇徳天皇を疎んじたのも無理からぬ話である。わずか5歳だった崇徳天皇に譲位させられたとなれば、なおさらだ。

自然、鳥羽上皇の気持ちは藤原得子《ふじわらのなりこ》、ひいてはその子・近衛天皇へとよろめいた。白河法皇の崩御を経て、崇徳天皇にかわって即位させた近衛天皇が17歳で崩御すると、今度は後白河天皇

藤原璋子を巡る 人物相関図

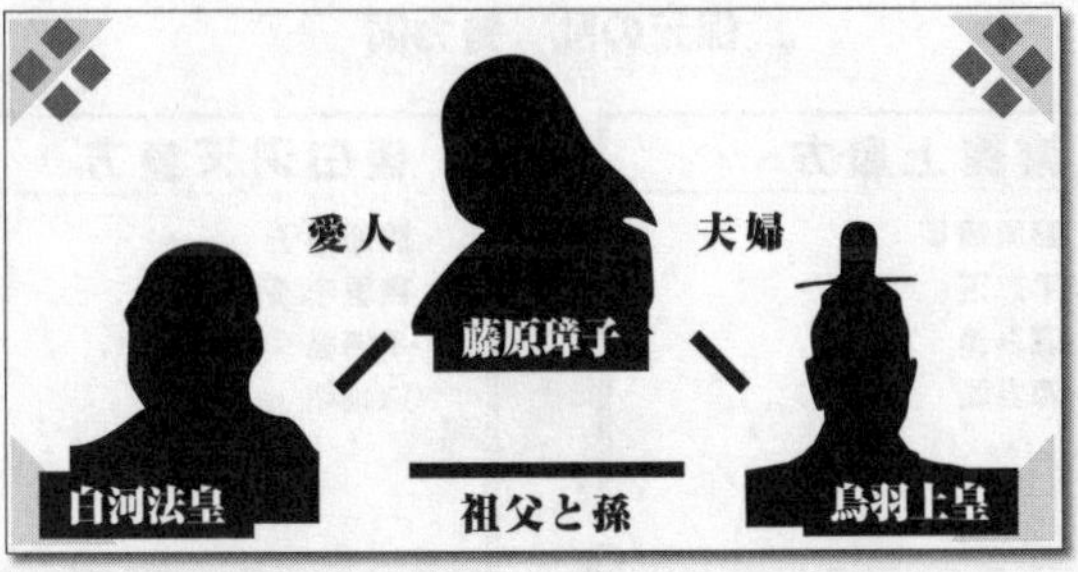

を擁立。崇徳上皇の影響力を徹底的に排除した。

法皇倒れて崇徳上皇の不満が爆発！

こうして虐げられ続けた崇徳上皇が、鳥羽法皇や藤原得子、後白河天皇に不満を抱かないはずがない。やがて鳥羽法皇が崩御するや、摂関家をはじめとする院近臣や源平の武士が崇徳上皇方と後白河天皇方に二分されて激突した。世にいう保元の乱である。

乱は平清盛と源義朝による夜襲により、後白河天皇方が勝利を収めた。崇徳上皇は讃岐国へ配流。8年後、京の地を再び踏むことなく亡くなっている。

天下三不如意の白河が好色だったがために、まるでドミノ倒しのように鳥羽は崇徳を疎んじ、崇徳は後白河を恨み、そして保元の乱が起こった。保元の乱を境に徐々に権勢を手中に収めていく平清盛が、そうなるべくして対立する後白河法皇を幽閉し、知ってか知らずか異母弟・崇徳の無念を晴らすのは、それから20数年後のことである。

保元の乱　勢力図

崇徳上皇方		後白河天皇方
藤原頼長	VS	藤原得子
平忠正		藤原忠通
源為義		平清盛
源為朝		源義朝

絶世の美女・常盤御前は妖女だった!?

清盛に取り入り平家を滅ぼした常盤御前《ときわごぜん》

時代もひれ伏した、その女の魅力

常盤御前は、源平時代において、もっともスキャンダラスでミステリアスな女性だ。

彼女はもともと雑仕女《ぞうしめ》いう下級の女官であった。これは、美女１０００人の中から１００人を選び、１００人の中からさらに10人に絞り、10人の中でも、もっとも美に秀でている者を選出する形で決められたという。当時、常盤御前はわずか13歳。こんな逸話からも、常盤御前が人並み外れた美貌を持っていた

ことが窺い知れるだろう。

平家滅亡のきっかけを作った!?

1153年、源義朝《みなもとのよしとも》の妻になった常盤御前は、今若《いまわか》、乙若《おとわか》、牛若《うしわか》の3人の子をもうけるが、子供たちが幼いうちに義朝は平《へい》治《じ》の乱で殺されてしまう。当時は強い男が好かれた時代。常盤御前もまた、勝者である平清盛《たいらのきよもり》に惹かれていった。そして、清盛と男女の関係を結び、子供たちも助命された。

やがて、彼女は清盛のもとで廊《ろう》の御方《おんかた》と呼ばれる清盛の娘を産む。廊の御方は右大臣・藤原兼雅《ふじわらのかねまさ》の妻となり、清盛の庇護を受けて幸福な人生を歩んでいった。

後に清盛と別れた常盤御前は、中級貴族・一条長成《いちじょうながなり》の妻となり、そこでも何人かの子供をもうけた。その後も彼女は豪族の男と関係を結び歩き、次々と子供を授かっては生んでいった。

何人もの男を手玉に取った常盤御前。彼女の色香に惑わされた平清盛が、彼女の子である源義経《みなもとのよしつね》を助けたことで平氏が滅び

常盤御前を巡る
人物相関図

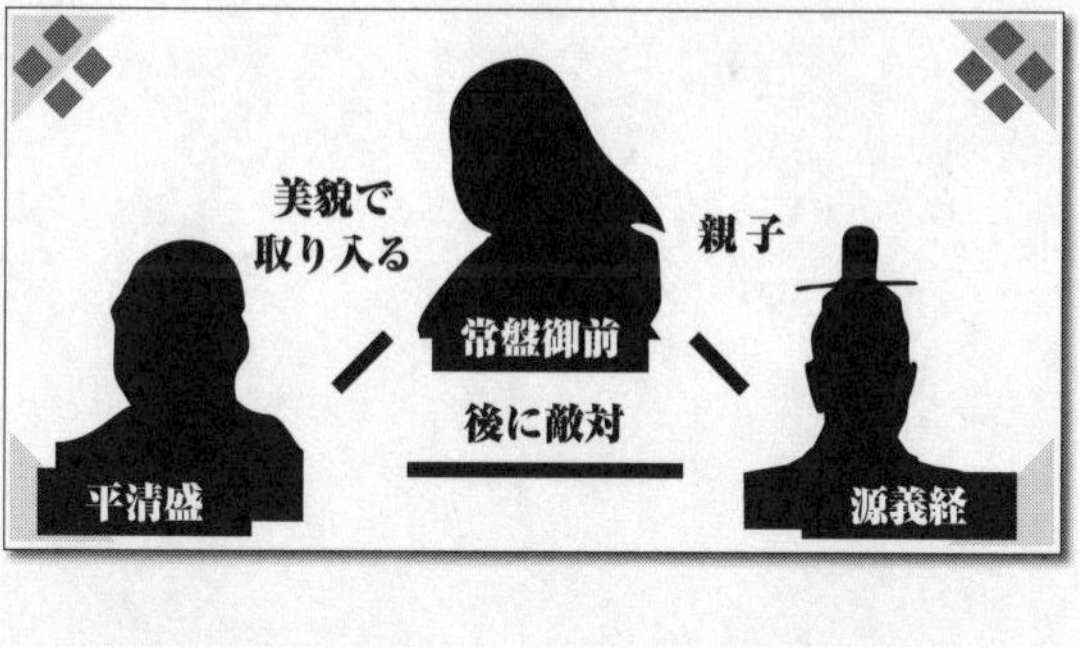

たと指摘する学者も少なくはない。

非業の死か穏やかな余生か……？

常盤御前と義朝との間に生まれた3人の男児は、三男の牛若（義経）のみならず、いずれも鎌倉幕府成立の過程で命を落とした。母である常盤御前もまた、現在の岐阜県関ヶ原町にて命を落としたと伝えられており、かの地には彼女の墓がある。とはいえ、彼女の消息を示す文献は残されておらず、群馬県前橋市や鹿児島県鹿児島市、埼玉県飯能市にも常盤御前の墓とされるものがある。

ちなみに、一条長成との間にもうけた嫡子・能成《よしなり》は、義経と行動をともにしていたため、頼朝によって政界を追われている。それでも義経の死から19年、頼朝が没して9年後の１２０８年12月、能成は政界に復帰。従三位まで出世し、75歳で天寿をまっとうした。一説には、この能成のもとで、常盤御前は余生を静かに暮らしたともされる。

チンギス・ハーンと牛若丸の共通点

今なお語り継がれる「義経不死伝説」の謎

遺体は腐敗が進み、義経と判別できず

謎多きヒーロー・源義経。その最大のミステリーが「義経不死伝説」だろう。1189年4月30日、源頼朝と対立した義経は奥州に逃れ、衣川館に潜伏していたところを義経捕縛の命を受けた藤原泰衡に襲われる。泰衡は500騎をもって十数騎の義経らを襲撃。義経はこれが最期と諦め、妻子を殺害した後、自らも命を絶ったのである——享年、32歳であった。

だが、義経の首が鎌倉に到着したのは6月30日のこと。何と

源義経生存説 足取りを辿る

岩手県遠野

義経が旅の疲れを癒すために、農家の風呂に入れてもらったという

死後43日も経ってからである。首は腐敗し、顔も判別できなかったため「実は義経は生きているのではないか」とささやかれるようになったのだ。

義経はチンギス・ハーンになった!?

実は岩手県や青森県、北海道には義経にちなむ史跡が数多く残されており、それが事実ならば義経は海岸伝いに逃げたことになる。さらに、彼は日本海を越えて、何とモンゴル帝国の創始者チンギス・ハーンになったともいわれているのだ！

その根拠として、義経とチンギス・ハーンの共通点が極めて多いことが挙げられる。ふたりが同時代の人物であったことはもちろん、戦術が非常によく似ており、両者とも〝笹りんどう〟の紋章を使用していたという。また、チンギス・ハーンは9本の白旗を掲げていたのだが、この白は源氏の白旗、9は義経の通称〝源九郎〟にちなんでいるのではないかと考えられる。

青森県東津軽郡	沙流郡平取町	岩内郡岩内町
義経寺があり、義経が馬を繋いだと伝わる「厩岩」が現存する	祭神として義経の木像が祀られている「義経神社」がある	義経がアイヌ民族の女性と別れを惜しんだという雷電峠がある

すべてはフィクションだったのか!?

武人・武蔵《むさし》坊《ぼう》弁《べん》慶《けい》は架空の人物？

実在したのか？ 疑惑の人物・弁慶

豪傑の代名詞として知られる、武《む》蔵《さし》坊《ぼう》弁《べん》慶《けい》。源義経との決闘や仁王立ちの大往生など、彼の生涯は今もなお語り草になっている。

だが、実のところ彼が実在したかどうかは定かではない。というのも、その逸話の多くが後世に創られた物語『義経記』で描かれたものだから、生まれながらにして3歳児の体型だったことや、千本の太刀を奪おうと悲願を立てたこと、さらに源義

経に出会い家臣になったこと…そのすべてがフィクションである。では、史実における弁慶とはいったい、どんな人物なのか。『吾妻鏡《あづまかがみ》』には義経の重臣のひとりとしてその名が記され、『平家物語』では目立たない武将として登場するのみ。驚くことにこれ以外に弁慶について記された史料は残されていない。

武蔵坊弁慶に関するさまざまな説

謎多き弁慶について諸説ある。『義経記』によると、比叡山に預けられていた彼は乱暴を働いたため追放されたらしい。また、比叡山延暦寺と総本山園城寺《おんじょうじ》の抗争の首謀者として追放されたという説もある。さらに、「弁慶の立ち往生」の舞台となった衣川の合戦だが、驚くことに彼は衣川では死なず、青森県や北海道に逃れたともされる。どれが真実なのだろう。我々が知っている天下無双の武人、弁慶。だが、それはすべて物語が作り出した人物像だった。真実の彼を知る者は誰もいないのだ。

武蔵坊弁慶の逸話

其ノ一
生まれたときには3歳児の体つきで、奥歯も前歯も生えそろっていた

其ノ二
五条大橋で源義経に勝負を挑んだが返り討ちに遭い、以後、義経の家来となる

其ノ三
義経を守って堂の入り口に立ち、雨のような敵の矢を受けて立ったまま絶命

一度は静まった合戦だったが……

那須与一《なすのよいち》の扇の話には凄惨な続きがあった!?

『平家物語』に伝わる〝扇の的〟伝説

義経が必死な思いで弓を拾った話でも有名な〝屋島の合戦〟。その中で、もうひとつ有名な話がある。それが「扇の的」である。

『平家物語』によると、屋島の合戦では屋島・庵治《あじ》半島の岸において激しい矢戦が繰り広げられていたが、夕刻になると日も落ちてきて休戦状態となった。すると平氏のほうから美女の乗った小舟が現れ、「竿の先にある扇を射《う》て」と挑発してきたのである。

的を狙い、弓矢を構える那須与一

義経は「これは絶対に外せない」と数々の武勇を誇り〝怪力伝説〟でも知られる畠山重忠《はたけやましげただ》を選出。しかし、畠山は辞退してしまう。続いて下野国《しもつけのくに》の那須十郎《なすのじゅうろう》が推薦されるが、彼も辞退しその代わりとして弟・与一《よいち》が射ることとなったのだ。

扇の次に射たれた平氏の武者

与一は馬を海中に入れて身構えた。そしてもし的に当てることができなければ切腹すると誓い、鏑矢《かぶらや》を放ったのである。そうして与一の射《う》った矢は見事に扇の柄を射抜き、扇は空へ舞い上がって春風にもまれながら海へ静かに散っていった……と〝扇の的撃ち〟の様子は描かれている。しかし、物語はここで「キレイ」には終わっていなかった。あまりの見事さに感極まった平氏の武者が踊りだし、それを見た義経が「あの男も射ってしまえ」といったため、与一はその武者を射殺してしまったのである。これに平氏が激怒して〝また〟不粋なる戦いがはじまってしまったという。

〝扇の的〟で何が起こったのか

其ノ一
平氏方から美女を乗せた小舟が現れ「竿の先にある扇を射て」と源氏方を挑発

▶

其ノ二
那須与一が射ることとなる。「外せば切腹」という覚悟のもと矢を放ち、見事に成功

▶

其ノ三
命中したことに感銘を受け、踊りはじめた平氏側の武者を与一が射殺。再び合戦へ

この怪力、もはや人間じゃない！

猛勇・畠山重忠《はたけやましげただ》の語り継がれる怪力伝説

ひとり馬を担いで崖を降りた重忠

数多くの軍功を残し、武士の模範とされた畠山重忠《はたけやましげただ》。彼は〝怪力無双《かいりきむそう》〟と呼ばれるほどの力自慢で、それらを表わすエピソードは数多く伝えられている。

中でも一番有名なのは、一ノ谷の合戦の〝鵯《ひよどり》越の逆落《さかお》とし〟のときのもの。大将義経は精兵《せいびょう》70騎を率いて坂を駆け下り、平家へ奇襲をかけることを決意。義経は先頭を切って断崖絶壁《だんがいぜっぺき》を駆け降り、ほかの者もそのあとに続いた。だが、畠山だけは馬

畠山重忠が馬を抱えあげる様子を表わした像

を降り、なんと鎧《よろい》の上から馬を背負って坂を下りたという。このエピソードは『源平盛衰記《げんぺいじょうすいき》』に記載されている。

馬を持ち上げた話は後筆された!?

しかし、こんなことが可能なのだろうか。鎧を着て、自分の体よりも大きな馬を持ち上げ、崖を下りるなどは物理的に不可能なのは明白だろう。また、そのエピソードが『源平盛衰記』にしか書かれていない点も不自然で、畠山氏一族の物語『畠山《はたけやま》物語《ものがたり》』によると、後世に後筆されたものだとされている。さらに〝逆落とし〟については当時の一級史料である『玉葉《ぎょくよう》』にも記載されていないことから、〝逆落とし〟自体が創作された虚構である…というのが専門家たちの有力見解だ。

だが、重忠にはほかにも巨大な岩をたったひとりで持ち上げたという話や、一騎討ちした相手の鎧の袖を引きちぎったという話など怪力ぶりを示すエピソードが数々残されており、かなりの腕力《わんりょく》の持ち主であったことは確かなようだ。

畠山重忠の怪力伝説

其ノ一	其ノ二	其ノ三
女武者・巴御前《ともえごぜん》と一騎討ちをした際、巴の鎧の袖を引きちぎった	**川を流されていた大串重《おおぐししげ》親《ちか》を掴まえ、対岸に放り投げた**	**永福寺《ようふくじ》建設の際に、巨大な岩や木材を運び、見る者を圧倒した**

誰も知る肖像画の真実

源頼朝の肖像画は足利直義《あしかがただよし》がモデル!?

肖像画の中に描かれた矛盾

神護寺に所蔵される源頼朝の肖像画は、誰もが一度は目にしたことがある〝超〟有名なものだ。しかし1995年、この肖像画について衝撃的な新説が発表されたのである。

それはこの画のモデルが頼朝ではなく、室町幕府初代将軍・足利尊氏の弟の足利直義《ただよし》であるというのだ。

その理由として、冠や毛抜型太刀《けぬきがたたち》の形式が頼朝の時代には存在しなかったという点や、肖像画に描かれた目や鼻、口、耳な

頼朝を描いたものとされてきた肖像画

どの表現様式が、14世紀中期に制作されたものと一致する点などが挙げられる。何より、肖像画の像主が頼朝であるということがどこにも記されていないのだ。

唯一、大英博物館に頼朝像が残されているが、これは明らかに神護寺にある頼朝のものとされてきた肖像画を模写したもので、18世紀以降のものだと研究で証明されている。

直義が願文の中で綴った衝撃の事実

また、直義が神護寺に宛てた願文の中に〝結縁《けちえん》のために自身（直義）の影像を神護寺に安置する〟といった内容が記されていることも明らかになった。

まだ新説が浮上して十数年のため、その肖像画が誰を描いたものかは論争中である。

今現在、ほとんどの教科書から姿を消してしまった頼朝の肖像画。したり顔で子供に「これは頼朝だ」なんていってしまわないように注意したいところだ。

頼朝肖像画の矛盾点

其ノ一	其ノ二	其ノ三
モデルの人物が着用している冠の形式は、鎌倉末期以降のもの	**眉や目など、顔の部位の表現様式が14世紀中期のものと類似している**	**描かれた毛抜型太刀は、14世紀のものだった**

京都だけでも５００人以上！

「平家物語」の誕生で琵琶法師ブーム発生？

蝉丸からはじまった琵琶法師の歴史

鎌倉時代、琵琶法師《びわほうし》ブームが巻き起こった。その引き金になったのが、かの有名な『平家物語』である。琵琶の音に合わせて物語りを吟《ぎん》じる琵琶法師が流行し、15世紀中頃には、京都の市内だけでも500人以上も存在していたというから驚きだ。そもそも、琵琶法師というものは宇多《うだ》天皇のとき、およそ9世紀頃の〝蝉丸《せみまる》〟という人物から始まった。蝉丸は醍醐《だいご》天皇の孫で克明親王の第一王子でもある源博雅《みなもとのひろまさ》という人物に、琵琶の秘曲《ひきょく》

である『流泉《りゅうせん》』と『啄木《たくぼく》』を伝授したと伝えられている。平安時代に入ると、琵琶法師たちは中国伝来の秘曲を奏でたり、即《そっ》興《きょう》で曲を弾くようになった。貴族たちの詩歌《しいか》の朗詠《ろうえい》をする者もいたという。

宮中からもお呼びがかかり…

13世紀初頭に『平家物語』が成立すると、琵琶法師は物語を琵琶で奏でながら語る〝平家語り〟として庶民から親しまれる存在となり、ねずみ色の衣服を着て市内を練り歩いたという。

そんな頃、ひとりの琵琶法師がいつものように市内を巡っていると、彼の語る『平家物語』があまりにおもしろかったことから宮中に招かれ弾き語りをすることに。それ以来、琵琶法師は公家たちからも愛され、しばしば彼らに招かれるようになったという。このようにして琵琶法師は『平家物語』の誕生とともに多くの人々から愛されることで隆盛《りゅうせい》を極めていき、全国に一大ブームを巻き起こしたのである。

琵琶法師ブームが巻き起こるまで

其ノ一
9世紀末、琵琶法師の起源とされる蝉丸が源博雅に秘曲を伝授したというい伝えが残る

▶

其ノ二
平安時代末期、中国から伝わった秘曲や即興曲を奏でる琵琶法師が存在していた

▶

其ノ三
『平家物語』誕生後、庶民、公家などから幅広く愛されるようになり、琵琶法師ブームが到来

四方八方敵ばかりだった男の末路

大将軍・源頼朝は暗殺されていた!?

「落馬が原因で死んだ」は事実か!?

鎌倉幕府を築いた源頼朝の最期は、実にあっけないものだった。幕府の公式記録『吾妻鏡』には「１１９９年1月13日、相模川の橋供養に臨席した源頼朝は、その帰途、落馬してほどなく死亡した」とあるが、この記録自体が死から13年も経った後に書かれたものなのだ。また、14世紀頃に書かれた『保暦間《ほうりゃくかん》記《き》』には、「これまで彼が滅ぼした一族の亡霊の祟りで、頼朝は発病して亡くなった」とされているほか、浅井了意の『北条

九代記』では「橋供養の帰りに義経や安徳《あんとく》帝の亡霊を見て驚きのあまり落馬した」となっている。落馬が原因で死んだというのは本当なのか？

謀殺の可能性あり！ 首謀者は？

頼朝の死因については謀殺説もささやかれる。歌人・藤原定家の日記『明月記《めいげつき》』には「頼朝の死後わずか7日目、公家・土《つち》御門通親《みかどみちちか》はまるで頼朝の死を知っていたかのような手はずで、頼朝派一掃の人事を行った」と記されている。そこから「通親が頼朝を謀殺したのではないか」という説が浮かび上がっていたのだ。また暗殺を企てたのが、なんと妻・政子だったという説も。その説によると生粋の浮気症だった頼朝は、ある女房の元へ忍びに行った際、警護の安達盛長《あだちもりなが》に斬られたのだという。しかも、頼朝の浮気に手を焼いた政子が、裏で手を回したのではないかというのだ。多くの人間を踏み台にして成り上がった源頼朝の、あまりに情けない最期である。

源頼朝の歴史年表

年代	出来事
一一四七	源義朝の三男として生まれる
一一五九	平治の乱に敗れ、伊豆蛭ヶ島に流される
一一八〇	平氏打倒を目指して挙兵。鎌倉に本拠を置く
一一八五	壇ノ浦の戦いで平氏を滅ぼす
一一九二	征夷大将軍に任じられる
一一九九	落馬が原因で死去？

承久の乱で大敗した上皇のたたり

皇統を守った後鳥羽院の怨霊伝説

倒幕を試みるも失敗し流罪へ

わずか4歳で即位することとなった後鳥羽《ごとば》天皇。天皇は19歳で土御門《つちみかど》天皇に譲位し、23年間にわたり院政を行なっていた。その後、反幕府の立場を明らかにした後鳥羽上皇は承久《じょうきゅう》の乱を起こす。しかし、後鳥羽上皇を支持する武士は少なく大敗。上皇は隠岐島《おきのしま》へと流されることとなった。その後は後堀河《ごほりかわ》院が皇位に就き後高倉《ごたかくら》院が院政を見ることとなったため、後鳥羽上皇は子孫が皇位に返り咲くことを切望していたようだ。

後鳥羽天皇。彼の死後、都には不幸が立て続けに起こり…

だが、後鳥羽上皇が流罪となったあと都には次々と不幸が襲い掛かる。後堀河天皇后藻壁門院《そうへきもんいん》、後堀河天皇、そして摂政の藤原教美などの要人たちが、20代半ばという若さで次々とこの世を去ったのである。さらに、これらの不幸は鎌倉方の要人たちにも飛び火。承久の乱で活躍した三浦義村や、北条泰時《やすとき》が相次いで死亡。さらには都でも四条《しじょう》天皇がわずか12歳で事故死するという尋常ではない事態に陥った。

皇統が戻るまで続いた上皇の怨念

人々は、これらの度重なる不幸は後鳥羽上皇による怨霊だと確信する。上皇のたたりを恐れた人々は、非業の死を遂げた上皇に贈られた「徳」の文字を用いた〝顕徳院《けんとくいん》〟という諡《おくりな》を、霊に対する配慮として〝後鳥羽院〟に改めることに。

その後、四条天皇の崩御により、後鳥羽上皇の孫にあたる後《ご》嵯峨《さが》天皇が即位。皇統が後鳥羽院の子孫に戻り、晴れて彼の願いは叶えられたのである。

後鳥羽上皇の生涯

年代	出来事
一一八〇	誕生
一一八三	後白河法皇の院宣により即位
一一九六	建久七年の政変
一一九八	土御門天皇に譲位して上皇として院政を敷くことに
一二〇二	名実ともに治天の君となる
一二二一	承久の乱を起こすものの敗退 流罪となり隠岐島へ
一二三九	崩御 5月、顕徳院と諡号される
一二四二	院号が後鳥羽院に

北条時政をそそのかした美しき後妻

将軍暗殺を画策した牧《まき》の方《かた》の野望とは？

親子ほど年の離れた美貌の若妻

北条政子の父・北条時政は頼朝の死後、２代将軍・頼家《よりいえ》を追放して暗殺し、頼家の弟でまだ12歳だった実朝《さねとも》を３代将軍として擁立する。

これは幼い実朝に代わって政務を行なう執権として権力を握るためだった。しかし、この頃から政子や息子の義時との仲は険悪になっていく。その原因のひとつには、親子ほど年の離れた若い後妻・牧《まき》の方《かた》の存在があった。牧の方は美貌に恵まれて

おり、また気性の荒い野心家でもあったようだ。宴席で娘婿と口論になった幕府の重臣を、時政に頼んで殺させてしまったこともあった。これは政子や義時のみならず多くの人々の反感を買うことになった。

妻の野望むなしく夫は失脚

牧の方の野心は、最終的に時政の政治生命を終わらせる結果を招く。彼女は娘婿の平賀《ひらが》朝雅《ともまさ》を将軍に擁立し、幕府の実権を政子・義時の手から牧氏一族へ奪い取ろうと画策したのである。

牧の方は時政をそそのかし、3代将軍・実朝を暗殺する計画を立てた。しかし計画は実行前に露呈し、実朝は政子と義時に保護される。御家人たちは時政ではなく政子・義時側につく者のほうが圧倒的に多かったという。世間ではすでに「時政は悪女に操られる色ボケした老人」と見られていたのかもしれない。その日のうちに時政は逃げるように出家し、以後、政治の表舞台から姿を消すのだった。

牧の方を巡る 人物相関図

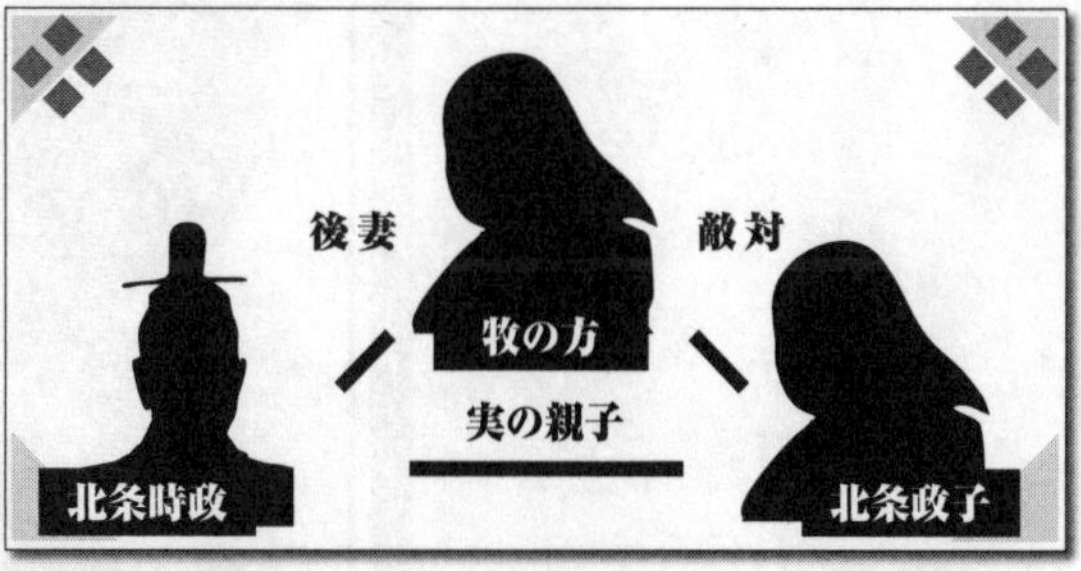

禁断の恋と激しい嫉妬は昼ドラ顔負け

北条政子《ほうじょうまさこ》は嫉妬により夫の愛人宅を襲撃!?

恋した男と婚礼の晩に駆け落ち！

北条政子《ほうじょうまさこ》といえば源頼朝《みなもとのよりとも》の妻であり、頼朝の死後は幕府の実権を握って「尼将軍《あましょうぐん》」と呼ばれるほどの権力を得た烈女である。彼女の人生も破天荒そのもの。頼朝との関係も禁断の恋を強引に成就させたものだった。1159年に起きた平治の乱で、平氏は敵対する源氏その他の勢力に圧勝した。政子の父である北《ほう》条時政《じょうときまさ》はこのとき、平氏側についており、敗兵となった頼朝を領地に幽閉する。そこで頼朝と出会った政子は、なんと頼朝の

子を妊娠。いわば囚人とデキてしまったわけで、これは北条氏にとって最悪のスキャンダルである。父・時政は政子を他家に嫁がせ、この事態をなかったことにしようと目論むが、政子は婚礼の晩に逃亡。頼朝の元へと駆け込んだ。頼朝は政子を匿い、挙兵して平氏を倒し鎌倉幕府を開いたのだった。

嫉妬ゆえに愛人宅を襲撃、大騒動に

政略結婚が常識の時代に卓抜な行動力で恋人と結ばれた政子だが、頼朝の妻となった後もその情熱は衰えない。多くの側室を持ち、子を増やすこともこの時代の常識だが、政子は頼朝がほかの女を寵愛するたびに激しい嫉妬をあらわにした。その嫉妬心は凄まじく、武装兵に愛人の家を襲わせたこともあったほど。これを知った頼朝は実行犯の牧宗親《まきむねちか》を厳しく罰するが、彼が時政の後妻の父だったために今度は時政が激怒。源氏と北条氏の関係が悪化した。政子の嫉妬から起きた夫婦喧嘩が幕府を揺るがす騒動に発展したのである。

北条政子を読む

『北条政子』
永井路子　文藝春秋

政子の壮絶な人生

菊池寛賞受賞作家・永井路子の歴史小説。「稀代の悪女」とも「慈愛深い政治家」ともいわれる政子像を、女性独自の観点から描く1冊。NHK大河ドラマ『草燃える』の原作にもなった

あまりにずさんだった中国の造船事情

「文永《ぶんえい》の役」の神風は本当に暴風だった？

蒙古襲来に絶体絶命のピンチ！

神意に逆らうと起こるという「神風」。その規模はさまざまだが、鎌倉時代の中期、日本史上かつてないほどの大規模な神風が巻き起こった。1274年10月、約4万もの兵を率いる元《げん》・高麗《こうらい》連合軍が日本に襲来し、対馬や九州、さらには博多、箱崎にまで次々と上陸した。連合軍は銅鑼《どら》の音や火花が炸裂する音を鳴り響かせながら大群で押し寄せたため、日本兵たちは度肝を抜かれたという。その時の様子は、『八幡愚童訓《はちまんぐどうくん》』にも「博

多・箱崎ヲ打テ、多クノ大勢、一日ノ合戦ニタヘカネテ落チコモルコソ口惜ケレ」と記されている。

神風は意外にも小規模だった!?

元・高麗連合軍の勢いは止まらず、翌日には九州北部が完全に占領されるかと思われた。ところがその夜、突如として博多湾を大暴風が襲ったのだ! 博多湾に碇泊《ていはく》していた連合軍の舟は一瞬にして沈没。日本軍は幸運にも勝利を収めることができたのである。だが実際、この大暴風が起きたのは新暦の11月9日のこと。台風が発生する時期とはズレている。伝承では大暴風といわれる神風だが、意外にも温帯低気圧程度の小規模なものだったのかもしれない。では、なぜそのような弱風で元・高麗連合軍の舟は沈没したのだろうか? 実は当時、朝鮮の造船工事は手抜きで、実戦向きではない弱い舟ばかりだった。神風が吹くまでもなく、日本の勝利は決まっていたのかもしれない。

二度にわたる侵略
文永・弘安の役の経緯

其ノ一
チンギス・ハーンの孫、フビライ率いるモンゴル帝国と高麗の連合軍が日本を侵略

其ノ二
神風が吹き起こり、連合軍は撤退。連合軍の死者・行方不明者は1万3500人に及んだ

其ノ三
フビライはふたたび日本を侵略しにくるが、神風に遭い侵略の継続を断念する

絶対バレないはずの計画はなぜバレた!?

部下の別れ話が原因で失敗した倒幕計画

実行予定4日前に急襲された倒幕派

1324年9月19日。後醍醐天皇とともに4日後に鎌倉幕府の倒幕計画を企てていた土岐頼貞《ときよりさだ》や多治見国長《たじみくになが》らが、幕府の大軍に襲われ、攻め滅ぼされた。同じように天皇の側近であった日野資朝《ひのすけとも》や日野俊基《としもと》らも捕らえられ、かねてから極秘で進められていた後醍醐天皇による倒幕計画は決行直前まできて失敗に終わる。

後醍醐天皇による計画は、厳密に進められていたはずだった。

しかし、なぜ直前になって幕府側にバレてしまったのだろう。その理由は『太平記《たいへいき》』に記されている。密事《みつじ》を外部に漏らしたのは、倒幕計画に参加していた土岐氏の一族、頼員《よりかず》という人物だった。

別れの原因を妻に突きとめられ…

倒幕計画がいよいよ実行に移されようとしたとき、頼員は最愛の妻に別れを告げた。倒幕実行は命賭けの行動、自分の命を見限った頼員は別れ話を切りだしたのである。しかしふたりは相思相愛の仲、突然の別れ話を怪しく思った妻は夫を問い詰めた。その際、頼員はつい倒幕運動のことを漏らしてしまったのだ。彼は妻に口止めをするがときすでに遅し。夫の身の危険を恐れた彼女はすぐに六波羅《ろくはら》の奉公人である父・斎藤利行に報告。結果、幕府に計画がバレてしまったのである。これまで極秘に進められてきた壮大なる〝倒幕プロジェクト〟。それは1組の夫婦愛によって打ち砕かれてしまったのである。

倒幕計画がバレた 人物相関図

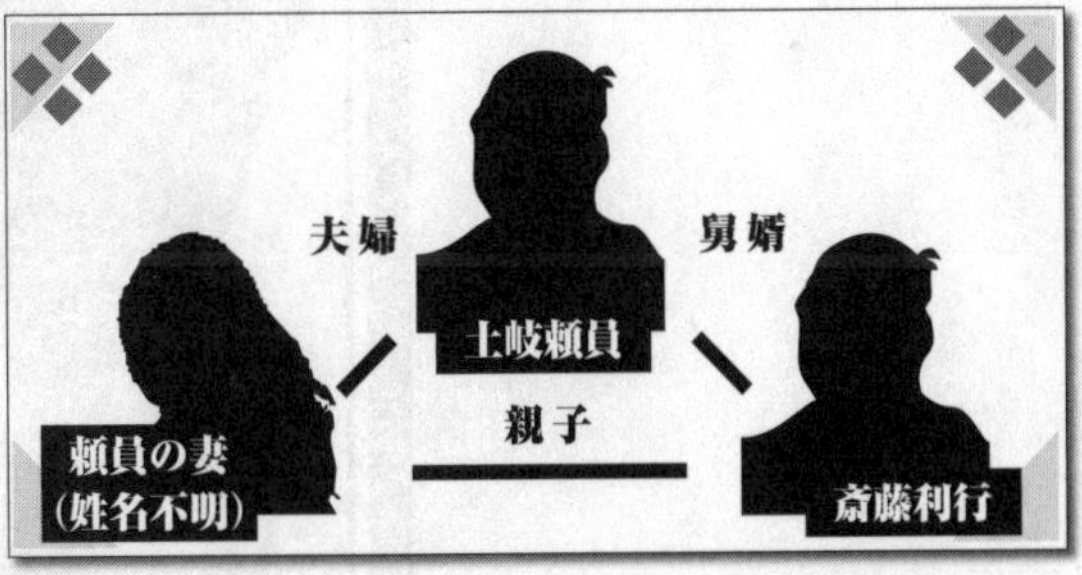

女好き天皇がハマった傾城傾国の美女

後醍醐天皇《ごだいごてんのう》が愛した阿野廉子《あのれんし》は魔性の女

妻の侍女にホレて…

建武の新政を行なったことで有名な後醍醐天皇《ごだいごてんのう》は、無類の女好きだったようだ。記録に残っているだけでも妻は18人、産ませた子供は30人以上といわれている。そんな後醍醐天皇にもっとも愛され、一時は彼の寵愛を独り占めしていたのが阿野廉子《あのれんし》である。

廉子は1319年、礼成門院《れいせいもんいん》という女性が後醍醐天皇の中宮として入内《じゅだい》した際に、侍女として同行した。そのとき廉子は19

歳と当時にしては若くはなかったが、すぐに礼成門院を差し置いて後醍醐天皇の寵愛を受けるようになる。後醍醐天皇は廉子にぞっこんで、いつも廉子を傍らに置いた。そして次第に政務を怠るようにすらなったという。

無理やりにでも我が子を世継ぎに！

後醍醐天皇は廉子に「三位局《さんみのつぼね》」という位まで与えて重用した。廉子は後醍醐天皇との間に恒良親王《つねよししんのう》・成良親王《なりよししんのう》・義良親王《のりよししんのう》と3人の皇子を産む。廉子が長男の恒良親王を産むまでに、後醍醐天皇には4人の皇子が先に産まれていた。しかし廉子は自らの子供をどうしても世継ぎにしようと、巧みに立ち回ったようだ。

皇太子の最有力候補だったのは、元弘の変など後醍醐天皇の鎌倉幕府討幕運動で活躍をした腹違いの兄、護良親王《もりよししんのう》だった。ところが実際に皇太子に任命されたのは廉子の長子である恒良親王。これを発端に始まった護良親王と廉子の政権抗争は、後醍醐天皇の建武の新政が挫折した原因のひとつといわれる。

知っておきたい用語

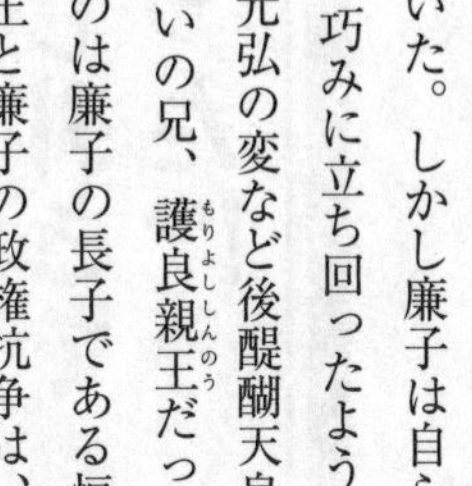

建武の新政

後醍醐天皇が鎌倉幕府を滅ぼした後の1333年、「天皇自ら政治を行なう」として開始した政治体制。武士層の不満を買ったことなどから足利尊氏が離反し、1336年には政権が崩壊した

"万人恐怖"で恐れられた将軍

足利義教《あしかがよしのり》はくじ引きで6代将軍になった!?

6代将軍は"くじ将軍"

室町幕府6代将軍となった足利義教《あしかがよしのり》。彼を将軍に選び出した方法は、なんとくじ引きだった。

1423年、4代将軍・義持《よしもち》は将軍職を譲り隠居。ところが5代将軍・義量《よしかず》は2年後に後継ぎも残さず死去したため、次の将軍選出をめぐって評議が行なわれることとなった。そして醍醐寺三宝院の満済《まんさい》の発案によりくじ引きで将軍が選出されることとなったのだ。当時、神を信じるという風潮があったため「く

じ引き＝公正」と考えられていたこともあるが、提案者である満済が、自分の意見によく従う義教を将軍に仕立てあげるために故意に仕組んだとも考えられている。

将軍就任後、義教は悪政に出た

くじは義教を含む義持の4人の弟が引き、その結果〝アタリ〟を引いた義教が将軍に選出された。

だが義教は大変気性が荒く、彼の政治は嗜虐《しぎゃく》性のある〝恐怖政治〟として恐れられることに。たとえば、恨みを抱いていた側室の兄からは所領を没収、謹慎させた。偶然笑った者を「将軍を笑った」といい掛かりをつけ蟄居《ちっきょ》させたり、料理がまずい、花の枝が折れたといった理由で処罰することもあったという。

義教の悪政に苦しめられた人々は80人にも及ぶ。彼らはくじで義教が将軍に選ばれたことを恨んだことだろう。もし内面を見て将軍が選ばれていれば、義教が将軍に選ばれることもなく、彼の政治の〝犠牲〟になることもなかったのだから。

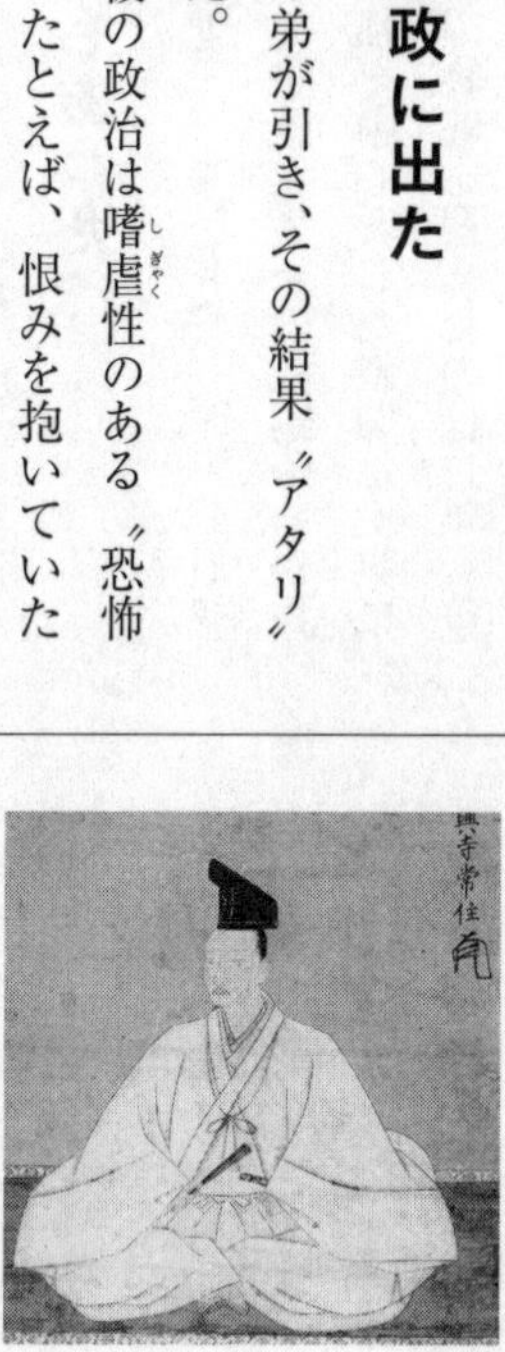

〝くじ将軍〟こと室町幕府6代将軍・足利義教

京都から始まり全国規模の大戦乱に！

なぜ応仁の乱は11年間も続いたのか？

停戦のチャンスは3度もあった!?

応仁・文明の乱は将軍家の継嗣《けいし》争いをはじめ、室町幕府管《かん》領《れい》・細川勝元《かつもと》と山名宗全《やまなそうぜん》の対立や、守護大名家の継嗣争いが複雑に絡み合って起こったもの。京都を中心とした戦闘は次第に全国へと拡大、戦いは延々と続き、終戦を迎えたのは11年も後のことだった。実は、11年の間には何度か停戦のチャンスがあった。開戦から3年、次期将軍に義政《よしまさ》の子・義尚《よしひさ》の就任が決まり、戦乱が起きた理由のひとつでもある「将軍の継嗣争い」に決着

がついたのである。だが義政には政治力がなかったため、戦いはそのまま続行することに。

3年後、また停戦のチャンスがやってきた。山名宗全が和平提案を申し出たのだ！　だが東軍のひとりが猛反発。室町幕府はたったひとりの抵抗さえも抑えることすらできず戦闘は続くこととなる。最後のチャンスは1473年。細川勝元と山名宗全が死亡し、将軍も義尚に替わった。しかし、またも守護大名らの反発を受け、和平交渉は失敗に終わってしまったのである。

目的を見失ったまま戦乱続行

このように応仁・文明の乱は、途中から戦う目的も曖昧になったまま収拾がつかなくなり、11年間もずるずると戦い続けることになったのである。この余波で京都の民家はほとんど焼け、貴重な文化財も失われてしまった。将軍の継嗣争いから始まったこの戦いの一番の犠牲者は、実は何も関係のない京都の民衆たちなのかもしれない。

応仁・文明の乱　勢力図

東軍		VS	西軍	
細川勝元	武田信賢		山名宗全	土岐成頼
畠山政長	今川義忠		畠山義就	六角高頼
斯波義敏	小笠原家長		畠山義統	吉良義藤
京極持清	木曽家豊		斯波義廉	飛騨姉小路家
赤松政則	松平信光		一色義直	富樫幸千代
山名是豊	吉良義真		小笠原清宗	毛利豊元

自分の評判より国益を優先した才女

日野富子は本当に悪女だったのか!?

富子悪女説、その根拠とは…?

〝歴史上の悪女〟といえば日野富子《ひのとみこ》だろう。室町幕府八代将軍足利義政《あしかがよしまさ》の正室だった彼女は、夫をないがしろにして政治に口を挟み、金儲けに目が眩んだという。

そんな「富子悪女説」の理由に挙げられるのが、まず「大名への高利貸」だろう。応仁の乱の最中だったというのに、彼女は敵方の大名にさえ平気で金を貸していたという。そして、もう一つの理由が「関所の設置」である。土御門内裏《つちみかどだいり》の修理を名

目に京都の入り口七ヵ所に関所を置き、民衆から銭を徴収したのだ。彼女は何のために金儲けに奔走したのだろう？　通説では、彼女は儲けた金で贅沢三昧の生活を送ったといわれる。『大乗院《だいじょういん》寺《じ》社《しゃ》雑《ぞう》事《じ》記《き》』でも「内裏の修理とは名ばかりで、富子は私腹をこやすばかり。人民にとって迷惑この上なし」と厳しく批判。だが、これを記したのは富子の兄・勝光と対立関係にあった大乗院跡・尋尊《じんそん》。決して公正な記述とはいえないだろう。

将軍、義政は愚夫だった!?

特筆すべきは夫・義政について。銀閣寺の創設者として知られる義政は大邸宅や庭づくりに没頭し、政治に背を向け続けたという。そのため、応仁の乱を終結させることもままならず、実行力のある富子が政治をとり仕切るしかなかった…という説もある。政治運営には資金が必要。富子は国のために金策に奔走せねばならなかったのだろう。悪人として批判されるべきは、実は彼女ではなく義政なのかもしれない。

日野富子が行なった悪行の数々…

其の一
公家、武士、庶民の別なく高利の金を貸し付ける

其の二
公家である実家の権威を利用して位階勲等を売る売官行為を行なう

其の三
米を買い占めて相場を吊り上げ、巨額の儲けを手にする

姑・妻・愛人…三つ巴の熾烈な争い！

日野富子の男児は今参局《いままいりのつぼね》が呪い殺した⁉

愛人VS姑、仁義なき戦い

今参局は室町8代将軍足利義政の乳母であり側室だった女性。12歳の頃に2歳の義政の乳母として仕えはじめ、身辺の世話をした。初めて接した年上の異性に対する憧れが初恋に変わるのはいつの時代にもあること。成長した義政は今参局に恋心を抱くようになる。義政が1449年に8代将軍に就任すると、彼が夢中になっていた今参局も権力を握ることになった。

だが、しばらくすると義政の生母である日野重子と今参局の

関係が悪化していく。義政の政務に今参局が口を出しているのではと重子が勘ぐったのである。義政が今参局をかばったことも裏目に出た。ふたりの確執は深まり、重子が家出事件を起こしたこともあった。

女の争いは切腹事件にまで発展

重子は義政から今参局を遠ざけようと、1455年に日野富子を義政の正室として迎え入れる。その直前に今参局は女の子を出産。「この調子で世継ぎの男の子を産んで将軍の母になられては困る」と重子が焦ったであろうことは想像に難くない。

1459年、富子は待望の男の子を出産した。しかし赤ん坊はその日のうちに死んでしまう。そして「赤ん坊の死は今参局の呪詛のせいだ」という噂が広まった。この噂は重子が流したものだという説もある。真相はともかく、これが原因で今参局は島流しの刑となった。今参局はプライドの高い女性だったのか、護送される途中で切腹により自害したのだった。

今参局を巡る 人物相関図

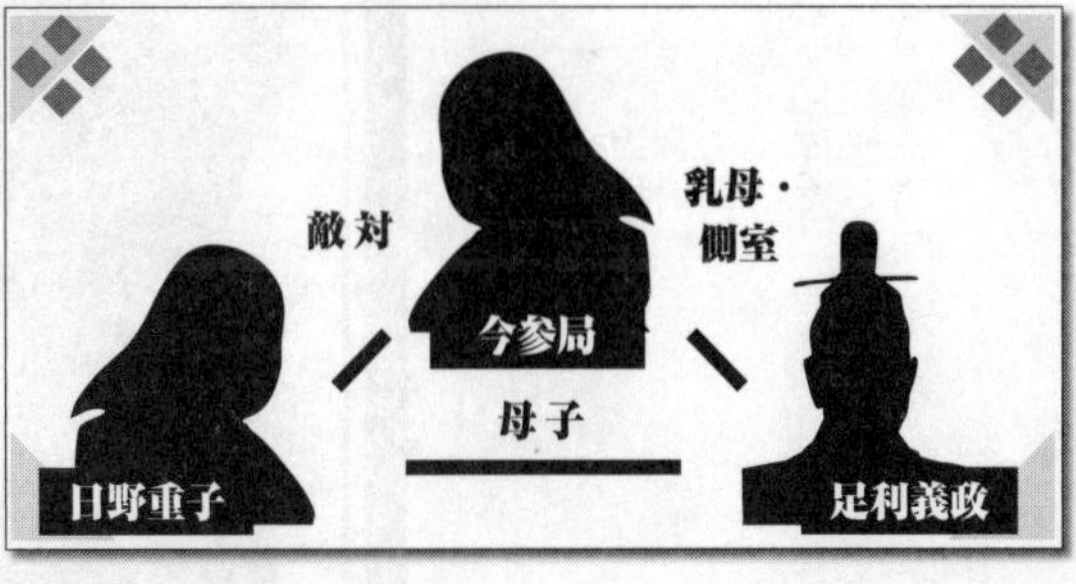

そもそも銀箔など必要なかった

なぜ、銀閣寺は輝いていないのか？

銀箔が貼られていない銀閣寺

「足利義満《あしかがよしみつ》の金閣寺があれほど美しく輝いているのだから、義政の銀閣寺もさぞ、素晴らしいことだろう」

そんな気持ちで銀閣寺に行くと、気抜けすること必至。事実、銀閣寺はまったく輝いていないのだから。では、なぜ銀閣寺に銀箔が貼られていないのだろう？

義政が銀閣寺の造営の着手したのは、１４８２年のこと。ところが「応仁・文明の乱」の直後ということもあって財政難が

響き、なかなか工事が進まなかったという。2年後に禅室の西指庵《さいしあん》ができ、翌年には持仏のある東求堂《とうぐどう》がようやく完成。そして観音殿《かんのんでん》が完成し、銀閣の上棟式が行われたのは１４８９年、造営に着手してから7年後のことであった。

現在の形こそ完成形

こうした経緯から「義政は金閣寺に対抗して銀を貼るつもりだったが、財政難のため実現しなかった」とする説が有力だ。だが実は〝銀箔を貼る予定だった〟というような記録はどこにも残されていないのだ！

事実、義満が建てた金閣寺は、義政にとっての政庁だった。一方で、銀閣を含む東山山荘は政治からの避難場所、いわば避暑地だったという。しかも銀閣寺という名称は後世になってつけられた俗称。もともとは2階に観音像が安置されていることから、観音殿と呼ばれていたのだ。義政は初めから銀を貼るつもりなど、まったくなかったと考えるべきなのである。

銀閣寺は世界遺産に登録されている

〝トンチ〟を利かせた一休の訓《おし》え

一休さんの〝奇行〟は仏教の伝統のため!?

仏教での禁止行為を繰り返し……

〝一休さん〟の愛称で知られる臨済宗大徳寺《りんざいしゅうだいとくじ》派の禅僧・一休宗純《いっきゅうそうじゅん》。〝一休さん〟といえば、大きな目にクリクリ坊主、機転の利いたかわいい小僧が目に浮かぶが、実際には風変わりな格好を好み〝奇言奇行〟を繰り返す、相当な変わり者だった。一休は僧でありながら木刀を差して街を歩き回り、仏教で禁じられている飲酒や肉食、また女犯《にょぼん》も平気で犯した。しかも隠れてするのではなく、公然とである。だが、一休があえて衆人たちの

目に触れるように破戒行為をしたのには、ある狙いがあった。一休がただの〝変人〟で終わらなかった理由があるのだ。

〝変態行為〟が共感を呼ぶ!?

当時、京都五山《ござん》の禅僧たちには権力におもねり、五山文学などにうつつを抜かす風潮が蔓延《まんえん》。仏教の形骸《けいがい》化が懸念されていた。また、表面だけは〝イイ顔〟をして裏では堕落・退廃した生活を送る虚飾《きょしょく》や偽善に満ちた禅僧が増えはじめていたのである。こうした状況を目にした一休は、自身が〝乱れた行為〟を人目に曝《さら》すことで、堕落した禅僧たちを痛烈に批判したのである。そして、このままでは仏教が風化してしまうということを、身をもって僧たちに知らしめたのだ。

少し間違えれば〝変人〟とも思われかねない行動を、仏教の伝統を守るために堂々と行なった一休。この形式にとらわれない人間性が民衆の共感を呼び、のちにかの有名な「一休頓智《とんち》話」を生み出したのである。

一休が最期に残した言葉

1481年、一休は臨終の際にこのようにいったと伝えられている。生涯をまっとうした一休の気持ちがよく伝わるひと言だ

謎の光の物体で刑場はパニック状態に！

UFOのおかげで日蓮は命拾いした⁉

波瀾万丈な人生を送った日蓮

「念仏《ねんぶつ》無間《むげん》、禅天魔《ぜんてんま》、真言亡国《しんごんぼうこく》、律国賊《りっこくぞく》」と、他宗を批判しまくった法華宗の祖・日蓮《にちれん》。当然ながら周囲からの風当たりは強く、草庵を焼かれたり、伊豆に流されたりと、彼は波乱万丈な生涯を送ることになる。

中でも最大の危機は1271年、特宗被官《とくそうひかん》・平頼綱《たいらのよりつな》の命により斬首されかかったときのことだろう。事の起こりはその10年前、自著『立正安国論《りっしょうあんこくろん》』で、近々、外敵が襲来すると予言したこと。そしてその予言は、二度にわたる蒙古襲来によって見事、立証された。彼は予言的中とばかり、八代執権・北条時宗《ほうじょうときむね》に『立正安国論』を呈上。だが、喜ばれるどころか危険人物とみなされ、佐渡流罪という名目で斬首刑に処せられるハメに…。ところが、ある〝奇跡〟が彼を救うことになった！

UFOの襲来でパニック状態に!?

その日、日蓮は鎌倉にある草庵にいたところ幕府の役人によって捕縛され、江ノ島・龍口の刑場に引きずり出された。そして、今にも首が切り落とされようというとき。南西の方から、丸い形をした不思議な光の玉が急接近したのである！　ある者は驚きのあまり腰を抜かし、悲鳴を上げて逃げ去り、現場はパニック状態で処刑どころではなくなった。

その後、日蓮は光の玉について「月のごとく光りたるもの、鞠のよう」と証言。まるで、ＵＦＯの襲来を想定させるような描写だが、その真相は藪の中である。

日蓮の歴史年表

年代	出来事
一二二二	安房国長狭郡で誕生
一二三三	清澄寺の道善を師として入門
一二三八	出家
一二四〇	比叡山、高野山へ遊学
一二五三	「南無妙法蓮華経」の題目を唱え始め立宗宣言
一二五七	実相寺で一切経を思索
一二六一	幕府によって伊豆国伊東へ流罪
一二七四	蒙古襲来の予言。「文永の役」勃発
一二八一	「弘安の役」勃発
一二八二	入滅

男と女の権威に差がつけられたのはなぜ？

男尊女卑の思想は武士社会が生んだ!?

かつては女性のほうが立場が上!?

今となっては〝男女平等〟という概念が共通認識となっているが、そもそも〝男尊女卑《だんそんじょひ》〟の考えが世に広まったのはいつのことだろう。歴史をひも解けば、最初から男性が優位な立場にあったわけではないのだ。

時代は縄文時代にまで遡る。実はその頃、女性のほうが立場は上だった。その理由として女性は採集《さいしゅう》、男性が狩猟《しゅりょう》を担当するという当時の生活スタイルが挙げられる。男性が行なう狩猟

はかならず獲物《えもの》を捕らえられるとは限らない。一方、女性の採集はほぼ着実な上、木の実などは貯蔵もできる。そんなこともあって男性たちは女性に物《もの》いえる立場ではなかったのである。

このように、しばらく女性優位の時代が続いていたが、その意識は弥生時代から古墳時代に向けて変わりはじめる。男性が効率のよい農耕に従事するようになったからである。

きっかけは縄文時代の狩猟?

そして完全に男女の地位が逆転したのが源平争乱《げんぺいそうらん》の時代。頻発する戦いの場で活躍したのは、馬に乗り、武器を巧みに操る男性だった。縄文時代の狩猟のなごりが活きたわけだ。また、合戦における働きにより男性には給与が与えられ、彼らが経済面を取り持つようになっていった。こうして武士社会の中から男尊女卑の考えが広まり始めたのである。

戦力が必要なくなった現代、女性が権力を奪う日も遠くないのかもしれない。

男尊女卑が定着するまで

縄文時代	古墳時代	鎌倉時代
男性の狩猟は、女性が行なう採集より不安定。女性が大黒柱《だいこくばしら》的存在	男性たちも効率のよい農耕に従事し始める。男性の地位も徐々に上昇	源平争乱の時代。武士が活躍して、男性の立場が優位になる

第1章 幕末
第2章 中世
第3章 戦国
第4章 江戸
第5章 近現代
第6章 古代

おもしろ
日本史
大全

第3章

戦国

戦国時代最強と呼ばれた武将

戦国時代のヒーロー 上杉《うえすぎ》謙信《けんしん》は女性？

上杉謙信は男ではなかった！

「越後の虎」上杉謙信《うえすぎけんしん》。この英雄に近年、実は女だったのではないかという疑惑が浮上している。耳を疑いたくなるような話だが、その裏には彼が女であったということを裏づける、いくつもの歴史的根拠があった。

まず挙げられるのが謙信の死因だ。「越後景虎、大虫によって卒す」という記録が残っているが、〝大虫〟とは婦人病のこと。亡くなった49歳という年齢も、婦人病の死亡率が高い年齢と一

代々伝わる肖像画には髭が描かれているが……

致するのである。

さらに彼は、毎月10日頃になると戦いをストップさせることが多かった。これは月経日と重なっていたためと考えられる。実際に合戦中にもかかわらず「腹痛」と称して引きこもったという記録もあるのだ。

上杉謙信を祀る山形県米沢市の上杉神社《うえすぎじんじゃ》にも、謙信が女性であったと思わせるものが残されている。ここには謙信の衣服が保管されているのだが、ハデな色のものや、パッチワークで仕上げているものが非常に目立つ。現代の感覚から考えれば、武将がそのような女性らしいものを好むとは思えないのだが……。

謙信の肖像画には髭が描かれているではないかと思う向きもあるかもしれない。しかし、肖像画の多くが謙信の死後に描かれたものだとすればどうだろう。さらに、林泉寺《りんせんじ》に保管されている当時の謙信を描いた肖像画や「洛中洛外図屏風《らくちゅうらくがいずびょうぶ》」に描かれた謙信には髭が描かれていない。肖像画の髭は、謙信を男と見

上杉謙信の歴史年表

年代	出来事
一五三〇	春日山城で生まれる
一五四三	三条城、栃尾城に移り城主に
一五四四	初陣にして勝利を飾る
一五五一	長尾政景父子を降伏させ、越後国を平定
一五五三	武田信玄軍と対立（第1次川中島の戦い）
	憲政から上杉姓と関東管領職を譲られる
	第4次川中島の戦いで信玄の弟と山本勘助が戦死
一五六四	第5次川中島の戦い上野国に侵攻してきた北条氏政と対立
一五七六	武田勝頼と和解。反信長体制となる
一五七七	越中国、そして能登国を平定
一五七八	病死

第1章 幕末
第2章 中世
第3章 戦国
第4章 江戸
第5章 近現代
第6章 古代

せかけるために、後から故意にたされたものだったのではないか。それでは、謙信はなぜ女であることを隠さなければならなかったのか。それは戦国時代だけではなく、後の江戸時代の時代背景に隠されていた。

謙信を男と偽った理由とは？

戦国時代は女子による家督相続が認められており、女性代主も珍しくなかった。しかし、徳川家による江戸幕府体制に入ると状況は一転。武家諸法度が成立し、女性城主は一切認められなくなったのである。徳川家は不備のある外様大名を減封処分にするなど散々な処置をとっていた。上杉家も外様大名であるため、立場は大変に弱い。ここで「もしかして代主」だった謙信が女性だったとなれば、「謙信の代で上杉家は滅びていた」といい掛かりをつけられ、家を〝断絶〟させられる恐れがあったのである。戦国時代の英雄として語り継がれる上杉謙信。私たちが思い描いていた謙信像が、実はまったくの虚像だった可能性は少なくない。

浮気はしたけどヤッてはいません!

武田信玄《たけだしんげん》は愛人男性に浮気弁明文を送った!?

信玄が愛したのは名臣の高坂昌信!?

戦国時代の武将たちのほとんどは小姓《こしょう》といわれる幼い男子をそばにつけ、身の回りの世話などをさせていた。小姓は衆道《しゅどう》の相手となることも多く、有名どころだと織田信長×森蘭丸《もりらんまる》、上《うえ》杉景勝《すぎかげかつ》×清野長範《きよののながのり》などの関係が挙げられる。

〝甲斐《かい》の虎〟の異名を持つ戦国大名・武田信玄もその例外ではなく、衆道の相手として春日源助《かすがげんすけ》という男がいた。この源助こそ、のちに武田四名臣に数えられた高坂昌信《こうさかまさのぶ》である。

弁明文、それはすなわちラブレター

だが、妻も多く元から浮気性だった信玄のこと。昌信以外の男性に手を出したこともあったようだ。

1546年、信玄26歳、昌信20歳のとき。信玄は弥七郎という男子に手を出したことがあった。それを知った昌信は大いに怒り、家に引きこもってしまった。慌てた信玄は昌信にある書状を渡した。その内容を抜粋すると以下のようになる。

「弥七郎にたびたび言い寄りましたが腹痛という理由で思い通りになりませんでした。でも、弥七郎を伽《とぎ》に寝させたことはありません。以前にもありませんでした。あなたと深い仲になりたいと手を尽くしてもかえって疑われそうなので、どうしてよいか迷っています。このことは神と菩薩に誓って偽りはありません」

これはまさに浮気の弁明文であり、目下の者に対して敬語で書いていることからラブレターとも言い換えることができる。

武田信玄を巡る 人物相関図

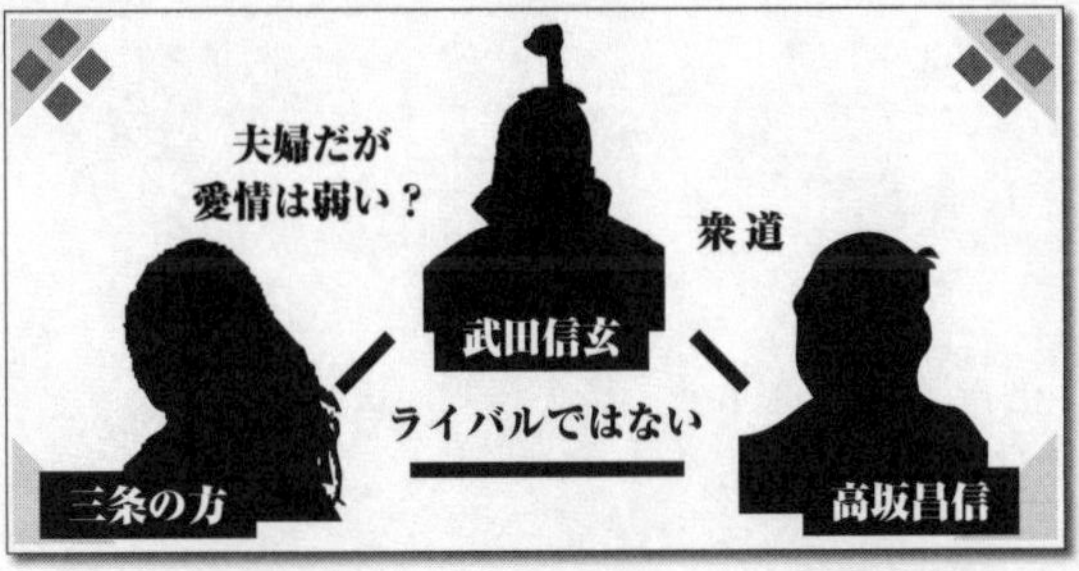

この文面からは信玄の深い愛を読み取れるが、昌信の愛情も相当なものだったらしく、信玄が没したときには泣いて駄々をこねたという。

妻もいたけれど男のほうが好きかも

前述したように信玄は男だけでなく妻も多かったのだが、浮気騒動のときにそれらの女性に対してはどう対応していたのだろうか。

正室は結婚した翌年に亡くなったため、第1夫人となるのは継室《けいしつ》の三条《さんじょう》の方《かた》である。才色兼備の女性だったというが、信玄にとってこの女性は好き嫌いで計るような存在ではなかったようである。

三条の方は足利将軍家とも親交がある三条家の娘であり、その姉は細川晴元《ほそかわはるもと》の、妹は本願寺顕如《ほんがんじけんにょ》の正室であった。つまり、天下を狙うための外交ツールだったのである。そこに愛がなかったとは言い切れないが、信玄がおもに愛情を注いでいたのは男のほうだったのであろう。

イラスト／福田彰宏（戦国画）

両雄の一騎討ちはどんな形で行なわれた？

信玄VS謙信 一騎討ちの謎

一騎討ちとはどのように行なわれた？

「川中島《かわなかじま》の戦い」といえば、武田信玄と上杉謙信の一騎討ちが想起される。北信濃《きたしなの》の支配権を巡って繰り広げられた戦いは、11年にわたり5度も相見《あいまみ》え、中でも1561年の第4次が最大の激戦だったといわれる。そして両雄の一騎討ちもこのとき起こった。では、その一騎討ちとはどんなものだったのか。たとえば、『甲陽軍鑑《こうようぐんかん》』では「馬上から切りつける謙信の太刀を、信玄は床几《しょうぎ》から立って軍配団扇で受け止めた」と記されている

が、『川中島五戦記』では、「川の中での太刀と太刀との一騎討ち」だったとされている。また『甲越信戦禄』にいたっては「謙信はただ一騎で信玄の床几の元へ乗りつけ、三尺一寸の太刀で切りつける。信玄は床几に腰をかけたまま軍配団扇で受け止めた」とある。要はてんでバラバラなのだ。

一騎討ちは存在しなかったのか

ここでひとつの疑問が持ち上がる。果たして両雄の一騎討ちは本当に存在したのだろうか？

武田氏の軍記『甲陽軍鑑』には前述の通り、一騎討ちが描かれている。ところが上杉家の史書『上杉年譜』には「信玄に傷を負わせたのは、謙信の家来・荒川《あらかわ》伊豆守《いずのかみ》だ」と記されているのだ。信玄から見れば、謙信の家来ではなく、謙信本人にやられたとするほうが面目が立つ。そこで「一騎討ち」をでっち上げたのではないだろうか。確たる証拠こそないが、ふたりの一騎討ちはなかったと考えるのが妥当かもしれない。

川中島合戦は５度も行なわれた

越後の龍の真実に迫る

上杉謙信の急死は信長による暗殺!?

語られることのなかった死の真相

1578年3月、軍神と謳われた上杉謙信がこの世を去った。

近年の研究では、死ぬ間際まで行なっていた遠征準備は関東侵攻のためとも、織田信長打倒のためともいわれているが、真相はいまだわかっていない。ただ、無念の死であったことは確かである。

死因は脳卒中にはじまり、アルコール依存症、ガンなど諸説ある。当時の謙信の生活状況からすれば、病を患っていてもお

かしくはないが、偶発的に訪れた死とするにはタイミングがよすぎる。なぜなら、この死で明らかに得をした人物がいるからだ。その人物こそ、誰あろう天下統一間際の信長である。

第六天魔王信長も軍神に恐怖した!?

謙信急死の前年、上杉軍は手取川《てとりがわ》の戦いにて織田軍に大勝を収めている。そのとき謙信は本願寺顕如、武田勝頼《かつより》とともに反信長包囲網を築き上げており、信長にとって脅威の存在となっていた。それまで謙信とまともに戦ったことのなかった信長は、この戦いにて屈強な越後勢を率いる軍神の強さを思い知ったのだろう。1577年12月、居城に帰還した謙信がすぐに次の遠征準備を始めたことを知った信長は、身の危険を感じ刺客を送り込む。そして機を見計らって暗殺したのではないか。それを裏づける証拠などはないが、謙信の死因が語られない以上、十分にあり得る話である。もし謙信が死なず、信長に戦いを挑んでいたら天下の行く末も変わっていたかもしれない。

真実はどれ？　上杉謙信の死因諸説

暗殺説	VS	病死説
・脅威とみなされた信長に刺客を送り込まれた ・家督を狙った息子の上杉景勝により暗殺。謙信の死後、御館騒動への準備が万端すぎたため		・急死ということもあり、脳卒中が濃厚 ・高血圧、糖尿病、アルコール依存症などの生活習慣病も示唆される ・過度の酒量による胃、食道系のガンの可能性も

幻の軍師に実在説が急浮上

知将・山本勘助《やまもとかんすけ》は実在したのか？

『甲陽軍鑑』が生んだ幻の軍師

隻眼《せきがん》の醜男《ぶおとこ》でありながら、武田信玄の下で軍略や築城術において人並み外れた才を発揮した名軍師・山本勘助。２００７年の大河ドラマ『風林火山』の主役だったこともあり、人々の認知度も高い。

ところがこの勘助、長らく創作上の人物として実在が疑問視されてきた。というのも、勘助の存在が歴史書に記録されているのは、武田氏の合戦や軍法を記録した『甲陽軍鑑』という軍

学書のみ。しかもこの書物は、内容のほとんどが後世の創作であることが判明し、その資料価値はきわめて低いとされてしまったのである。当然、勘助もまた架空の存在であることが、歴史家の間では暗黙の了解になっていた。

実在を示す文書発見！

ところが1969年、北海道の民家から武田信玄の書状が発見され、その中に書状の伝令役として、「山本菅助」という人物名が記録されていたのである。伝令役とは決して下っ端の使者ではなく、トップシークレットを相手に直接伝える重職であった。また、2007年には信玄が長谷《はせ》の名家・黒河内家に宛てた文書が発見され、その中にも「山本勘助を大将にして、城攻めの準備をせよ」という伝令が残されている。仮りに実在しても一兵卒にすぎなかったのではないかと思われていた勘助だったが、やはり武田軍の重要なポストに「山本勘助」という人物は実在していたことになるのである。

でっちあげ説から一転 勘助が実在を認められるまで

其の一

明治時代……それまで軍学書の聖典だった『甲陽軍鑑』の史料価値が否定され、勘助の実在も絶望視される

▶

其の二

一九六九年……北海道の市川良一氏宅から市河藤若に宛てた信玄の文書が発見、伝令役に「山本菅助」の銘あり

▶

其の三

二〇〇七年……長谷の黒河内八郎衛門に宛てた信玄の文書が発見、「山本勘助」が大将クラスの人物と判明する

桶狭間の戦いこそ天下分け目の決戦なり！

信長は今川義元《いまがわよしもと》に負け戦覚悟だった!?

戦国屈指の英傑だった今川義元

今川義元《いまがわよしもと》といえば「公家かぶれ」「胴長短足すぎて馬に乗れない」など悪評がついて回る武将だが、当時の大名の中では一、二を争う戦力を誇る、天下人にもっとも近い存在だったという。

義元がどれほどの人物だったかは、内政・外交手腕を見れば英傑ぶりがよくわかる。内政面では、今川家に伝わる『今川仮名目録』という家法に追加した21ヵ条が、後に諸大名や家臣が守るべき規範の一つとなるほど優れたものだったそうだ。

外交面では、武田家や北条家と同盟を結んだ事からそのすごさが浮き彫りになる。甲斐《かい》の虎・武田信玄はいうに及ばず、相模の虎の異名を持つ北条氏康《ほうじょううじやす》も戦国時代にその名を残すひと角の人物である。

こうした傑物たちと肩を並べられたということは、武将としての義元が優れていた証拠といえるだろう。

神に祈るしかなかった信長

後に天下を取らんとする織田信長が尾張《おわり》を統一したのは1559年のことだが、これを知った今川義元はためらうことなく尾張へと進軍する。

それもそのはず、両者の戦力にはとても大きな開きがあったのだ。信長から見れば兵力差は1対10ほど。実に10倍もの戦力を誇る相手に、信長は立ち向かうことを余儀なくされたのである。義元からすれば、織田信長を倒すことなど、赤子の手をひねるようなものだったのだろう。そこに英傑の油断があった。

チャートでわかる 桶狭間の戦い・全貌

其の一
今川義元が2万5千の軍を率いて尾張へ侵攻開始

▶

其の二
今川軍は織田軍の城砦を次々と陥落させる。信長は熱田神宮に戦勝祈願

▶

其の三
休息中の義元を信長が急襲。今川軍は敗走を余儀なくされる

信長にとっても、これは敗北必至の戦だった。現に織田軍は城砦を次々と陥落させられ、後がない信長は、熱田神宮に参拝。神頼み以外に術がなかったのだ。

一瞬の油断が招いた予想外の敗北

ところが、義元が思いもよらない隙を見せる。圧倒的優勢に気をよくした義元は、桶狭間近くで宴会を開いたのだ。神頼みの甲斐あってか、その情報をいち早くキャッチした信長はすぐさまその足で進軍を開始。不意を突かれた義元は、なす術なく討ち取られた。

総大将を失った今川軍は敗走。以後、衰退の一途を辿る。この一件のせいで今川義元は愚か者だとされる向きもあるが、それは極論というもの。

本来であれば、信長はここで天下の夢を絶たれていた可能性が高いのだ。義元が致命的なミスをしでかした「桶狭間の戦い」が少し違った方向に転べば、その後の歴史もガラリと変わっていたはずだ。

歌川豊宣画『尾州桶狭間合戦』

歴史的逆転劇が起こった合戦の真実

桶狭間の戦いは合戦場がふたつ!?

愛知県内にふたつある桶狭間古戦場

1560年5月19日、2万5千の大軍を率いる今川義元は、わずか2千の織田勢に討たれ敗走する。この今川家滅亡のきっかけを作った戦いが、世にいう「桶狭間《おけはざま》の戦い」である。

桶狭間の古戦場といわれる場所は、現在の愛知県豊明市《とよあけし》栄町《さかえまち》南館という場所にあり石碑も建てられている。しかし驚くなかれ、実はもう一カ所、桶狭間古戦場とされる場所が存在する。

その場所は同じ愛知県の名古屋市緑区《みどりく》有松町《ありまつちょう》大字ヒロツボの

古戦場で、こちらも同じく石碑が立っている。

隣り合わせでもないこの2つの場所、いったいどちらが本当の古戦場だというのだろうか？

不意打ちされて分裂した今川軍

結論からいうと、ふたつとも桶狭間の古戦場だったようだ。

その理由は、合戦当時の今川軍の行動から見てとれる。沓掛《くつかけ》城を出発した今川軍は大高《おおたか》城を目指して地方道を進んでいた。ところが、途中の沓掛と大高のちょうど真ん中にある桶狭間山で昼食休憩をとっていたとき、織田軍からの奇襲を受けたのである。不意をつかれた今川軍のうち、ある者はきた道を戻って沓掛城のほうへ、ある者はこれから向かうはずだった大高城へ逃げた。つまり今川軍はふたつのグループに分かれ、それぞれ織田軍が追撃したのだ。

一度も本家争いが起きていないのも当然だ。事実、ふたつとも本物の桶狭間の古戦場なのだから。

桶狭間古戦場伝説地の愛知県豊明《とよあけ》市栄町南館

城主とともに消え去った幻の安土城…

幻の天守閣 安土城の姿とは？

史料から推測するその姿

わが国初の天守閣であり、織田信長最後の居城でもある「安《あ》土城《づちじょう》」。１５７９年、京の都から歩いて一日半の場所にある滋賀県・安土山に築かれたのだが、完成からわずか3年後に何らかの原因で焼失してしまう。「本能寺の変」が起きてまもなくのことであった。

まるで、城主と運命をともにするように姿を消した天守閣は、どのような外観で、どのような構造をしていたのかを記録に残

されることもなく、〝幻〟となってしまったのである。

現在残っているのは石垣など一部の遺構のみ。実像は文献史料に頼るしかない。それによると、天守閣は地下一階、地上六階の七重で、各層が違った色で塗られていたという。また、彫刻はすべて金だったというから、相当ハデだったことがうかがえる。ちなみに城が焼失した原因は、実際に城を観覧した宣教師ルイス・フロイスが著書『日本史』に「落雷があった」と書き残しているが、定かではない。

信長オリジナルの構造

わずかに残された遺構に、信長の性格がうかがえる部分がある。それは、天守閣へと真っ直ぐ伸びた大手道。戦国時代に建てられた城の多くは、敵に攻められたときに備えて道をくねらせ、城を守りやすくしている。だが、信長の安土城はこれがまっすぐの一本道。いかにも、天下布武を目指していた信長らしい独特な構造といえるだろう。

安土城
織田信長が3年もの歳月をかけて完成させた、日本初の天守閣。築城の目的は、上杉謙信の上洛を阻止できる立地条件にあったためという。その規模の大きさは、信長の天下統一事業を象徴する城郭であった。

〝美濃の蝮〟の国盗り伝説

下剋上の斎藤道三はふたり存在した!?

油売りをしていたのは道三の父!?

司馬遼太郎の小説『国盗り物語』に登場する斎藤道三《さいとうどうさん》は、僧侶から油売りを経て、戦国大名まで成り上がった下剋上大名として描かれている。だが、この道三像には大きな誤りがあったことが近年発覚した。

『国盗り物語』によれば、道三は油売りとして全国各地を練り歩きながら、諸国の内情を偵察していた。そして、統一しやすい国として美濃国を選んだ彼は土岐《とき》氏に仕官するとすぐさま頭角を現し、土岐氏を追放して大名に成り上がった。まさに絵に描いたような下剋上ストーリーだが、この前半部の油売りから土岐氏に潜り込み、頭角を現すまでの半生は、実は道三の父・西村新左衛門尉《にしむらしんざえもんのじょう》によるものだったのである。

よそ者ゆえに内政はうまくいかず…

土岐氏の中で頭角を現した新左衛門尉だったが、志半ばでこの世を去る。そこで家督を継いだのが道三だ。道三は主家筋の長井景弘《ながいかげひろ》を倒すと、土岐一族の内部対立に乗じてクーデターを起こし、当主・土岐頼芸《ときよりのり》を追放。翌年には美濃国統一を成し遂げる。こうして親子2代で〝国盗り物語〟を実現した道三だったが、よそ者国主ということもあって内政面は失敗続き。やがて、息子の義龍《よしたつ》によって隠居に追い込まれた道三は、義龍と戦うべく挙兵するがあえなく討死してしまう。その後、孫の龍興《たつおき》の代で織田信長の手によって斎藤家は滅亡。父と成し遂げた下剋上も、美濃国統一からわずか3代にして幕を閉じた。

美濃を喰った2匹のマムシ
人物相関図

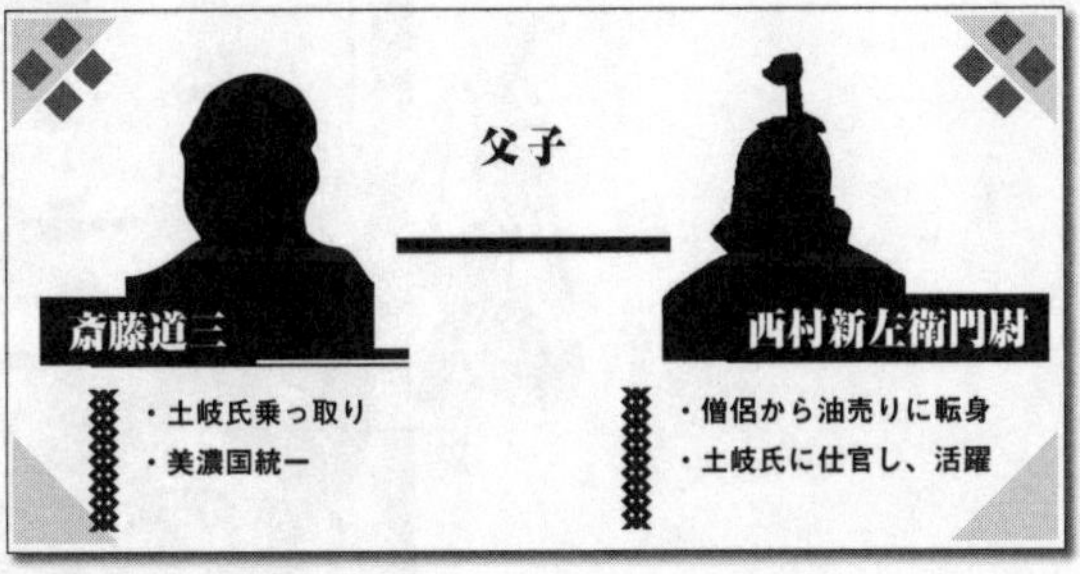

もう誰も信じられない！

魔王の嫁・濃姫《のうひめ》は人間不信だった⁉

政略結婚に不満タラタラ？

かの斎藤道三《さいとうどうさん》の娘で、織田信長の正室という重要なポジションにいるのにもかかわらず、歴史の表舞台にほとんど顔を出すことのない濃姫《のうひめ》。その人となりには謎が多いが、いくつかのエピソードによると不信感の強い女性だったことが窺える。

信長に嫁ぐ前の晩、道三は濃姫に小刀を与え、「信長が噂どおりのうつけだったら、これで刺せ」といったらしい。それに対して濃姫は「あるいは、父上を刺す刀になるかもしれません」

と答え、父さえも信じぬ冷徹さを見せつけたという。

不信夫婦の悲しきエピソード

ただ、濃姫は信長を信じていたかというとそういうわけでもない。それは次のエピソードから窺える。

ある日、濃姫が夜な夜な出かけていく信長を問い詰めたところ、信長は、道三の配下を手なずけて、道三を暗殺させようとしていることを教えた。その厚顔な態度に呆れ果てた濃姫は夫を裏切り、父・道三へこのことを知らせる。道三は配下の将ふたりを殺して、謀反を免れた。だが、話はこれで終わらない。信長は濃姫に嘘をついていたのだ。濃姫が自分を裏切って道三に伝えるのを見越して嘘をつき、配下の将を殺させて戦力を奪う作戦だったのだという。

この話は信憑性が低いとされるが、そもそも話が生まれたのは、ふたりの夫婦不信が発端となっているようだ。興味深くも、一抹の寂しさを覚える話である。

悪女の血族

斎藤道三

「美濃の蝮」と称された戦国黎明期の梟雄。織田家を味方につけるため、濃姫を信長に嫁がせ、美濃国を平定するが、最後は息子・義龍に裏切られて討ち死にした長政への愛は偽りだった!?

スパイとして暗躍した信長の妹・お市《いち》の方《かた》

悲劇を生み出した原因はお市!?

織田家と浅井《あざい》家の同盟を締結するために結ばれた、織田信長の妹・お市の方と浅井《あざい》長政《ながまさ》。ふたりは政略結婚ながら仲睦まじい夫婦生活を送っていたことで知られている。だが、１５７３年、長政は義兄の信長に攻められ、自害するという非業の最期を遂げた。信長と敵対していた朝倉《あさくら》家と浅井家が同盟を組んでいたために起きた悲劇であるが、この長政の死はお市の方がもたらしたという説がある。

したたかなスパイ大作戦

信長はお市の方を嫁がせるときに、朝倉家には手出ししないことを浅井家と約束していたが、1570年、朝倉討伐のために進軍を開始。長政は板挟みの状況に陥るが、悩んだ挙句、朝倉の味方をすることに決め、背後から織田軍を急襲するために動き出す。

ここで動いたのがお市の方である。浅井・朝倉軍の織田軍挟撃作戦を知った彼女は、両端を縛った小豆袋を送ることでこれを信長に知らせたのだった。信長を袋の中の小豆にたとえ、両端を結ぶことで挟み撃ちを表現したのだ。それを見た信長はお市の意を察して、すぐさま京都に逃げ込んだ。人知れず情報を集め、意図だけを的確に伝える、まさにスパイの所業である。

このお市の働きがなければ、織田家はここで潰《つい》えていた可能性が高い。長政との円満な夫婦生活もスパイとしての自分を隠すためだったのかもしれない……。

お市の方を巡る 人物相関図

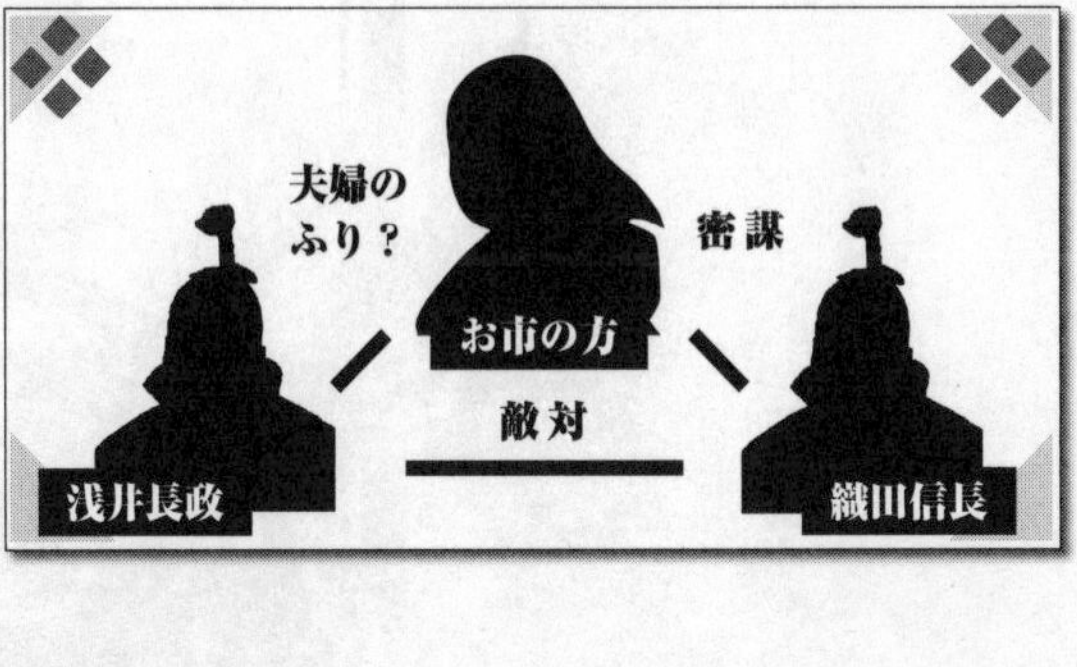

信長は気さくなオヤジ!?　ナイーブな男!?

自尊心の強い信長に頭を下げさせた家康

信長の意外な一面

長年、今川氏の人質として囚われの日々を送っていた家康に転機が訪れる。１５６０年、今川義元が織田信長の奇襲を受け、戦死したのである。この混乱に乗じて、家康は今川氏に見切りをつけ信長と同盟を結ぶ。

こうして、家康とともに天下統一事業を展開させた信長。彼は人一倍自尊心が強く、マイスタイルを貫く人といったイメージを持たれがちだが、実像は案外違っていたようである。信長

は越前の朝倉氏を攻めたとき、包囲網を敷かれ、豊臣秀吉と家康を置き去りにして撤退している。秀吉部隊は敵に囲まれて壊滅寸前に。それを家康が救出し、秀吉を助けて無事、京都に帰還したのである。これを聞いた信長は「家康殿がいなければ、秀吉の命はいくらあっても足りなかった」といって、深々と頭を下げたのである。

〝冷酷魔王〟は虚像だった!?

また、信長は恐ろしい〝魔王〟といったイメージも持たれがちだが、公卿の山科言継《やましなときつぐ》の日記などを読むと、とても気さくなオヤジといった印象を受ける。言継が遊びに行くと、信長はお小遣いをくれたという。京の公卿に対しては、ものわかりがよかったようだ。また、堺の豪商・津田宗及《つだそうきゅう》が岐阜城に行ったときは、信長自らお膳を持ってきたという。実にコマメ。

さらに『武功夜話《ぶこうやわ》』によると、愛妾の吉乃《きつの》が死ぬと、何日も葬られたほうを向いてサメザメと泣いていたとか。

織田信長の言葉

是非に及ばず

1582年6月、「本能寺の変」勃発。明智光秀の謀反を知ったとき発したこの言葉は、信長の最期の言葉となった

家康、最大のピンチに思わずリキんでしまい…

家康、恐怖のあまり馬上で脱糞!?

姉川の戦いで知名度アップ

元亀天正年間（1570〜1573年）は、織田信長による天下統一事業の正念場であった。そして信長と同盟を組む家康は、いやおうなしに信長の戦いに加勢せざるをえなかった。1570年、浅井《あざい》長政《ながまさ》&朝倉《あさくら》義景《よしかげ》連合軍を、家康は信長とともに近江《おうみ》姉川《あねがわ》にて迎え討つ。世に有名な姉川の戦いである。

合戦は当初、信長軍劣勢だったが、家康軍の活躍により形勢逆転！　織田&徳川連合軍が勝利を収める。本来は助っ人だっ

家康が三方ヶ原で武田軍に敗れたあとに描かせた肖像画「三方原戦役像」

た家康だが、この戦いで「三河《みかわ》に家康あり」と全国的な脚光を浴びることとなった。

脱糞しつつも勇名馳せる！

1572年、そんな家康に最大の危機が訪れる。武田信玄《たけだしんげん》が上洛を目指したのだ！　当時、越後の上杉謙信《うえすぎけんしん》とともに〝戦国最強〟といわれた信玄と戦うことの無謀さは、誰の目にも明らかであった。

ところが、家康は敢然と信玄を三方ヶ原《みかたがはら》にて迎撃。そして予想通りの大敗を喫し、家康は命からがら敗走する。このとき家康は恐怖のあまり、何と馬上でウンコをもらしたと伝えられている。家康、生涯で最大の大敗だったが、その勇敢ぶりは天下に轟《とどろ》き、「海道一の弓とり」と称されるようになった。

三方ヶ原の戦いで敗れはするも信玄が病没し、運命の女神は家康に微笑む。1575年、信玄の後を継いだ武田勝頼《かつより》と長篠《ながしの》で激突し、圧勝。戦乱の世の収束にひと役買ったのである。

徳川家康VS武田信玄 三方ヶ原の戦いのあらまし

其ノ一
信玄出陣の報を受けた家康は、信長に援軍を要請して出陣する

其ノ二
籠城するつもりだった家康だが、信玄の誘いにのり城を出、野戦となる

其ノ三
徳川軍は惨敗。家康は浜松城に逃げ帰る途中、あまりの恐ろしさに脱糞！

織田信長の存在を知らしめた奇策の信憑性を問う

長篠の戦いで見せた鉄砲三段撃ちはウソ!?

「三段撃ち」は江戸時代の創作物？

「織田信長」「長篠の戦い」とくれば、出てくるキーワードはひとつ、「鉄砲三段撃ち」しかない。だがこの鉄砲三段撃ちという戦術、「実は存在しなかったのでは？」という疑問が沸き上がっているのだ。そもそも「鉄砲三段撃ち」なる戦術は、信長の家臣・太田牛一が記した一代記『信長公記』に登場しないシロモノ。その記述が初めて登場するのは、江戸時代に出版された通俗小説だ。さらにこれが一般に広まったのは明治期に

入ってから。陸軍がこの記述を〝史実〟として教科書に載せたことがきっかけだったという。つまり、江戸時代に作られた創作である可能性が高いというわけだ。では実際の「長篠の戦い」で、信長の鉄砲隊はどのような戦術を採ったのだろうか。

やっぱり強かった織田鉄砲隊

『信長公記』によると、武田軍から攻め立てられた織田軍の足軽は、身を隠したままでひたすら鉄砲を撃ちまくり、誰ひとりとして前に出ることなく戦ったという。なんとも臆病な戦法だが、意外にもこれが奏功。二番手、三番手と次々と新軍が送られてくるものの、これを見事に撃退していったという。この撃退劇の様子は『信長公記』にも描かれており、「武田騎馬隊が押し寄せたとき、鉄砲の一斉射撃で大半が打ち倒されて、あっという間に敵がいなくなった」という。

「鉄砲三段撃ち」はウソかもしれないが、織田鉄砲隊がとてつもなく強かったのは紛れもない真実のようだ。

こりゃすげえ！よみがえる信長伝説

其ノ一
家督争いのため23歳にして実弟を暗殺！

其ノ二
いち早く鉄砲を採用し長篠の戦いで武田勝頼を破る

其ノ三
比叡山を焼き討ちにし、長島一向一揆に対しては降伏も許さず滅ぼす

戦国の大虐殺の裏事情

比叡山延暦寺は焼き討ちされていない？

攻め入ったときにはもう廃れていた

織田信長の残虐性を表す逸話のひとつとして伝えられる比叡《ひえい》山《ざん》焼き討ち。堂塔坊舎《どうとうぼうしゃ》が燃やされ、3000人が虐殺されたといわれているが、現代になって「大規模な焼き討ちはなかった」という説が挙がっている。

1981年、滋賀県の教育委員会が行なった調査によると、大規模な火事があったにしては焦土の跡や人骨などが見つからず、物的証拠は見つからなかったと発表されている。さらに、

焼き討ちされる前年に残された記録によれば、当時の僧侶たちは堕落しており、堂塔も坊舎も荒れ果てていたという。では、焼き討ちは本当にあったのか？〝神仏も恐れぬ信長〟という風評はどのようにして広まったのだろうか？

麓に住む生臭坊主たちを焼き討ち！

1571年、浅井・朝倉両氏をかくまっていた比叡山延暦寺《えんりゃくじ》に対し、業を煮やした信長は比叡山焼き討ちを開始する。前述したように、そのときの比叡山にはまともな僧侶がおらず、権威だけが残っていた。そんな有様を見た信長は、比叡山の麓にある坂本という町の襲撃を決断。坂本は比叡山を下りた僧侶たちが仏教を盾に住民たちを牛耳っており、信長はそんな僧侶たちを虐殺し、建物に火をつけたのだ。信長としては歯向かう者は許さないという意を示す、見せしめの行為だったようだが、話が広まるにつれ尾ひれがついていったのである。つまり、焼き討ちはあったとしても定説より小規模なものだったのだ。

比叡山焼き討ちの
勢力関係

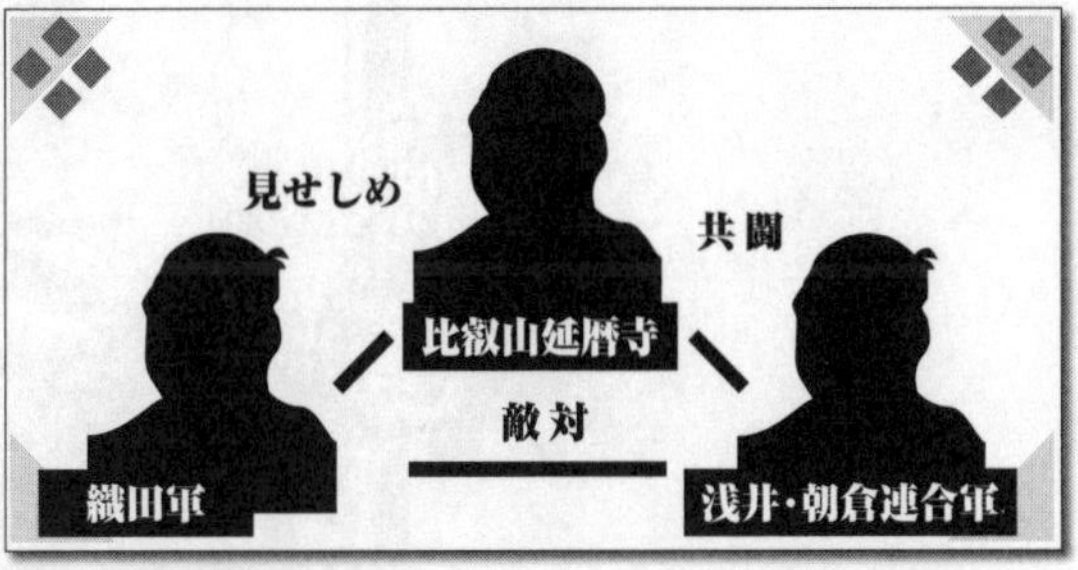

大地の怒りは恐ろしや

かつて大地震で滅亡した大名がいた！

一瞬にして一家断絶した内ヶ島氏

戦国時代、人々にとって自然災害は脅威であった。雪害に悩まされた東北地方、淀川の水害を受けた河内周辺など例を挙げればキリがない。そんな中、自然災害により滅亡した大名がいた。飛騨の内ヶ島《うちがしま》氏、かつては上杉家の侵攻も退けた戦国大名である。1586年11月29日、内ヶ島家当主・内ヶ島氏理《うちがしまうじさと》は居城である帰雲城《かえりくもじょう》にいた。その日は金森《かなもり》氏との和平が成立したことを祝うために、重臣らも含め一族全員が城に集結中。そこを

突如大きな地震が襲ったのだ。城に面した帰雲山《かえりくもやま》は山崩れを起こし、大量の土砂が城に降りかかる。なす術もなく城は土砂に埋まり、内ヶ島氏は滅亡してしまったのだ…！

中部地方を震撼させた天正大地震

内ヶ島氏を滅亡させたその地震こそ、戦国時代最大の大地震・天正大地震《てんしょうおおじしん》である。内ヶ島氏以外にも多くの大名に甚大な被害を及ぼしたことが記録されており、越中国では木舟城《きふねじょう》が倒壊し、前田利家《まえだとしいえ》の弟・前田秀継《ひでつぐ》とその妻が死亡。近江国でも長浜城の全壊により、城主・山内一豊《やまうちかずとよ》のひとり娘が死亡した。諸国でそれだけの被害があったのだから、震源地の岐阜県北西部にほど近い帰雲城が埋没するのも理解できる。

ところで、帰雲城には埋蔵金があったという噂がある。金山地帯だった飛騨なら考えられないことではないが、城のあった位置もはっきりわかっていない現代ではやはり伝説の域を出ないだろう。

民衆が恐怖した戦国時代の自然災害

大雨
関東・近畿で頻繁に発生しており、1596年には300人超の死者を出す洪水もあった

旱魃《かんばつ》
東北・北陸を除き全国的に発生。旱魃で収穫率が下がり、同時に飢饉が起こるケースが多かった

地震
東北や近畿などで発生。当時の建物は倒壊しやすかったため、二次災害による被害も大きかった

何人もいたというのは本当か？

戦国最強の鉄砲隊 雑賀孫一の正体とは？

史実に残る〝鈴木孫一重秀〟の名

雑賀孫一《さいかまごいち》。戦国時代最強クラスの戦闘力を誇る鉄砲傭兵集団・雑賀衆を率いて、本願寺軍とともに織田信長と戦ったといわれる英傑である。

司馬遼太郎の小説『尻啖《しりくら》え孫市』や歴史ゲームなどに登場し、高い人気を博しているのにもかかわらず、その実像は謎に包まれている。なぜなら雑賀孫一と名乗る人物が残した記録が、同時期に複数存在したからである。中でも一番有名なのは、前述

「雑賀孫一」と称された鈴木家の武将たち

鈴木重意（佐大夫）

本願寺、三好三人衆とともに織田軍と戦った。重兼・重秀・重朝の父

した織田信長と争った記録。石山合戦のとき本願寺に入り鉄砲隊を率いて活躍したのは、本願寺の主力武将・下間頼廉《しもつまらいれん》に宛てた起訴文の署名から〝鈴木孫一重秀《すずきまごいちしげひで》〟という名の武将だったことがわかっている。鈴木重秀という名は、雑賀衆の頭目を務めた鈴木家の武将として史実に残されており、雑賀孫一と結びつけるには一番信憑性が高い人物である。

雑賀衆の頭領の通り名だった！

重秀が雑賀孫一とするには問題点もある。石山合戦以降の記録が極端に少ないのである。だが、雑賀孫一の名は石山合戦以降も随所で見られる。そこから浮かび上がるのが雑賀孫一は複数人いたという説である。雑賀衆の頭領は代々鈴木家が務めてきた。最初の頭領は鈴木重意《すずきしげおき》だが、実はこの重意も雑賀孫一と呼ばれていたのだ。ほかの雑賀孫一と呼ばれる人物もほとんどが鈴木家。つまり、雑賀孫一という名は雑賀衆の頭領が代々名乗ってきた通り名だったのである。

鈴木重兼	鈴木重秀	鈴木重朝
重秀・重朝の兄であり、平井孫一という別名を持っていた	下間頼廉と並ぶ本願寺の主力武将。石山合戦にて織田信長と戦った	関ヶ原の合戦に参加したのち、伊達政宗に仕え水戸藩へ仕官した

光秀が信長に反旗を翻した真の理由

本能寺の変は「壇ノ浦」の続き!?

本能寺の変はなぜ起きたのか？

数いる武将の中でも、特に人気の高い織田信長。その圧倒的な人気の秘訣は、大胆かつ奔放な性格や圧倒的な強さ、意外にも知略に長けた点などさまざまであるが、天下を手中に収める直前でこの世を去った無念さに惹かれる、という声も少なくない。彼があと一歩で夢破れたのは、家臣・明智光秀が謀反を起こした（本能寺の変）ためであるが、光秀がこの行動に出た理由は、意外なことに明確にはなっていない。

信長が落命した本能寺の変を読み解く

其ノ一

信長、本能寺で開かれた茶会に参加する

根拠の薄い〝怨恨〟説

有力なのは〝怨恨〟の線だが、謀反を起こすほど恨むようなできごとがあったとは考えにくい。「石見に国替えを命ぜられた」「八上城戦において、信長のせいで母が死んだ」といったことを原因とする説は根拠が不確かだし、「長宗我部元親を味方にすべく奔走したが、討伐が決まり報われなかった」「武田家征伐の祝いの席で足蹴にされた」といった説は、謀反を起こすほどの恨みの原因にはなり得なそうだ。

天下を目指すには準備不足だった？

次に考えられるのが、「信長を倒して天下人になろうとしていた」という説だ。だが、ここでは本能寺の変以降の光秀の対応がネックになる。天下人を目指すにしてはあまりにお粗末な有様で、あっけなく秀吉の前に敗れ去っているのは周知の事実

其ノ二	其ノ三	其ノ四
光秀が丹波亀山城を出陣。京へと向かう	明智光秀が「敵は本能寺にあり」と宣言	明智軍が本能寺を包囲。信長、自刃する

だろう。

もちろん光秀にも野望はあっただろうが、本能寺の変を起こして天下人に…という意図があったにしては、あまりに準備不足だ。この説も謀反の理由とするには厳しいものがある。

あと一歩だった信長の将軍就任

では、光秀はなぜ謀反を起こしたのか。その真相は、意外なところにあった。何と古来より続く源氏と平氏の争いに原因があるというのだ。全体像を把握するために、当時の状況をもう一度整理し直してみよう。

この当時、織田信長は平姓を称するようになっていた。つまり、信長＝平氏である。そんな信長は、征夷大将軍まであと一歩のところまできていたのだ。信長の将軍就任が間近だったことは、朝廷の動きを見ればよくわかる。

この頃の朝廷は「信長は何かの官につけなければ」という協議がなされていたのだ。

歴史を遡ってみても、それまでの日本で平氏が将軍に任じられたことは一度もない。信長＝平氏が将軍になりたいと考えていたのであれば、源氏にとっては許せない、由々しき事態といえる。

後を引いていた源平合戦の残り香

ここで問題になるのが明智光秀の出自。その出生には謎が多く、生年月日すらよくわからない光秀だが、明智氏の由来ははっきりしている。

明智氏は清和《せいわ》源氏《げんじ》土岐氏の支流氏族、すなわち源氏なのだ。源氏の末裔として前例のない平氏将軍成立を食い止めるため、光秀は謀反を起こしたと考えれば腑に落ちる。

光秀にとってその後の天下は優先事項ではなく、とにかく信長の将軍就任を防ぐのが第一命題だった。ゆえに後世から見れば首を傾げざるを得ない状況で謀反を起こしたのである。源平の戦いは意外なところまで尾を引きずっていたのかもしれない。

織田信長を巡る
人物相関図

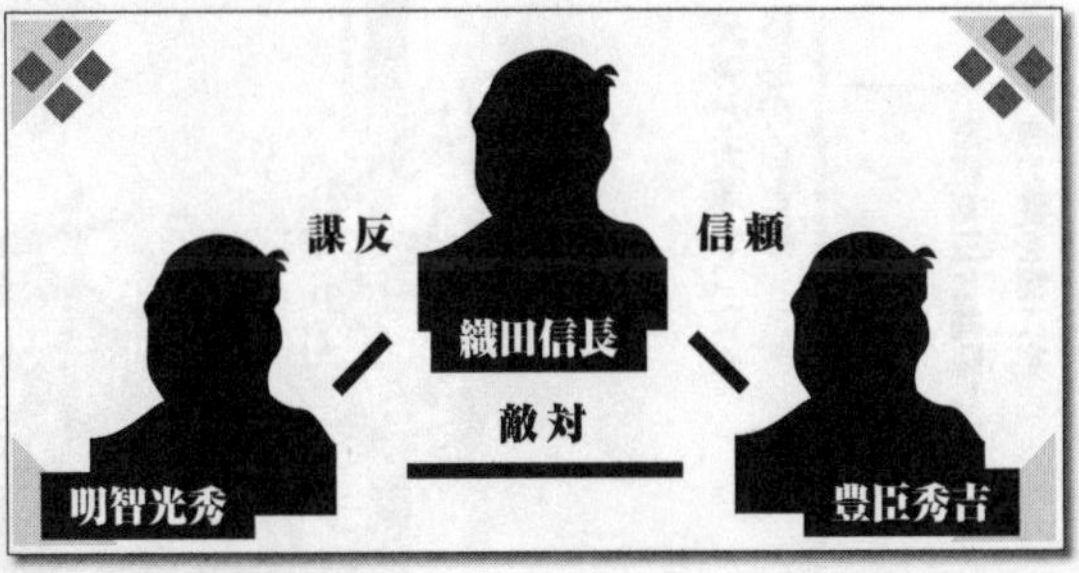

山崎の合戦での死はウソ？

明智光秀《あけちみつひで》は生き延びて天海僧正《てんかいそうじょう》となった？

光秀は死んでいなかった？

明智光秀《あけちみつひで》は本能寺の変で織田信長を討った後、山崎《やまざき》の合戦で羽柴秀吉《はしばひでよし》に敗れ、小栗栖《おぐりす》の地を敗走中に土民に竹槍で襲われたために死亡したと伝えられている。いわゆる光秀の「三日天下」である。

ところが、光秀は三日どころかその後も生き延び続けていたという説は今も根強く残っている。江戸期に書かれた随筆『翁《おきな》草《ぐさ》』には、このとき殺されたのは光秀の影武者であり、本人は

光秀と天海をつなぐ疑惑の点と線

其ノ一

斎藤利三と共謀して本能寺の変を起こす

そのまま美濃《みの》の美山《みやま》に逃げ、75歳まで生きたという説が紹介されている。また、山崎の合戦から京都の妙心寺《みょうしんじ》へ逃げ延びた光秀が自決しようとしたところ、寺の和尚が思いとどまらせたという逸話も残されている。

徳川政権に君臨した天海

それでは、生き延びた光秀はその後、どうしていたのか。一説によると、徳川政権において政治・宗教の最高顧問を務めた天海僧正《てんかいそうじょう》こそ、明智光秀なのではないかというのだ。

天海は、家康から家光までの徳川3代にわたって仕え、初期の幕府を支えた功労者だ。若くして比叡山へ入った天海は、1608年に家康と初めて出会い、彼の厚い信任を得る。家康の死後も秀忠《ひでただ》、家光《いえみつ》に対して圧倒的な影響力を誇り、日光東照《にっこうとうしょう》宮《ぐう》の造営を主導。不思議な力を持ち、108歳まで生きたという。そんな天海が、明智光秀と同一人物であると噂されるようになった根拠は、果たしてどこにあるのか。

◀ **其ノ二**
粟田口に遺体がさらされ、位牌は慈眼寺に安置

◀ **其ノ三**
利三の娘・春日局が粟田口の高札を見て大奥に入る

◀ **其ノ四**
天海僧正に「慈眼」の諡号が贈られる

光秀＝天海を示す暗号

その手がかりは3代将軍・家光の乳母で、当時の江戸城内の権力を掌握していた、あの春日局《かすがのつぼね》にある。

春日局の父親は、光秀とともに本能寺の変を起こした斎藤利《さいとうとし》三《みつ》。一説には斎藤利三の母親は光秀の妹だったとされる。いずれにしろ、春日局と光秀の間には、斎藤利三を介して浅からぬ関係があるのである。

また、春日局が家光の乳母になった経緯は、もともと京の粟《あわ》田口《たぐち》で乳母募集の高札を見たからだ、とも。粟田口とは、光秀の遺体が磔《はりつけ》にされたと伝えられる場所である。乳母募集の話は作り話だろうが、そこに何らかの因縁が感じられるではないか。

また、京都・慈眼寺《じげんじ》の釈迦堂には、光秀の木像と位牌が安置されているが、天海が亡くなったとき贈られた諡号《しごう》が何を隠そう「慈眼」。両者のただならぬ関係を、何者かが伝えようとしているかのようだ。

本能寺の変は家康との共謀？

こうした伝承が伝えられる背景には、光秀の出自が謎に包まれていることも関わっているだろう。

彼は1567年に、織田信長と足利義昭《あしかがよしあき》の仲を斡旋し、義昭を将軍職に擁立した功績で歴史上に初登場する。これがきっかけで光秀は信長の家臣となり、異例の速さで出世していくのだが、一方でそれ以前の経歴がまったくわかっていない。つまり40歳までの前半生がまるで不明なのだ。戦国時代には、武将でありながら、僧侶になる者も少なくなかったから、光秀が仏門にゆかりのある人物だったとしても、おかしくはない。

いずれにしろ、光秀は天海となって家康の信任を得たとなると、本能寺の変の背景に、家康が大いに関わったのではないかという邪推も可能だ。信長に妻子を殺された家康には、十分な動機がある。光秀と家康の連携は、このとき生まれていたのかもしれない。

天海と春日局
人物相関図

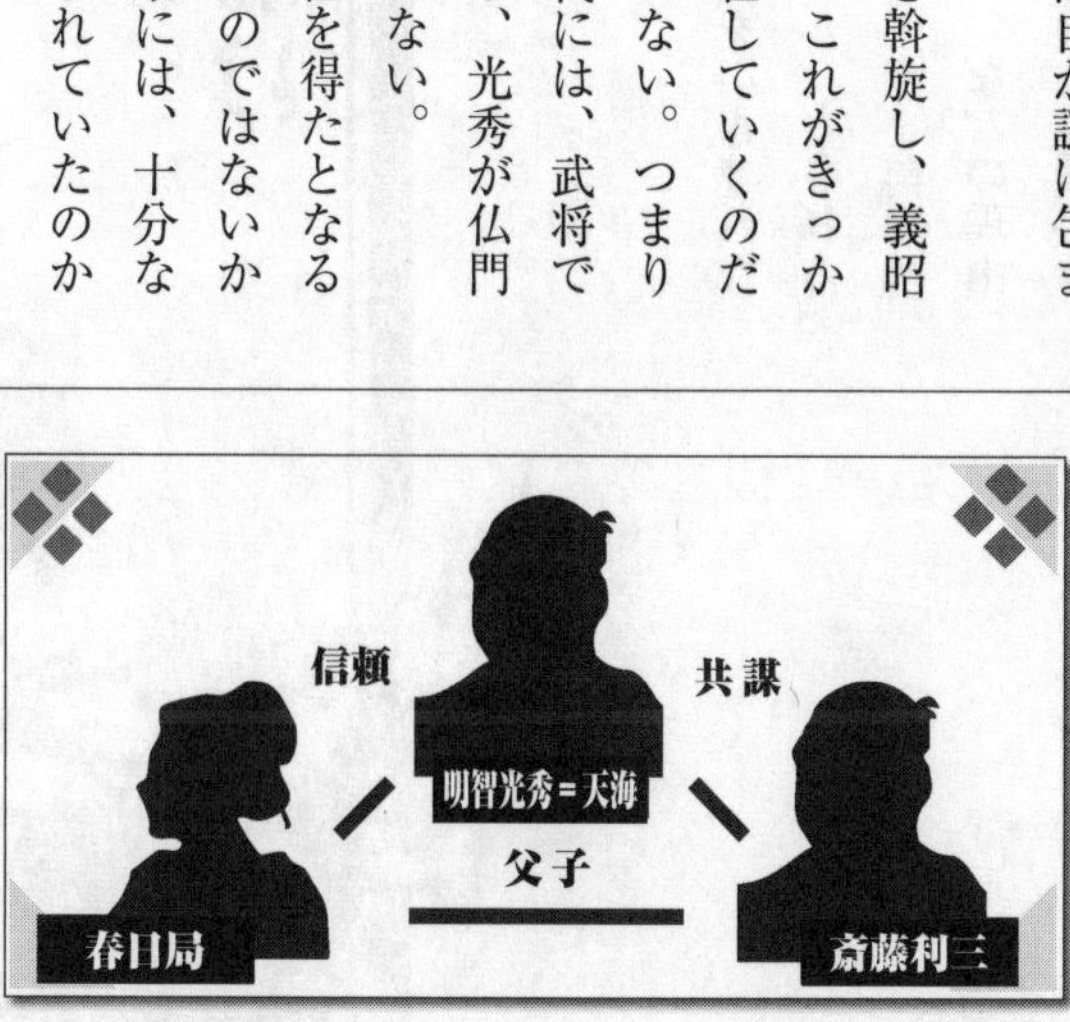

戦いを決めるのはいつの世も機動力

豊臣秀吉の行軍が超スピードだったわけ

柴田軍もビックリの機動力

織田信長の死を知った豊臣秀吉が、3万もの兵を引き連れながら1日50キロという驚異的なスピードで行軍したとされる〝中国大返し〟。この速すぎるスピードには〝信長の死を前もって知っていた〟〝秀吉本隊だけ先に行軍していた〟などの理由が考えられているが、実は秀吉にはこれよりもさらに速いスピードで行軍した記録がある。

それは柴田《しばた》勝家《かついえ》と天下を争った賤《しず》ヶ《が》岳《たけ》の戦いでのできごと。

このとき秀吉は1万5000の兵を引き連れながら、52キロをわずか5時間で駆け抜けたのだ。時速にすると約10キロである。そのスピードの甲斐もあり、秀吉の登場を予想していなかった柴田軍は混乱状態に陥り、敗走することになった。

握り飯を頬張りながら走った!?

なぜ秀吉はこれほどまでのスピードを実現できたのだろうか？　それは、行軍に必要不可欠な兵糧・武器を道中で調達できるようにしたからだった。

秀吉はまず先発隊を賤ヶ岳に向けて出発させ、その道中の村に協力を要請した。恩賞と引き換えに兵糧・武器を準備するように命じたのだ。そして、本隊はろくに荷物も持たずに出発。道中で村人たちから握り飯や松明《たいまつ》をもらい、休まず行軍した結果、恐るべきスピードで戦場まで到達したのだった。敵は織田家家臣時代にも鬼柴田と恐れられた勝家の軍勢である。このスピードがなければ勝敗はわからなかっただろう。

賤ヶ岳の戦い　勢力図

豊臣軍		VS	柴田軍	
豊臣秀吉	加藤嘉明		柴田勝家	不破勝光
丹羽長秀	脇坂安治		前田利家	金森長近
大谷吉継	平野長泰		佐久間盛政	etc.
石田三成	糟屋武則		柴田勝政	
福島正則	片桐且元		織田信孝	
加藤清正	etc.		滝川一益	

切腹させられた戦国時代の大茶人

千利休の切腹は陰謀だったのか!?

秀吉の怒りに触れた利休の行動

安土桃山時代の茶人・千利休。豊臣秀吉の側近として権威を誇っていた彼は、1591年2月に秀吉の勘気に触れ追放。そして切腹を命じられる。なぜ、茶人の利休が切腹しなくてはならなかったのか。利休が自分の娘を秀吉の側室に出さなかったこと、大徳寺山門（金毛閣）改修に当たって慢心があったことなどが理由として考えられてきたが、近年になって、新たな説が浮上してきた。利休の切腹の裏には、ある有力武士の陰謀が

隠されていたというのだ！

利休にライバル心を燃やす武将

利休は信長の時代から茶頭《さどう》として仕え、秀吉にも重用された。次第に彼は茶人としての立場を超え、諸大名と秀吉との間を取り持つ役目も果たすこととなる。当時、利休と同等の役目を担っていた人物はほかにふたり。秀吉の弟・羽柴秀長《はしばひでなが》、そして石田三成である。三成は政治とは本来関係ない茶人の利休が同じ立場にいることをよく思っていなかった。しかし、利休が秀吉の側近だったため我慢せざるを得なかったのだ。

だが、間を取り持っていた秀長の死により、何とか成り立っていた利休と三成の関係も崩壊。三成は利休と仲の良かった秀長の死を機会に利休を追い落としたのである。

利休は権力争いに必死になる石田三成によって秀吉の勘気に触れるように仕組まれ、切腹を余儀なくされた。彼の死は謎に包まれたままだが、無念な死を遂げたことに変わりはない。

秀吉の後継を巡る
人物相関図

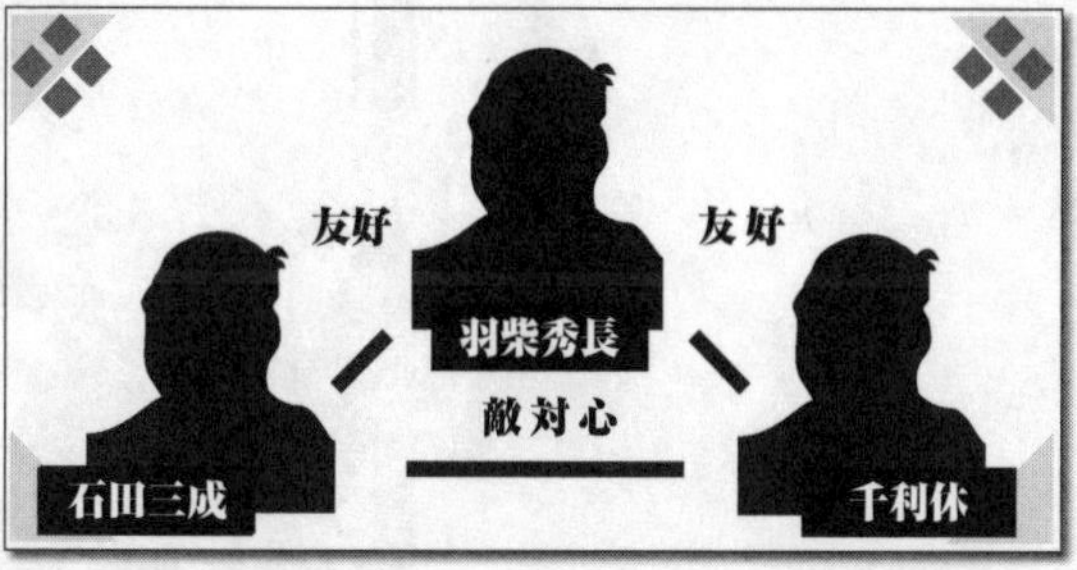

朱印状は誰が作った？

朱印船貿易の考案者は秀吉ではなく家康!?

確実な証拠がない秀吉説

かつて朱印船《しゅいんせん》貿易を始めたのは豊臣秀吉といわれていたが、近年の研究では徳川家康の時代からだという説が有力になってきている。なぜなら、秀吉が発行したとされる朱印状は１通も残っていないからだ。また、秀吉が１５９２年に朱印船制度を始めたという記録は江戸時代中期に書かれた長崎の地誌『長崎《ながさき》実録大成《じつろくたいせい》』のみ。時代が離れていることもあって信憑性はすこぶる低いのだ。だが、それ以前の時代に秀吉が行なった貿易の

記録を考慮に入れると少々話は変わってくる。

海外交易に積極的な秀吉だったが…

秀吉がルソン島長官に宛てた書状に「異日商賈之舟、予押印之一書を持つべし」という一文がある。これは秀吉が押印した書を用いて貿易を行なっていたことを窺わせるものである。また、正確な日時は定かではないが、秀吉の外交顧問を務めていた西笑承兌《さいしょうじょうたい》が渡航船の下付を行なっていた事例がある。承兌はのちに家康の朱印状の発給者も務めており、このことから秀吉の時代に家康の朱印状と似た意味を持った渡航許可証があったことを物語っている。

だが、秀吉の時代にこの朱印状という制度がどこまで義務づけられていたかはいささか疑問が残る。朱印状がなければ海外渡航ができなかったことを表す証拠はない。そうなると「朱印船貿易は秀吉の時代から行なわれていたが、家康の時代のように確立されてはいなかった」と考えるのが自然ではないか。

朱印船
16世紀末から17世紀初頭にかけて、朱印状（海外渡航許可証）を得て海外交易を行なった船。朱印状を携帯することでポルトガルやオランダ、東南アジア諸国の支配者の保護を受けることができた

太閤秀吉に嘘をつき続けていた!?

豊臣家を乗っ取った淀殿《よどの》の本当の姿

秀吉を惑わしたその美貌

300人いたといわれる豊臣秀吉《とよとみひでよし》の側室の中でもっとも愛されていたのが淀殿《よどの》である。なかなか子供ができず、困り果てていた秀吉との間にふたりの子供を授かり、うちひとりは豊臣家の後継・秀頼《ひでより》として立派に育て上げた。また、彼女は絶世の美女・お市《いち》の方《かた》の娘として類稀なる美貌を持っていたことでも知られており、その点も好色な秀吉にはたまらなかったようだ。

だが、この淀殿が豊臣家を滅ぼす原因を作った悪女だと、た

びたび批判されることがある。

秀頼は秀吉の子じゃなかった!?

淀殿が悪女と称される理由のひとつとして、秀頼の父親は秀吉ではなかったという説がある。淀殿が懐妊したとき、秀吉は50を超える高齢で、肉体的に厳しかったのは間違いない。さらに秀頼は長身の美男子という秀吉には似ても似つかない風貌だった。そのため、石田三成《いしだみつなり》や大野治長《おおのはるなが》などがほかの父親候補として浮上している。もし秀頼の父親が秀吉でなかったとすれば、淀殿は秀吉を騙していたことになる。美貌にホレた秀吉だけに淀殿がいうことなら信じてしまうだろう。

秀吉の死後、淀殿は豊臣家を完全に掌握するようになる。大坂の陣の前には戦を回避しようと働きかけていた片桐且元《かたぎりかつもと》や織《お》田《だ》有楽斎《うらくさい》を追放し、さらに徳川方が提示した和睦案を蹴るという大胆な行動も見せた。家臣団を騙し、豊臣家世継ぎの母として権力を行使する……それが本当なら、大したワルである。

淀殿のトリビア

遊女呼ばわりされていた!?

以前、淀殿は「淀君」と呼ばれていたが、それは「君」が遊女を指す呼び名で江戸時代に広がったもの。当時は豊臣家を滅亡させた悪女として蔑まれていたのだと考えられている

本当は豊臣家に尽くした才女？

だが、この定説には近年疑問が唱えられている。最新の研究によれば、大坂の陣の際、淀殿は自身が人質となって和睦交渉を受け入れることを認めていたが、秀頼が嫌がったため断ったのだという。

また、淀殿を悪女とする噂話はそれぞれ江戸時代に生まれていたというのも考慮すべき点である。徳川全盛の時代、江戸の民の間では豊臣家を〝悪〟とする傾向が強まっており、石田三成をはじめとし、何人もの豊臣方の人々が極悪人扱いされていた。淀殿もそのひとりであり、秀吉を誘惑して家を乗っ取り、悪政によって滅ぼしたと噂されたのだ。

淀殿の存在が豊臣家にとってマイナスになっていなかったとはいい切れないが、後に徳川秀忠《とくがわひでただ》の夫人となるお江与《えよ》の方を養育したことや、侍女に慕われた指導力は評価されてもいいところであろう。

哀しい最期を迎えた秀吉の側室

大坂城で死んだ淀殿は生き延びていた!?

淀殿は初代総社藩主に救われた!?

秀吉の側室・淀殿《よどどの》。彼女は大坂夏の陣で敗北した際、豊臣秀頼《とよとみひでより》とともに大坂城に火をつけて自ら命を絶ったと考えられてきた。しかし彼女の最期を目撃した者はゼロ。遺体も発見されていないことから、密かに城から逃亡して、実は別の場所で生き延びていたのではないかという説があるのだ。

それは初代総社《そうじゃ》藩主・秋元長朝《あきもとながとも》が淀殿を救い出したというもの。彼は大坂城を攻撃中、ひとりの美しい女性に助けを求めら

相当な美貌を持ち合わせていたことで知られていた淀殿

れた。淀殿はかなりの美貌の持ち主だというもっぱらの噂があったため、長朝はその女性のとび抜けた美しさから淀殿であることを確信。彼女を救出して自らの領地へ連れ帰ったというのだ。長朝の〝領地〟とは現在の群馬県に位置し、そこには淀殿が訪れたことを証明する証拠が残されている。

淀殿の逃亡を裏づける数々の証拠

群馬県の元景寺《げんけいじ》には、淀殿が逃げ出した際に使われたとされる駕籠《かご》の引き戸が残されている。その内掛けには金糸や銀糸が使われ、豊臣家と父方である浅井家の家紋が入っており、淀殿以外のものとは考えにくい。また、寺内には彼女のものとされる墓も存在する。しかしその後、淀殿は長朝のしつこい求愛に悩まされていたという。最終的に抵抗虚しく犯され、その翌日には利根川《とねがわ》に身を投げて自ら命を絶ったとか。大坂城で死んだにせよ、そこから救出されたにせよ、悲しい結末を迎える運命に変わりはなかったようだ。

謎に包まれた淀殿の生涯

年代	出来事
一五六九?	浅井長政の娘として生まれる
一五七三	父・長政が自害
一五八三	賤ヶ岳の戦い後、母・市が自害 秀吉の保護を受けながら生活
一五八八	秀吉の側室となる
一六一五	大坂の役で豊臣家が完敗する 秀頼らとともに、自害?
不明	秋元長朝に救出される
不明	長朝の総社藩《そうじゃはん》(現在の群馬県前橋市)へ
不明	長朝からの求愛を拒み続ける
不明	利根川で投身自殺

酒の席でのうっかり発言が滅亡をもたらした⁉

天下の大坂城の落城は秀吉の失言が原因⁉

三国無双と評された大坂城

秀吉自慢の名城・大坂城は三重の堀と運河で囲まれた高い防御機能を持つ名城で、建設中に城を訪れた大友宗麟《おおともそうりん》に三国無双と讃えられたほどであった。

築城が開始されたのは1583年。本能寺の変の翌年で、秀吉が天下統一に向けて奔走していた時期にあたる。これだけ大きい城となると完成まで10～15年は要するが、そのとき秀吉はすでに40代半ば、完成時には当主交代も考えられる歳である。

そう、この城は自身の居城とするためだけに建てたのではなかった。難攻不落の豊臣一族の権威としての意味もあったのだ。

失言をしっかり覚えていた家康

そんな日本随一の堅城として建てられた大坂城だが、作った秀吉だからこそ思いついた攻略法があった。自慢屋の秀吉は、大坂城に家康らを呼んで酒宴を開いたときにその秘密をばらしてしまったのだ。秀吉は家康らに「この城を攻めるならどう攻める?」と問答をしかけた。答えに窮する一同に対し、秀吉は得意気に攻略法を語った。それは外堀を埋めるという条件で和議を申し込み、そのまま内堀も埋めてしまって本丸を裸にするという作戦だった。秀吉は感心する一同を見てご機嫌だったというが、家康はその策をしっかり覚えていた。その証拠に家康は大坂の陣にて、その作戦の通りに大坂城を落とすことに成功している。まさか、酒の席での失言が一家を滅ぼす原因になるとは秀吉も夢にも思わなかったことだろう。

大坂城
秀吉没後の1598年に完成。本丸・二の丸・三の丸・総構えを擁する堅城である。絵画資料では、天守閣は外観5層で金箔をふんだんに使った華美な様相で描かれている。2006年、日本の百名城に認定。

ふたりの天下人がお父さん！

家康と秀吉を父に持つ数奇な運命の男

望まれない子だった秀康

初代将軍家康の次男として生を受けた結城《ゆうき》秀康は、母・お万《まん》の方が築山殿の侍女であったため、実子と認知されずに育った。湯殿にてお万の方に手をつけ、妊娠させてしまったという失態を家康は認めたくなかったのである。秀康につけられた幼名「於義伊《おぎい》」は、秀康の顔が醜く、ギギという奇怪な面相の魚に似ていたことによる。あまりに不名誉である。秀康は3歳のときにはじめて家康と対面を果たしているが、それも秀康を不

憫に思った異母兄・松平信康のとり成しによって実現したものだった。

ふたり目の父は秀吉

1579年、織田信長の命により武田氏との内通の疑いで兄・信康が切腹させられる。本来ならば、この時点で秀康は将軍の後継者となる身分。だがその後、豊臣秀吉と和睦した家康は何と秀康を秀吉のもとへ養子に出したのだ。いわば人質である。

1587年、秀康は義父・秀吉の九州征伐に従って初陣を果たすが、戦功をあげることができず悔し涙を流した。それを見て「さすが徳川家康に似た御気性」と褒めた家臣に対し、秀吉は「秀康は俺の養子だから武勇も気性もこの秀吉に似ているのだ」といったという。秀吉には気に入られていたのだ。一方、秀康も生涯を通じて家康に冷遇されたため、義父の秀吉を敬慕した。家康と秀吉というふたりの天下人を父に持つ秀康、実に数奇な運命をめぐった男といえよう。

結城秀康の生涯

年代	出来事
一五七四	徳川家康の次男として誕生
一五七九	兄・信康が自害する
一五八四	小牧・長久手の戦い後、豊臣秀吉の養子となる
一五八七	秀吉の九州征伐に従い初陣を果たす
一五九〇	結城晴朝の養女鶴姫と婚姻し、結城氏の家督と結城領11万1000石を継ぐ
一六〇〇	関ヶ原の戦い後、戦功として越前68万石を拝領する
一六〇五	権中納言に任じられる。弟・秀忠が征夷大将軍に就任
一六〇七	34歳で死去

「おおらかなおっかさん」ほど敵に回すと怖い

淀殿への復讐目的でねねは徳川の味方に!?

秀吉と共に豊臣家をつくり上げる

「北政所《きたのまんどころ》」とは本来は摂政や関白《かんぱく》の正室に対する称号だが、現在では「北政所」といえば豊臣秀吉の正室・ねねのことを指す場合が多い。貧しい足軽の娘だったねねが農民出の下級武士だった秀吉と結婚したのは、ねね14歳、秀吉25歳のときだった。

ねねは素朴でおおらかな、いわゆる「おっかさんタイプ」の女性。出世するにつれ次々に側室を増やしていく夫・秀吉とは、尾張《おわり》弁の大声でしょっちゅう夫婦喧嘩をしたという。しかし賢くおおらかなねねを、秀吉は大切にしていたようで、夫婦仲は良好だった。かの織田信長《おだのぶなが》も「あのハゲネズミにあなたのような良い妻は二度と現れない」とねねを賞賛している。

淀殿の仕切る豊臣家に未練なし？

ねねと秀吉の間には子供ができなかった。一方で側室の淀殿はふたりの男の子を生む。徐々に権勢を誇るようになった淀殿と正室のねねは水面下で対立し、家臣たちも淀殿派とねね派に二分されていった。

やがて秀吉の死後、関《せき》ヶ原《はら》の戦いが起きる。すでに尼になっていたねねは家臣たちへ、徳川家康《とくがわいえやす》に加担するよう命じた。かつてねねの世話になり恩義を感じていた加藤清正《かとうきよまさ》や福島正則《ふくしままさのり》らはねねに従い、その後の大坂の陣で淀殿もろとも豊臣家は崩壊する。その頃の豊臣家は淀殿と息子・秀頼のものとなっていた。ねねは長い年月を経て、自分と夫でつくり上げた豊臣家を乗っ取ったライバルに復讐したのかもしれない。

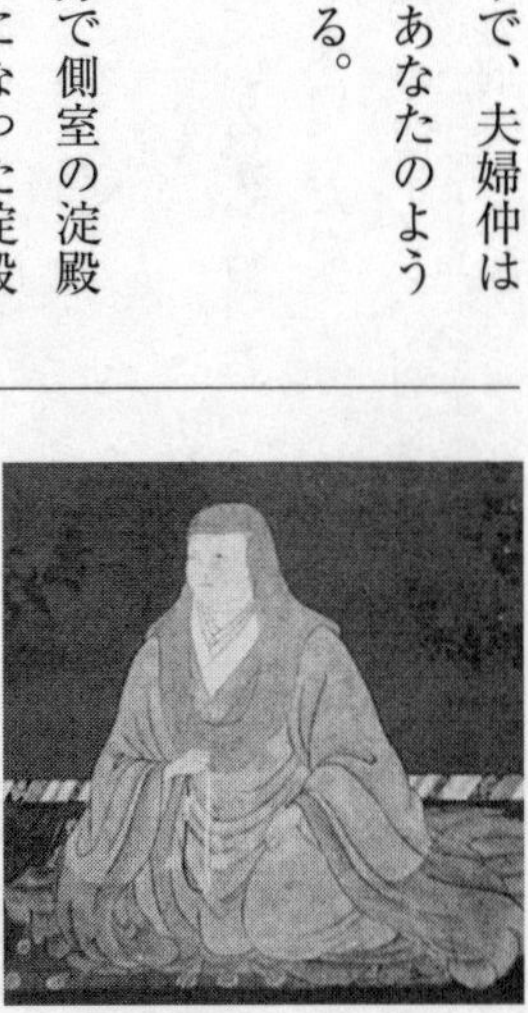

ねねと秀吉は、当時としてはとても珍しい恋愛結婚だったといわれている

空前絶後の残酷な処刑法が選ばれたワケとは？

盗賊・石川《いしかわ》五《ご》右衛《え》門《もん》は秀吉暗殺を計画した!?

謎に包まれた大泥棒の正体

浄瑠璃《じょうるり》や歌舞伎の演題として取り上げられ、伝説の大泥棒と語り継がれる石川《いしかわ》五《ご》右衛《え》門《もん》。彼が〝釜茹での刑〟で処された話はあまりにも有名である。

五右衛門が活躍したのは豊臣秀吉の時代とされているが、彼について記された史料は少なく、詳細は明らかでない。だが、スペインの貿易商アビラ・ヒロンの『日本王国記』や儒学者・林羅山《はやしらざん》が編纂した『豊臣秀吉譜』には五右衛門の処刑される模

石川五右衛門の
姿を描いた浮世絵

様が綴られている。五右衛門が実在し、釜茹でにされて殺されたことは事実のようだ。だが、いくら盗賊だったとはいえ斬首ではなく〝釜茹での刑〟とは刑が重すぎないだろうか。そこで問われるのが五右衛門の正体である。

実は五右衛門、盗賊以外にも暗殺者という顔を持っていた。そしてあろうことか、大閤・秀吉の命を狙っていたというのだ！

五右衛門は秀吉の首を狙っていた!?

江戸時代後期の『丹後旧事記《たんごくじき》』によると、五右衛門の父・石川秀門は城主だったが、秀吉の命を受けた細川幽斎によって落城してしまったという。その父の恨みを晴らすため、五右衛門は秀吉暗殺の機会を狙っていたが、事前にその情報が漏れてしまい処刑された……というのである。

もし罪状が数々の盗難と天下人の暗殺未遂であるならば、五右衛門がこれほどまでにむごい処刑を受けたとしても仕方がないのかもしれない。

秀吉暗殺？を巡る 人物相関図

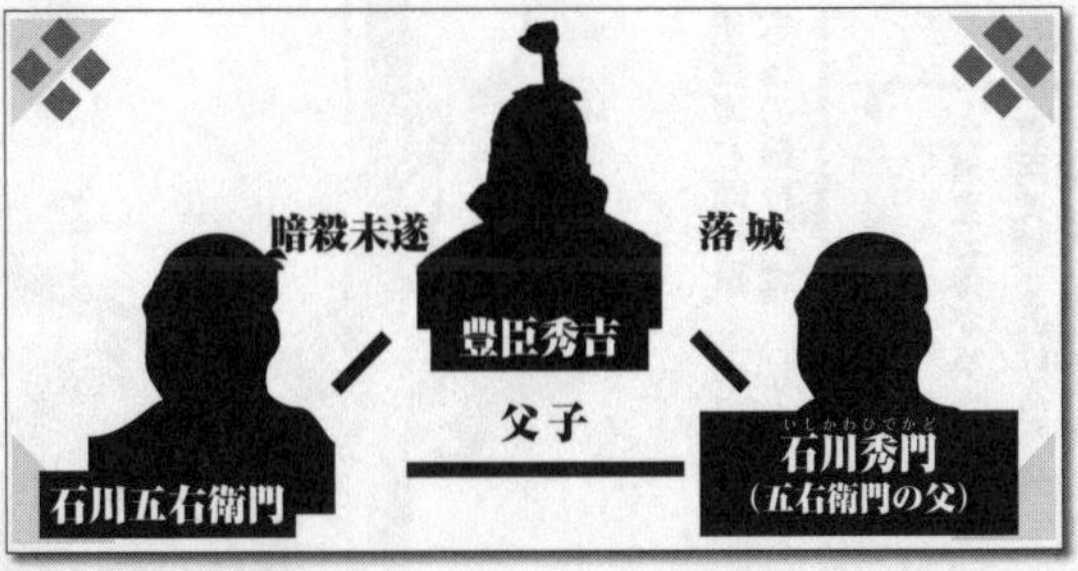

戦乱を逃げ延びた豊臣家、最後の戦い

天草四郎《あまくさしろう》の父は豊臣秀頼《とよとみひでより》だった!?

死んでいなかった豊臣秀頼

1615年、大坂夏の陣での淀殿《よどどの》とともに自刃したとされる、豊臣秀吉の息子・秀頼《ひでより》。しかし大城の落城直後から、「秀頼は生き延びているのでは」とする噂がまことしやかにささやかれていたという。

その理由は、死亡の瞬間を目撃したものが皆無で、死体も発見されなかったことにある。そのため、秀頼はこのとき死んでおらず、大坂城を抜けだして九州・薩摩《さつま》へと逃れたのではない

豊臣家と徳川家
本当の最終決戦

其ノ一
大坂夏の陣から
豊臣秀頼が逃げ落ちる

か…と考えられたのだ。

この噂を裏付けるように、大坂城落城後に上方では「花のようなる秀頼様を、鬼のようなる真田が連れて、退きも退いたよ鹿児島へ」という内容の童歌が流行している。さらに、ジャン・クラッセ『日本西教史』には「母妻をともなって辺境の大名領地に落ち延びた」、リチャード・コックス日記には「薩摩・琉球に逃げた」とあるなど、当時から秀吉恩顧の武将により密かに救出され落ち延びたと考えられていた様子がうかがえる。また、九州各地に秀頼の墓、秀頼ゆかりの地、秀頼の伝承などが数多く残されていることからも、秀頼が生き延びて九州へ逃れた可能性が浮かび上がってくる。

秀頼の息子は天草四郎時貞だった!?

「秀頼生存説」には続きがある。日本史最大級の一揆、島原《しまばら》の乱で知られる天草《あまくさ》四郎《しろう》時貞《ときさだ》が、九州へ落ち延びた豊臣秀頼の遺児だというのだ！　鹿児島では、天草四郎に「豊臣秀綱《ひでつな》」とい

其ノ二
秀頼、九州で生活を送り、子をもうける

▶

其ノ三
秀頼の子、成長して天草四郎を名乗る

▶

其ノ四
島原の乱にて天草四郎死去。豊臣家滅亡

う名前があったと伝えられており、それを示す古文書も存在したとか。

豊臣秀頼は天草四郎の父とされる最大の根拠は、戦いにおいて大将の所在を示すために建てる「馬印」と呼ばれる〝のぼり〟だ。秀頼の父、豊臣秀吉の馬印が〝千成瓢箪《せんなりびょうたん》〟であることは有名だが、天草四郎もこれと同じ馬印を使っていたという。秀吉と同じ馬印を使うなど、そう簡単にできるものではない。このことから、天草四郎が豊臣家ゆかりの人物だとする説が支持されるわけだ。そう考えると、宗教戦争と捉えられがちな島原の乱にも、別の意味合いが生まれてくる。

島原の乱は「豊臣vs徳川」だった

島原の乱を鎮圧したのは幕府軍だったが、筆頭老中・松平信綱《まつだいらのぶつな》という大物までもが登場している。地方の一反乱を治めるにはあまりに仰々しい。だが、天草四郎が豊臣家の末裔《まつえい》だとすればこの大げさも理解できる。島原の乱は、最後の「豊臣VS徳川」だったのだ。

仰天親子説を裏付ける状況証拠

隠し子だった家康が信玄から受け継いだもの

三方ヶ原に打って出た家康

武田信玄といえば、戦国最強の騎馬軍団を従え、三方ヶ原で手痛い敗北を喫した家康にとっては、天敵のような存在。しかし、家康と信玄はかつて友好関係にあった。今川領を分割する際、大井川を境界とする協定を結んでいたくらいである。

しかし、信玄が上洛するには、旧今川領は避けて通れぬ道。こうして両雄は遠江の三方ヶ原で対峙したのである。

その際、信玄の勢いを怖れて籠城を進言した部下の声に、家

康は耳を貸さなかった。普段は冷静で部下の進言にもよく耳を傾ける家康が、なぜ血気にはやって無謀な攻撃を仕かけたのだろうか？

その答えはふたりの関係性にあった。

日光東照宮の花菱が示すのは…

三河や遠江の一部地域では「家康は信玄の隠し子だった」という説が伝えられているという。

年齢的には22歳の差だから、親子でも不自然はない。信玄が徳川家を乗っとるために子をすり替えたとする説を採れば、なり立ちうる関係である。もちろん、ふたりの関係を裏付ける事象はこれだけではない。

家康が祀られている日光東照宮。ここには武田家の家紋である「花菱」が使われている。ただの仇敵であれば、その家紋をわざわざ使う必要はない。むしろ避けるべきだろう。家康が信玄の血をひくと考えると氷解する疑問は、まだある。

家康と信玄は親子関係？3つの証拠

其ノ一	其ノ二	其ノ三
三方ヶ原の戦いで敗れた家康を、信玄はみすみす見逃している	家康は武田遺臣を多数採用し、信玄の次女・見松院を保護している	家康が祀られている日光東照宮に、武田家の家紋「花菱」が使われている

信玄を見習った家康

武田家滅亡後、家康は保科正俊《ほしなまさとし》、岡部正綱《おかべまさつな》、依田信蕃《よだのぶしげ》といった武田の遺臣を数多く召し上げている。また、信玄の次女である見松院を保護しているのも見逃せない。いずれも、家康が信玄の息子だったと考えれば合点がいく。

また治水や交通制度の整備など、家康は民政に力を注いだ信玄の国内経営も手本にしていたと考えられている。

各大名に対する支配を強めるために行なった五街道や脇街道の整備は、まさにそれだ。家康は同時に、通信・輸送を円滑に行なうため宿駅・伝馬制も整備した。人馬が宿駅に常駐しているようにしたのだ。

佐渡金山《さどきんざん》の開発は甲州金山を手本に行なわれ、武田の遺臣・大久保長安《ながやす》がそれを担った。

さらに、家康は江戸開府とともに利根川水系の治水にも着手。信玄堤に代表される武田流の土木技術を習得していた伊奈《いな》氏が陣頭指揮を執った。

徳川家康が生涯で唯一ともいえる大敗を喫した相手が、武田信玄（肖像画）だった

武田流は、ある程度の浸水は許容し、肥料分を多く含んだ土によって洪水地帯を農耕地に変える手法である。

このように、信玄と家康のつながりを指し示す要素は数多い。「家康は信玄の隠し子だった」という説は、むげに否定できないのである。

垣間見える信玄の親心

三方ヶ原で実の親である信玄に家康が激しく対抗した理由はわからない。

だがしかし、その直前に何らかの確執があったであろうことは明らかだ。結果、家康は武田軍に正面から戦いを挑んで生涯唯一ともいえる大敗を喫した。それでも家康が生きて戦場から逃げおおせたのには理由がある。

もちろん、信玄が我が子に情をかけ、わざと逃がしたのであろう。

三成のはるか上を行った家康の知略

関ヶ原の戦いはなぜ半日で終わった？

わずか6時間で終了した大決戦

1600年10月21日、豊臣秀吉死後の政権を巡って、戦国史上最大の激戦・関ヶ原の戦いが起きる。

日本全国の大名を徳川派の東軍と反徳川派の西軍に二分し、東西合わせて15万人以上もの大軍が激突したこの合戦は、誰もが長期戦になると予測した。

ところがこの合戦はわずか一日、いや、厳密にいえばたったの6時間で決着がついたのである。「天下分け目の戦い」と呼ば

れた大決戦はなぜ、たったの半日で勝敗が決したのだろうか？

家康の見事な作戦勝ち

西軍の石田三成は、籠城策をとって東軍を迎え討つ作戦を採ろうとしていた。三成は籠城した西軍を包囲する東軍のさらに外側に籠城兵と後詰の兵を置くことによって、東軍を挟み撃ちにしようと考えだしたのである。

それに対し家康は、三成を籠城させないよう関ヶ原におびき出す作戦に出た。家康は野戦が得意な反面、城攻めが苦手だったのだ。そして何よりも、籠城されて長期戦になることを家康は恐れた。畿内に散らばっている西軍が集結する可能性があり、東軍は圧倒的不利な立場に追いやられるからである。

家康の策謀に見事引っかかった三成は、関ヶ原に布陣した末、わずか半日の戦闘で敗北してしまったのである。〝当代一の策謀家〟として知られる徳川家康の、完全なる作戦勝ちだったといえるだろう。

美濃国関ヶ原で行なわれた「関ヶ原の戦い」

敗軍の将に余生があった？

石田三成は関ヶ原後も生き延びていた？

各地に残る三成生存説

関ヶ原の戦いに敗れた西軍の総大将・石田三成は、京都の六《ろく》条河原《じょうかわら》で斬首されたとされている。ところが、このとき処刑されたのは影武者であり、本当の三成は佐竹義宣《さたけよしのぶ》にかくまわれて秋田に逃れたという説がある。三成は、八幡村《やはたむら》にある帰命寺《きみょうじ》という寺に「知恩院《ちおんいん》から招いた名僧」として住まい、彼を慕う石田軍の残党がひっそりとかの寺を訪れ続けていたとか。その話は自然と幕府の耳にも及び、佐竹家は噂をかき消すために、帰

命寺の主僧は入寂《にゅうじゃく》した（亡くなった）と吹聴するのに努めたそうだ。また別の説では、徳川家康の密命によって榊原康正《さかきばらやすまさ》の館《たて》林城《ばやしじょう》にかくまわれていたとの語り伝えもある。

判官びいきは日本人の特質？

さらに、三成自身は処刑されたが、その遺児が各地で生存していたという伝承も諸説ある。たとえば、三成の次男・重成《しげなり》は、関ヶ原敗戦後に大坂城を脱して生き延び、杉山源吾《すぎやまげんご》と改名して津軽家に庇護されていた。

また、重成とは別に次女の存在も伝えられており、彼女の孫娘（三成の曾孫にあたる）お振《ふり》の方は徳川3代将軍・家光の側室となったとも。お振の方は家光との間に女児・千代姫《ちよひめ》をもうけ、三成のDNAは徳川家に入ったとされている。

かように三成生存説などが都市伝説のように唱え続けられているのは、敗者に同情する日本人の「判官びいき」の心情によるところが大きいと考えられる。

三成をかくまったと噂される武将・佐竹義宣。伊達政宗は母方の従兄にあたる

むなしく散った名軍師の最後の賭け

関ヶ原決戦を利用し天下を狙った男とは!?

秀吉の右腕、急造軍で挙兵

徳川家康率いる東軍と石田三成《いしだみつなり》率いる西軍が天下を争った関ヶ原の戦い。実はこの戦《いくさ》に乗じて天下を狙った男がもうひとりいた。その男の名は黒田如水《くろだじょすい》。豊臣秀吉の側近として山崎の戦い、九州征伐などいくつもの戦に参加して活躍を収めた名軍師である。秀吉が死去した1598年、如水は上洛し伏見屋敷に居住した。このころ彼が吉川広家《きっかわひろいえ》に宛てた書状には、天下の大乱が起きると予想していたと思わせる記述がある。この上

如水居士画像
（崇福寺蔵）

洛は東西の情勢を読み取るためのものだった。そして迎えた1600年7月、三成挙兵の報せを受け取った如水は領内の兵士・農民をかき集めて9000もの軍隊を作り上げる。大戦によって両軍疲弊したところを狙い打つ作戦であった。

長期戦になるはずが……

1600年9月、居城を出た如水は5日足らずで豊前の半分近くを平定し、関ヶ原へ北上。東軍に属す息子の長政《ながまさ》と敵対することを覚悟しての進軍であった。順調に進軍を続ける如水だったが、毛利領に攻め込んだところで思わぬ誤算が発生する。長引くと思われた関ヶ原の戦いがたった半日で終わってしまったのだ。戦いの前に双方が準備した兵力、兵糧からすれば、そんなに早い決着は誰しも予想していなかったことだろう。仕方なく彼は矛を収め、居城に帰還した。一方、東軍で大活躍を収めた長政は52万石を与えられ、悠々と凱旋。如水はそんな長政に八つ当たりしたという。

黒田如水の人生訓
水五訓

一つ、自ら活動して他を動かしむるは水なり
一つ、障害にあい激しくその勢力を百倍し得るは水なり
一つ、常に己の進路を求めて止まざるは水なり
一つ、自ら潔うして他の汚れを洗い清濁併せ容るるは水なり
一つ、洋々として大洋を充たし発しては蒸気となり雲となり雨となり雪と変じ霰と化し凝っては玲瓏たる鏡となりたるも其性を失わざるは水なり

無能というのは間違いだった!?

天下を分けた裏切り者 小早川秀秋の隠れた才

政治面では改革に積極的だった

関ヶ原の戦いの最中に西軍を裏切り、結果として東軍に勝利をもたらした小早川秀秋。その印象が強いためか、愚鈍で卑劣な裏切り者というレッテルを貼られてはいるが、近年になって実は有能な武将だったのかもしれないという説が浮上している。まず、実績として残っているのは政治面。関ヶ原の戦いののち、岡山城に入城した秀秋は、急速に近代化を進めた。わずか20日間で完成させた外堀〝二十日堀《はつかぼり》〟のほか検地の実施、寺

社領の再整備などその治績は数知れず。しかし、不運にも在封わずか2年足らずで没したため、大きな評価を得るには至らなかった。

躊躇したのも優れた戦略眼が原因!?

戦の面では総じて評価が低い秀秋だが、それも疑問が残るところがある。秀吉の朝鮮出兵で総大将を務めた際、秀秋は自ら敵陣に斬り込んで10以上の首級《しゅきゅう》を挙げるが、軽率だと秀吉に叱られて領地を没収された。秀吉のいうことももっともだが、このとき秀秋は16歳前後。若くして勇猛果敢に戦ったと評価されてもいいところであろう。

また、関ヶ原の戦いにおいて寝返りを躊躇したのも、西軍が疲弊するのを待っていたと考えれば合点がいく。奮戦中の大谷《おおたに》吉継《よしつぐ》の側面をついたことで西軍は浮き足立ち、寝返る諸将も相次いだ。結果としては大成功。生涯たった2度の戦であるが、この結果から無能と判断するのは早計すぎやしまいか？

小早川秀秋の歴史年表

年代	出来事
一五八二	木下家定の5男として生まれる
一五九四	秀吉の命にて小早川隆景の養子として小早川家に入り秀秋と改名
一五九五	養父・隆景が隠居し、領地を継承。筑前名島城主となる
一五九七	第2次朝鮮出兵に総大将として出陣
一五九八	朝鮮出兵での軽率な行動から、秀吉により領地没収
一六〇〇	西軍として関ヶ原の戦いに参戦。途中で寝返り東軍に
一六〇二	死亡

〝化けて〟天下を掴んだ狸親父

徳川家康は2度も系図を書き換えた!?

したたかさは若いころから

その腹黒さとしたたかさから狸親父との異名を持つ徳川家康。表面上では〝化けて〟周囲の目を欺きつつ、内心では虎視《こし》眈々《たんたん》と逆転を狙う。そんな家康のイメージは老獪《ろうかい》さが身についた晩年からのものだと考えられているが、実は若いころにも自らの経歴を覆し、大きく〝化けた〟ことがあった。

家康は三河《みかわ》の土豪の生まれであり、祖先についてはいまいちはっきりしない。だが、彼は源氏の血筋でなければ就任できな

い征夷大将軍《せいいたいしょうぐん》に就任している。なぜ、そんなことが可能だったのか？ それは家康が若いころに自分の系図を書き換えていたからだった！

官位を得るため、源氏の氏族に変身

1566年、三河統一を成し遂げた家康は織田信長と同盟を組み、戦国大名への道を歩み出していた。その年の暮れに家康は従五位下《じゅうごいのげ》・三河守《みかわのかみ》への官位認定と、松平から徳川への改称を申請した。だが、正親町《おおぎまち》天皇は「先例がないため公家にはできない」とこれを拒否。そこで家康は浄土宗の僧侶を通じて、関白の近衛前久《このえさきひさ》に協力を仰ぐことに。

すると、近衛家の家来であった京都吉田社の神主が先例として利用できる古い記録を発見した。それは、源氏の新田《にった》氏系の得川《とくがわ》氏の流れで藤原《ふじわら》氏になった家があったということだった。神主がその場で書き写したものを、前久が清書し、朝廷に提出したところ天皇の許可が下ったという。

知っておきたい用語集

官位

戦国時代から江戸時代にかけて、武士が任官または自称した。朝廷が取り決めるもののほか家康の三河守のように、領国を支配して認定されるケースもある

征夷大将軍

鎌倉時代から江戸時代までは幕府の長という位置づけであり、天皇の勅令によって任命された。基本的には世襲制で、戦国時代は足利家が、江戸時代は徳川家が代々務めていた

最後に評価を落とした才女

激情の女・築山殿《つきやまどの》の家康暗殺計画!?

家康に愛された側室をムチで百叩き

徳川家康の正室である築山殿《つきやまどの》は、政略的な諍《いさか》いの中で非業の死を遂げたことから悲劇のヒロインとして語られることも多いが、実際は嫉妬深く、激しい気性の持ち主だったといわれている。

家康は好色家として知られており、築山殿のほかにも側室が何人もいた。自分より家康に愛される側室たちに対し、築山殿はジェラシーを抱いていたという。お万《まん》の方《かた》という側室が妊娠

したとき、築山殿は怒り狂い、彼女を丸裸にして木に縛りつけ、ムチで打ちつけたというのだから、その嫉妬深さは本物である。

驚くべき御家転覆の策謀

また、築山殿は徳川家を転覆させる陰謀を企てていたともいわれている。その計画とは、家康を暗殺して実子である信康《のぶやす》に継がせるという大胆なものだった。信康の近臣の中にはその計画に同調する者も多く、暗殺後は武田勝頼《たけだかつより》と結託して、親家康派を征伐しようというところまで話が進んでいた。

だが、近臣の中から裏切り者が出たことにより計画は破綻。裏切り者は事の子細を信康の妻・徳姫《とくひめ》に伝え、それはさらに徳姫の兄である織田信長にまで伝わってしまう。信長は直ちに徳川家の重臣・酒井忠次《さかいただつぐ》を呼び出し、築山殿と信康の抹殺を命令。1579年、築山殿は斬られ、信康は切腹を命じられてしまった。家康に愛されなかった怨念を抱いて生きてきた築山殿。その人生は確かに悲劇と呼べるものかもしれない。

築山殿の血族

今川義元

築山殿の伯父。輿に乗って移動、公家のマネをしてお歯黒など情けない行動の数々により、ダメ当主呼ばわりされることも多いが、内政面などでは手腕を発揮していたとされる江戸幕府を開いた武将の真の姿とは？

晩年の徳川家康は影武者だった!?

家康は関ヶ原の戦いで死んでいた!?

「徳川家康は関ヶ原の戦いで暗殺されており、以降家康として活躍していたのは家康の〝影武者〟だった」

この奇想天外の異説は有名だ。というのも、隆慶一郎《りゅうけいいちろう》の小説『影武者徳川家康』にて採られた説だからだ。後にマンガやドラマにもなったこの作品の影響から、「家康＝影武者」説は多くの人の知るところとなった。

隆氏によると、関ヶ原の戦い以降、家康とその息子・秀忠か

諸説語られる徳川家康の影武者説

其ノ一

桶狭間の戦いの数年後に不慮の死を遂げ、以降は影武者にすり替わる

ら同じ命令が発せられることが多々あったという。これは家康と秀忠が対立していたためであり、その原因が「家康＝影武者」だったことにあるというのだ。また、家康が60歳をすぎてから多くの子を残している点も疑わしいという。さらに、〝入れ替わり〟の時期は異なるものの、家康は影武者だったとする説は他にも存在する。

「家康＝影武者」を提唱する諸説

ひとつは『駿府政治録《すんぷせいじろく》』に記載された「幼少のとき、又右衛門《またえもん》なる者に銭五貫をもって売られ、9歳のときから18～19歳まで駿府にいた」という家康のセリフに端を発する。つまり、「又右衛門なる者に銭五貫をもって売られ」た誰かが家康と入れ替わったと考えられるのだ。もうひとつは、家康は大坂夏の陣で戦死し、その後1年間は小笠原秀政《おがさわらひでまさ》が家康を演じたというもの。根拠は秀政が夏の陣で死んだとされたことにあるという。〝家康〟は何人存在しているのか、謎は尽きない。

其ノ二
信長と戦うべく尾張へ侵攻中、阿部正豊に暗殺され、すり替わる

其ノ三
関ヶ原の戦いで暗殺され、以降は世良田次郎三郎とすり替わる

其ノ四
大坂夏の陣で戦死。その後1年間は小笠原秀政が家康を演じる

目を合わせたら戦闘開始！

直江兼続《なおえかねつぐ》と伊達《だて》政宗《まさむね》は犬猿の仲だった!?

戦国後期を代表するふたりの英傑

戦国時代後期に活躍した武将として知られる直江兼続《なおえかねつぐ》と伊達《だて》政宗《まさむね》。上杉家家臣として上杉景勝の側近を務めていた兼続は、徳川家康を激怒させた「直江状」の筆者としても有名で、真面目で義と愛に篤《あつ》い人物だった。対して政宗は伊達家から奥羽きっての戦国大名にのし上がった人物で、華美な様相を好む派手な男だったとして知られている。いかにも性格的には噛み合わなそうなこのふたり。やはりというか実はというか、仲の悪

さを示すエピソードをいくつか残している。

実直な性格ゆえの非礼だったのか？

兼続が景勝の代理として大坂に上った際、大名が集まる間で政宗が大名たちに天正大判《てんしょうおおばん》を見せびらかしていた。やがて兼続のもとにもそれが回ってきたが、兼続はそれを素手で触らず、開いた扇子に乗せて眺めていた。

それを見た政宗は兼続が遠慮しているのかと思い、「苦しゅうない、手に取られよ」と声をかけるが、兼続の口から返ってきたのはとんでもない言葉だった。「ご冗談を。不肖兼続の右手は先代謙信の代より上杉家の采配を預かる身。左様に不浄なものに触れるわけには参りません」。簡単にいえば「こんな汚いもの素手で触れるか」といったところか。そうして兼続はその大判を政宗の膝元に投げて返したという。

陪臣《ばいしん》の身で大名たちの集まりに参加している中で、この憮然とした態度である。真面目さの表れと考えれば理解できなくも

知っておきたい用語集

天正大判

1588年に豊臣家より発行された大判。純金44匁（約165グラム）で作られており、戦国後期には非常に珍しかった。江戸時代には慶長大判と並行して使われていた

陪臣

家臣の家臣。戦国時代は将軍の直接の家臣は直参、大名の家臣は陪臣と呼んでいた。大名より低い身分として扱われるのが普通で、兼続のようなケースは極めて珍しかった

ないが…。

いや、やはり政宗が嫌いなだけだった

後年、江戸城にて兼続と政宗がすれ違ったとき、兼続はそ知らぬ顔で挨拶もしなかった。身分は政宗のほうが上。さすがの政宗もこれには怒り、「陪臣の身で大名に会釈せぬとは無礼ではないか」と咎めると、兼続はこれまた冷静に「これはご無礼いたしました。これまで私は中納言殿とは戦場で相まみえる間柄だったゆえ、戦場から逃げていく後姿しか拝見したことがなく、お顔を存じ上げませんでした」と答えたという。

何という無礼な発言だろうか。大判のときはまだしも、この発言は明らかに政宗を嫌ってのものである。おそらく、派手好きな政宗が気に食わなかったのだと思われる。

もちろん、こんな言葉をかけられた政宗は怒りを露わにしたが、何人もの家臣を束ねる当主であるがゆえ、行動に移さなかった。ただ、以前よりも兼続のことを嫌いになったのは間違いないだろう。

ふたりの正反対な性格を巡る
人物相関図

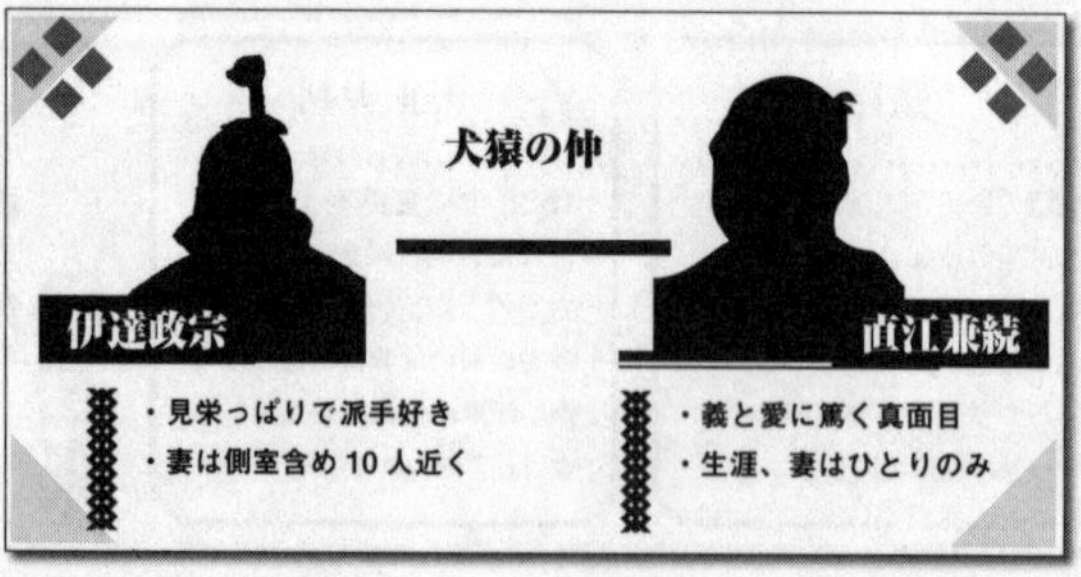

愛

天下の家康に歯向かった直江兼続

家康を激怒させた直江状は実在しない？

家康の上洛命令を拒否

直江兼続にはさまざまな逸話が残っているが、中でも国内の最大勢力だった徳川家康を激怒させた「直江状」のエピソードは、兼続を語る上で欠かせないものとなっている。

秀吉の死後、家康は親豊臣派を取り込むなどして影響力を強化していった。これに憤慨したのが上杉謙信《うえすぎけんしん》の息子・景勝。彼は家康に対抗して軍備を増強し、これに伴い部下である兼続も家康に対抗する姿勢を見せるようになっていたのだ。兼続の動

きを封じたい家康は景勝らの行動を非難すると同時に上洛を求めるが、兼続は拒否。その後、家康は会津征伐を開始するのだが、そのきっかけとなったのが「直江状」である。兼続は家康に「武器を集めるのは茶碗を集めるようなもの」「上杉を疑う徳川にこそ企みがあるのでは」と挑発的な返答で切り返し、家康を大いに怒らせたという。

現存する「直江状」は後世の写し？

ただ、この書状は国立古文書館に保存されているものの原本は残っていない。そのためこのできごとは実在しなかったのではとさえ疑われている。実際、兼続が活躍した戦国から江戸の時代は偽書や怪文書が飛び交っており、信憑性には欠けるといわざるをえない。だが、家康の家臣の日記にも上杉家から書簡が送られ、それに家康が激怒したことは事実として記されている。「直江状」自体の真偽は疑惑が残るが、兼続の度胸が並大抵でなかったことは確かなようだ。

直江状を巡る
人物相関図

仙台名物のパイオニア

独眼竜・伊達政宗は料理研究家だった!?

料理へのこだわりは人一倍強かった

〝伊達者〟の語源となった伊達政宗の知られざる趣味が、何を隠そう料理である。もともとは兵糧開発のために食材の研究を行なっていたのだが、戦国時代も終焉し兵糧の必要性がなくなると、美食のために料理を研究するようになったという。

政宗は料理について「少しも料理心なきはつたなき心なり」という名言も残しており、料理に対するこだわりは相当のもの。2代将軍徳川秀忠《とくがわひでただ》を接待した際には、政宗自らが作った料理を

秀忠の側近が毒見しようとしたため、「政宗ともあろう者の膳を毒見するとは何事ぞ！」とものすごい剣幕で叱責し、徳川家の家臣を震え上がらせたという逸話も残されている。

あの〝ずんだ餅〟も政宗が開発!?

仙台発祥の料理が多いのも政宗の影響といわれている。かつて政宗が本拠地としていた岩出山《いわでやま》の名物である凍《こお》り豆腐と納豆は、兵糧用に政宗が開発したものが改良されたものだというのは有名な話で、仙台名物のずんだ餅も政宗が開発したとする説もあるほど。

また、それらの開発はトイレで行なっていたとされている。もともとトイレが好きだった彼は、1日3回、1～2時間は籠っていた。そこで朝夕の献立、政治判断、書状の執筆、書見なども行なっていたという。

戦でも政治でも柔軟な発想で周囲を驚かせた政宗。元来凝り性の彼にとって、料理はぴったりの趣味だったのかもしれない。

伊達政宗の言葉

少しも料理心なきはつたなき心なり

少しも料理の心得がない者は貧しい心の持ち主だ、という意味。政宗の料理に対する並々ならぬこだわりを表している

絆はあった。だが3本ではなかった

毛利家の絆を表す〝三矢の訓〟の矛盾

すでにその場にいなかった隆元

毛利元就《もうりもとなり》が残した逸話として有名なものといえば、そう〝三《さん》矢《し》の訓《おしえ》〟だ。まずは以下に概要を記す。元就は臨終の間際に3人の息子を呼び、矢を1本ずつ与え、折ってみよと命じた。難なく折った3人を見ていた元就が今度は3本ずつ矢を渡すと、3人は誰も折ることができなかった。これは、1本では脆《もろ》い矢も束になれば頑丈になるということを示していた。これにより三兄弟の結束はいっそう高まったという……。

教科書にも掲載された逸話だが、実はこの話には大きな矛盾がある。元就が没した1571年、すでに長男の隆元《たかもと》は死去していたのだ。ほかのふたりも40代に差し掛かる歳で、毛利家を支える器量は十分にあった。そのため、現在では史実ではなく後世に作られたフィクションとして捉えられている。

ドラマはなくとも教え自体は存在した!?

まだ隆元が生きていた1557年、元就は3人に教訓状を与えたことがある。その中に「3人の仲が少しでも悪くなれば毛利家は滅亡する」という旨の文書があった。またそこには、宍《しし》戸《ど》隆家《たかいえ》に嫁いだ娘の五龍局《ごりゅうのつぼね》も同様に扱うという記述もあり、子供たちの結束をことさらに強調している。この文書からは子供たちを教育していく上で、絆の大切さを強く提唱していたことが窺える。〝三矢の訓〟がいつ頃作られたかは定かではないが、矢が3本であれ4本であれ、家族の結束が毛利家を支えていたのは事実のようだ。

〝三矢の訓〟の元となった元就自慢の3人息子

毛利隆元
長男。内政能力に長け、毛利家の基盤を作るが、父・元就より先に死去

吉川元春
次男。戦上手の猛将として知られ、織田軍と幾度となく戦いを繰り広げた

小早川隆景
三男。水軍の指揮官として活躍。甥の輝元の保護者役として厳しく育てた

猫も杓子も忍者におまかせ!

戦国大名の謀略戦で活躍した忍者たち

合戦前に決着はついていた!?

合戦場で正々堂々と宣戦布告して、真正面からぶつかり雌雄を決する——戦国大名たちにこういった印象を持つ向きも多いだろう。だが、実際はそうではなかった。というのも合戦場に至るまでの〝謀略戦〟で、いかに敵軍にダメージを与えておくかが合戦の決着を左右したからである。

しかも当時、謀略戦は卑怯な行為とは思われていなかったというから驚きである。では、大名たちはどんな手を使って謀略戦を繰り広げたのだろうか？

大名に雇われた忍者たち

　戦国大名と深い結びつきがあったのが忍者たちだった。彼らはいったい、どのような形で大名たちの策略活動に従事したのか。〝甲陽流《こうようりゅう》の祖〟といわれる武田信玄は、捨て子やみなし子の少女を集め、甥の望月盛時《もちづきもりとき》に女忍者になるための集団養成をさせた。彼女たちは、情報収集はもちろんのこと、偽の情報を流すなどの策略を展開した。一方、武田信玄の天敵であった上杉謙信はというと、「担猿《のきざる》」と称する忍者を使っていた。謙信は彼らを薬売りの商人に仕立て、情報収集にあてたという。

　また、かの織田信長も忍者を高く買っていたという。たとえば彼の趣味だった「鷹狩り」。鷹狩りには領内を跋渉して獲物を見つける〝鷹匠〟なる者がいたのだが、この鷹匠こそ実は忍者だったのだ。彼らは鷹匠を装い領内の状況をくまなくチェックしていたのである。

浮世絵に描かれた想像上の忍者

権力のままに部下を手荒く使った末に…

ストライキを起こされ失脚した服部半蔵

部下の反逆に遭い、リストラへ

伊賀《いが》忍者の代表的存在として知られる服部半蔵《はっとりはんぞう》。名はそのまま3代にわたって受け継がれたのだが、ここで紹介するのは3代目の服部半蔵のことである。

3代目の半蔵は父親の死後、伊賀同心200人をそのまま受け継いだ。といってもあくまでも徳川家から指揮権を任されただけにすぎなかった。だがボンボン育ちで世間知らずの半蔵は、彼らに自分の家の壁塗りをさせたり、自分の命令に逆らう者が

いれば給料を差し引いたりと権力を笠にやりたい放題。その結果、伊賀同心200人とその家族、総勢1000人が2ヶ月にわたって寺に立てこもるという大規模なストライキを起こされてしまったのである。そのため、半蔵は幕府から謹慎処分を喰らうこととなった。

名誉挽回を図るが行方をくらまし…

部下の反逆に怒り心頭の半蔵は、ストライキの首謀者10名に死罪を通達。そのうち2名が逃亡するが、うち1名を見つけ出し斬殺してしまう。しかし、この斬り殺された人物がまったくの人違いだったのだ！　結局これが原因で半蔵は幕府からリストラされ、職を失ってしまった。その後、半蔵は名誉挽回を狙い大坂《おおさか》の役《えき》に参加するものの行方不明に。一説では、戦場から逃亡して75歳まで農民として生き続けたとか。

部下を手荒く扱ったために、職も部下も失ってしまった半蔵。彼が寂しい晩年をすごしたのは必然だったのかもしれない。

半蔵への解任要求騒ぎ

其ノ一
父の死去により、〝服部半蔵〟の名と伊賀同心200人の支配を継ぐことに

▶

其ノ二
徳川家から指揮権を譲られたにすぎない伊賀同心を、自分の家臣であるかのようにこき使う

▶

其ノ三
半蔵の勝手ぶりに伊賀同心は反発。寺に長期間にわたって立てこもり、その解任を要求する

困ってなくても神頼み！

白兵戦の裏に驚くべき呪術合戦が存在した!?

軍師の能力は知略だけでは計れない

戦国時代の軍師というと、戦況を読み、勝利のための道筋を組み立てる知略家という印象が強いかもしれない。もちろん有能な軍師は知略に長けていた。だが、知略とはまったく関係のない要素を武器に活躍する軍師もいた。彼らが用いたのは、なんと呪術だった。

たとえば、武田信玄の軍師だった判兵庫《ばんのひょうご》という人物は、かの有名な陰陽師・安倍晴明《あべのせいめい》の末裔らしく、夜空に現れた彗星から

勝利祈願に使われた全国各地の寺社

生島足島神社

生島大神、足島大神の2神が祀られており、信玄ほか崇敬する武将も多い

吉凶を占ったエピソードが残っている。また、信玄は小笠原源《おがさわらげん》与斎《よさい》という軍師に合戦の日取りや方位を占わせていたという話もあり、軍師の用いる呪術に信頼を置いていたことが窺《うかが》える。

元就は呪術で尼子氏を滅亡させた!?

また戦国時代には、合戦前に寺社に立ち寄って神頼みをしたケースも多く見られる。川中島の戦いでは信玄は信濃の生島足《いくしまたる》島《しま》神社に、上杉謙信は越後の林泉寺《りんせんじ》に立ち寄ったとされ、無神論者と考えられていた織田信長でさえも桶狭間の戦いの前に、尾張の熱田《あつた》神宮に戦勝祈願をしてから出陣したという。

さらに毛利元就《もうりもとなり》の場合はもっと強烈だ。元就は隣国の尼子《あまご》氏に脅かされていた時代、対抗策としてこともあろうに呪術をチョイス。鰐淵寺《がくえんじ》住職である鰐淵寺栄芸《えいげい》に尼子氏調伏の祈祷を依頼したり、尼子氏をかたどったわら人形を作って厳島《いつくしま》神社に祈祷を依頼したりしている。尼子氏が1566年に滅亡したのは、案外この呪いがうまくいったからなのかもしれない。

林泉寺

謙信の祖父・能景《よしかげ》が創建。幼少期の謙信はここで学問を学んでいた

熱田神宮

三種の神器のひとつである草薙剣《くさなぎのつるぎ》を神体としている

鰐淵寺

中世から修験行場として発展。戦国時代は毛利氏の保護を受けていた

おもしろ
日本史
大全

第4章

江戸

まだまだ発展途中だった江戸の町

初代将軍家康の拠点は江戸ではなかった！

江戸幕府を開き天下を治める

関ヶ原の戦いで勝利を収めた家康は、天下の覇権を確立、1603年には征夷大将軍に任命され、江戸幕府を開いた。その後、家康は将軍職をすぐに子の秀忠に譲り、「将軍職は徳川家が継承する」ことを天下に示す。そして自身は大御所と名乗り、実権を握り続けたのである。

大御所・家康は、大坂冬の陣と夏の陣において豊臣家を滅亡させ、名実ともに天下を平定する。さらに「武家諸法度」や「禁

中並公家諸法度」を制定し、幕府の基礎を固めた。家康は徳川家の平安のために尽力したのである。

家康の江戸滞在期間はわずか4年半

家康の業績をみていくと「家康＝江戸の開祖」というイメージを抱くが、実際に彼が江戸に滞在していたのは、延べにしてわずか4年半ほどに過ぎなかった。大御所時代は駿府城を居城としており、ほとんどはその地で過ごしている。

また、江戸という町は家康ひとりで築いたのではなく、全国の大名によって建設された都市である。1605年に家康は「天下普請《てんかぶしん》」を発令し、全国の大名に軍役と同じ位置づけで江戸建設業務に従事することを決めたのだ。

当時、江戸は人口15万人、京都の30万人の半分であり、伊達《だて》政宗《まさむね》の仙台とほぼ同規模に過ぎなかった。江戸はまだ、発展途中の町だったのである。

江戸城のトリビア

武将・太田道灌

江戸城は1457年に扇谷上杉家の重臣、太田道灌が築いた。以後、江戸城は関東における要衝として発展、江戸時代に入ると戦いの場から政治の舞台になった

徳川の安泰を画策する家康

家康は極めて現実的な平和論を唱えていた！

天下を平定した家康の平和論

戦国の世を治め、徳川３００年の平和の礎を築いた初代将軍家康。彼は、危機管理能力に非常に優れていたのである。

家康が考える平和論は、「平和を乱す可能性を一つひとつ潰していく」という極めて現実的な対応を基礎としている。

たとえば、薩摩、長州など仮想敵国を設けた外様大名抑制策を行なったり、戦略的要所の川には橋を架けさせなかったりしている。

幕府の盤石を築き上げる

さらに家康は、天皇や公家に対する関係を法令によって確立しようとした。「禁中《きんちゅう》並《ならびに》公家《くげ》諸法度《しょはっと》」は家康が起草したもので、1615年に公布された。

征夷大将軍に任命されるまでは、朝廷の権威は家康にとって利用価値があった。しかし、将軍職を得るや規制を強化。「禁中並公家諸法度」では、天皇の日常の行動を古典研究に専念すべきだ、と強圧的に律し、天皇と政治を明確に切り離したのである。

こうした家康の平和論は受け継がれ、二代将軍秀忠は「武家《ぶけ》諸法度《しょはっと》」を発布している。これは諸大名を統制するために定められた法令で、城の補修は届け出ろだの、城の新造はダメ、倹約しろだの、全13条からなる。武力に代わって法によって幕政を運営する政治原則がここに確立されたのである。その後、何度か改訂が加えられたが、幕末まで用いられた。

『徳川家康』を読む

司馬遼太郎の家康像

覇王家康の実像に司馬遼太郎が鋭く切り込む！　著者自身は戦国大名で一番好きなのは、天下をとるまでの豊臣秀吉だという。その目に家康はどう映るのか!?

『覇王の家』司馬遼太郎／新潮文庫

陰謀にまみれた女の一生

夫の愛妾を殺害した大奥の支配者・春日局《かすがのつぼね》

憎らしいあまり、夫の愛妾を殺害

春日局《かすがのつぼね》といえば、3代将軍・徳川家光《とくがわいえみつ》の乳母《うば》を務め、大奥の礎《いしずえ》を築いた人物として有名である。そんな経歴に負けじと、性格も強く激しいものだったようだ。

春日局は名をお福《ふく》といった。明智光秀の重臣・斎藤利三《さいとうとしみつ》の娘であったことが災いし、世間の風は冷たかったという。そんな悪評を払拭《ふっしょく》するため、お福は17歳のときに小早川秀秋《こばやかわひであき》の家臣である稲葉正成《いなばまさなり》の元に嫁ぐ。これで幸せな生活を送れると思いきや、正成は女癖が悪く、浮気してばかり。お福が烈女として目覚めたのはこのときだった。1604年、突如として正成の愛妾を刺殺し、子供を連れて出奔《しゅっぽん》してしまったのだ。

次期将軍の乳母という栄えある地位

正成の元を離れたお福は、京都所司代《きょうとしょしだい》が江戸城で乳母を募集していることを知り、早速面接を受けることに。公家の教養や過酷な人生を送ってきたたくましさが評価され、見事合格、大奥入りを果たす。

お福は乳母として竹千代《たけちよ》（後の家光）に愛情を注いだ。次期将軍の乳母、それはこれまでの人生では考えられない地位だった。だがそんな中、竹千代の弟・国松《くにまつ》が生まれる。将軍・徳川秀忠は国松をたいそうかわいがり、次期将軍の地位を譲るとまで噂された。これはまずい、と感じたお福は実力行使に出る。駿府《すんぷ》城に向かい、徳川家康に直訴《じきそ》したのだ。それからほどなく、家康の口から竹千代を後継者にという指示が下った。お福の作

春日局のトリビア

乳母は口出し禁止！

大奥に伝わる慣習のひとつとして、乳母が覆面をして授乳するというものがあるが、これは春日局のような権力を持つ乳母が今後現れないようにと取られた対策だという説もある

戦は見事成功を収めたのである。

大奥最強の女、降臨！

竹千代が3代将軍・家光として将軍職に就くと、お福も春日局と名を改め、江戸城内で権力を振るうようになった。家光には早くから正室の鷹司孝子《たかつかさたかこ》がいたが、ふたりの仲は非常に険悪であり、家光は春日局のいうことしか聞かなかった。男色傾向にあった家光が女に目覚めることができたのも、春日局が率先して側室を連れてきたためだといわれ、もはや大奥内で春日局に反抗できる者は誰ひとりとしていなかった。

一方、後継ぎ争いに敗れた国松は徳川忠長として駿府ほか55万石を領有していたが、さまざまな奇行により1631年、甲斐《かい》国に飛ばされた。さらに甲斐国も没収され、上野《こうずけ》の高崎《たかさき》城に移された翌年、忠長は自害。この騒動も春日局が画策していたのだといわれる。

その後、春日局は1643年に死去。権謀術数《けんぼうじゅっすう》に明け暮れた波瀾の人生であった。

秀忠なくして江戸幕府の栄光なし!?

秀忠は決して凡庸な2代目ではなかった！

父の陰に隠れがちだった時代

二代将軍秀忠は、大御所となって権力を振るう父・家康の存在におびえていた。徳川家の正史『徳川実紀』に、秀忠について「御幼年のころから仁孝恭謙の徳が備わっている。なにごとも父君の御教訓を畏敬して守り、すべて御旨に少しも相違ないし、いささかも勝手気ままな御挙動はなかった」と記されている。そのため、どうしても存在が薄くなりがちな秀忠だが、彼は決して平凡な二代目ではなかった。

家康の陰に隠れ、今ひとつイメージの薄い二代将軍となってしまった秀忠

幕府機構を整備した彼の功績は大きい。家康時代のようなカリスマとその側近による政治を廃して、側近老職を中心とした幕府機構の基礎を確立したのである。

そのほかにも、大名政策として「武家諸法度」に違反する者に厳罰を下したり、外国船の寄港地を長崎と平戸に限定してキリシタンに対しても厳しい弾圧を加えている。また、娘の和子を入内させて天皇の外戚となることで、朝廷に対する立場を強化した。

コンプレックスの表れ

1623年、秀忠は将軍職を家光に譲るが、自らは大御所として幕政の実権を握り続けた。父・家康と同じシステムを採用するあたりに、秀忠のコンプレックスがうかがえる。

かつては〝大御所〟という存在に苦しめられたはずなのに、やはり自分もその立場を選択してしまったのである…。ここらあたりに、秀忠の屈折した思いがあるのかもしれない。

二代将軍秀忠の生涯

年代	出来事
一五七九	生誕
一五九〇	秀吉の手により元服　秀忠と名乗る
一五九五	秀吉の養女・おごうと結婚
一六〇〇	上田城攻防戦が長引き、関ヶ原の戦いに遅刻
一六〇五	征夷大将軍に就任
一六一六	家康亡き後、強力に大名統制を実行する
一六一七	領地朱印状を発給
一六二三	将軍職を嫡男・家光に譲り、大御所として政治的実権を握る
一六三二	54歳で死去

愛に飢えた少年は将来を憂い…

プレッシャーゆえ自殺を図った将軍世子

誕生時に約束された明るい未来

三代将軍家光のキャッチフレーズ、それが「産まれながらの将軍」だ。家光の登場をもって幕府は新しい時代に突入したといっていい。初代将軍家康は、将軍といっても大名たちと元は同じ立場にいた。それが力でもってほかを従えて優位なスタンスについたに過ぎない。二代将軍秀忠は、それに親の七光が附随しただけだ。しかし、家光は違っていた。誕生した瞬間、すでにほかの者とは選別されていたのである。幕府は円滑に運営され、将軍職世襲も確立されていたため、徳川宗家の者が将軍職につくのは自明のことだった。

将来を悲観して自殺未遂

とはいえ、家光の将軍就任はすんなり決まったわけではなかった。家光の両親は病弱で人見知りの激しかった彼を嫌い、対照的に気が利いて愛嬌のある三男の忠長を溺愛したのである。母のおごうは忠長のところにだけ近習の者をよこし、毎晩、夜食を届けさせたという。

両親の愛が弟に注がれている分には、問題はさほど深刻ではなかった。周囲の者たちが秀忠夫妻の意をくみ、忠長を世子にと持ち上げたことで、家光の立場は危機的状況に陥る。忠長を擁立しようという世論は日増しに強くなり、そのプレッシャーに押しつぶされた家光は、何と脇差を抜いて自殺を図ったのだ。すんでのところ未遂で終わったが、10歳そこらの少年がそこまで追い詰められたというのは衝撃の事実である。

第1章 幕末
第2章 中世
第3章 戦国
第4章 江戸
第5章 近現代
第6章 古代

春日局のスカウト大作戦

美少年好きの家光が世継ぎをもうけた舞台裏

家光は同性愛者だった？

明治維新以降、キリスト教的な価値観が広まるまで、衆道《しゅどう》―すなわち男色は広く一般的であった。古くは空海の時代から平安、鎌倉室町、戦国、そして江戸と長らく続くたしなみのひとつだった。

織田信長と森蘭丸《もりらんまる》、武田信玄と高坂昌信《こうさかまさのぶ》など、戦国時代は特にお盛んだったようだ。そして、その「たしなみ」は、将軍家も例外ではなかった。可能性が高いとされているのが、誰あろう3代将軍家光である。

なぜ家光は同性愛に走ったのか？　その答えは春日局《かすがのつぼね》にある。彼女があまりにベッタリ世話を焼いたため、女性への興味を失ってしまったのだ。

それでも、将軍である以上は世継ぎを儲けなければならない。そのため、たとえ本人が望んでいないとしても、正室としてやんごとなき身分の女性を娶《めと》ることになる。彼女の名前は鷹司孝《たかつかさたか》子《こ》。父は内大臣、左大臣、関白などを歴任した鷹司信房《のぶふさ》である。

ところがというか、案の定というか、嫁不足の離島の青年にとっては夢のような話でも、家光にとってこの婚姻は迷惑以外の何物でもなかったようだ。

正室への非情な仕打ち

もちろん、実質上の夫婦関係は一切なかったといわれている。孝子は結婚してすぐに大奥から追放され、別宅での軟禁生活を強《し》いられた。さらに、家光が死去した際も、形見は金50両と茶

大奥での婚礼の様子。御台所は夫が亡くなると落飾して本丸から退いた

道具数点のみ。何もそこまで、と思うほどにひどい扱いである。

そんな家光に寵愛《ちょうあい》された重臣の代表格が堀田正盛《ほったまさもり》だ。もともと関ヶ原の戦い後に徳川家に臣従した堀田家だったが、継祖母である春日局の取りなしで家光の近習《きんじゅう》にとり立てられた正盛は、譜代《ふだい》大名の仲間入りを果たしている。家光が死去した際、同じく寵愛を受けていた阿部重次《あべしげつぐ》とともに殉死《じゅんし》したことからも、家光とのつながりは相当強かったと考えられる。

心変わりの相手には厳しい制裁

酒井重澄《さかいしげずみ》もまた、家光の寵愛を受けた人物である。ところが彼は病気療養中に子供を4人ももうけてしまった。当然、それを知った家光が黙っているはずもない。問答無用で改易処分を受けた重澄は、1642年に食を断って亡くなった。実に恐ろしきは男の嫉妬《しっと》である。とまあ、そんな状況だからして、世継ぎが産まれる気配がない。責任を感じた春日局の側室探しは、こうしてはじまったのである。

胸をなで下ろした春日局

家光も別に、女が抱けないわけではない。がしかし、珍しく女性に興味を持っても、相手が無理やり還俗《げんぞく》させた尼僧《にそう》だったりするものだから、春日局の心境や察するにあまりある。筋金入りのアブノーマルである家光のお眼鏡に適《かな》う女性を探すのは、さぞや大変だったことだろう。

それでも、男装して近づいたとされるお振の方が千代姫を産んでからは家光も側室を寵愛するようになったという。そして、ついにお楽の方が家綱を出産する。

お楽の方は彼女の継父が営む浅草の古着屋の店先にいるときに春日局にスカウトされて大奥入り。そこで家光の手がついて側室になったという人である。

家光は中年になって初めて世継ぎを得たことに狂喜したというが、きっと春日局は喜ぶよりも先に胸をなで下ろしたに違いない。

徳川家光のトリビア

正室の子は家光ただひとり！

将軍の正室から産まれた子が将軍になったのは、意外にも家光ただひとり。家康を除く将軍14名中、側室の子が7名、養子が6名という内訳になっている鎖国下でも交易は行なわれていた！

江戸時代＝鎖国時代は定説ではない!?

島原の乱を機に鎖国体制が完成

１５４９年、フランシスコ・ザビエルの日本来航以来、宣教師たちによる熱心な布教活動によって日本の地にキリスト教が広まる。一方、年々増加するキリスト教信者、彼らの活動に対して幕府は脅威を抱くようになった。

そして、１６３７年に起きたキリシタンによる反乱・島原の乱を機に、幕府は鎖国体制を強化することになる。この事件で「キリスト教は幕藩体制を揺るがす元凶である」と考えられた

江戸時代の銅版画。１６３４年、江戸幕府の鎖国政策の一環として長崎に築造された出島である

のだ。こうして、二代将軍秀忠の時代から徹底した鎖国体制が敷かれ、三代将軍家光の時代にはほぼ完成したのである。

「漂流」という名目で交易

鎖国体制について、最近は研究が進んでいる。そして驚くことに、多くの歴史学者はもはや江戸時代を「鎖国」とはいわなくなってきているのだ。なぜなら、確実に4つの窓口が公式に認められ、貿易が行なわれていたため。北東アジアとは北海道の松前、朝鮮半島とは対馬、中国大陸とは薩摩を通じて琉球、そして長崎の出島、この4つの公式貿易ルートが存在していたのである。

韓国で刊行された資料にも、江戸前期から中期にかけて、朝鮮との間に恒常的な商人の往復があったと記されている。ちなみに、その際の名目は「漂流」だったとか。江戸時代は国が閉ざされていたとは、もはやいえないのである。

鎖国体制の経緯

年代	出来事
一六一六	明以外の船の入港を長崎・平戸に限定
一六二三	平戸商館を閉鎖する
一六二四	スペインとの国交を断絶する
一六三三〜一六三九	第一次〜五次鎖国令
一六三七	島原の乱勃発
一六四一	鎖国体制の完成 オランダ商館を出島に移す
一八五三	アメリカからペリー率いる艦隊が来航 幕府は拒否する
一八五四	ペリー再来航。日米和親条約を締結 下田と箱館を開港する
一八五八	ハリスと日米修好通商条約を締結 鎖国が終わる

危うく堕胎されるところだった⁉

邪魔者扱いされていた水戸黄門こと水《み》戸《と》光圀《みつくに》

無責任な父親・頼房

テレビドラマ『水戸黄門』で知られる、歴史的有名人物・水《み》戸《と》光圀《みつくに》。彼は1628年6月10日、水戸城下の三木之次《みきゆきつぐ》の屋敷に生まれた。生みの母は水戸家の祖である頼房《よりふさ》の側室・久子。だが、久子が光圀を身ごもったとき、実は父親である頼房はまったく祝福しなかったという。祝福しないどころか、頼房は父親の立場でありながら「すぐに水子《みずこ》に致せ」と久子に堕胎《だたい》を命じたとか。とんだろくでなしだ。

長子となり、水戸藩を継ぐことになった水戸光圀

改易の嵐が吹き荒れる厳しい時代

頼房が久子の懐妊を喜ばなかったのには、水戸家の立場が深く関係していた。

当時、世間では譜代《ふだい》も外様《とざま》も関係なしに改易《かいえき》が相次いでいた。そんな中、御三家の中でも一番末に位置していた水戸家が兄たちより先に子供を授かることは許されることではなかった。ところが、頼房の一番恐れていた事態、つまり兄たちよりも先に、さらには将軍・家光よりも先に子供をもうけてしまったのである。頼房に見放された久子は、主命に背《そむ》いて密かに出産。その後、兄らが子供をもうけたことで堂々と子を持つことができるようになった頼房。いざ、自分の子供の数を確認してみると、なんと頼房には7人もの息子がいることが発覚したとか。だが、男児がひとりもいない兄たちを気遣い、頼房は長男・頼重《よりしげ》を庶長子とし、光圀を長子として登録、水戸藩は必然的に光圀が受け継ぐことになったという。

水戸光圀の歴史年表

年代	出来事
一六二八	徳川頼房の三男として生まれる
一六三二	水戸城に入城
一六三三	世子に決定
一六五四	結婚
一六五七	『大日本史』の編纂作業に着手
一六六一	28万石の2代水戸藩主に
一六九〇	隠居
一六九四	藤井紋太夫を刺殺
一七〇一	食道癌のため死去

よってたかって撲殺された佐々木小次郎

武蔵《むさし》と小次郎《こじろう》は本当に戦ったのか？

佐々木小次郎は架空の人物？

１６１２年４月13日、山口県・巌流島《がんりゅうじま》で宮本武蔵《みやもとむさし》と佐々木小《ささきこ》次郎《じろう》は対峙した。だが、この決闘は存在自体が疑問視されており、小次郎の素性《すじょう》も定かではない。

伝記『二天記』によると、小次郎は中条流の使い手・富田勢《とだせい》源《げん》の弟子だったという。当時、多くの兵法家は「扱いやすい」という理由で2尺3寸ほどの刀を使ったのだが、小次郎は一般的な刀より長い3尺ほどの大太刀を用いた。「物干竿《ものほしざお》」だ。か

の有名な巌流島での決闘についてだが、実際問題として信用できる史料からその有無を確認することはできない。しかも、その経緯については諸説あるのだ。

「巌流島の決闘」の別伝とは…

一対一の真剣勝負で行なわれたというこの決闘だが、驚くなかれ、武蔵はその約束を破って弟子を数人連れてきたという説がある。決闘事態は一対一で行なわれ、小次郎が敗北。気絶した彼を、何と岩陰に潜んでいた武蔵の弟子たちが大勢で打ち殺したというのだ。また決闘時の小次郎の歳は『二天記』に18だと記されているが、彼が生前の勢源と出会うには決闘時に最低でも50歳以上、直弟子であればさらに上としか考えられない。一説には70歳を超えていたとも……。一対一の真剣勝負という条件を守った小次郎とそれを破った武蔵……それが事実ならば、当時の人々が小次郎に同情的だったというのも納得できる話である。

因縁の対決！
人物相関図

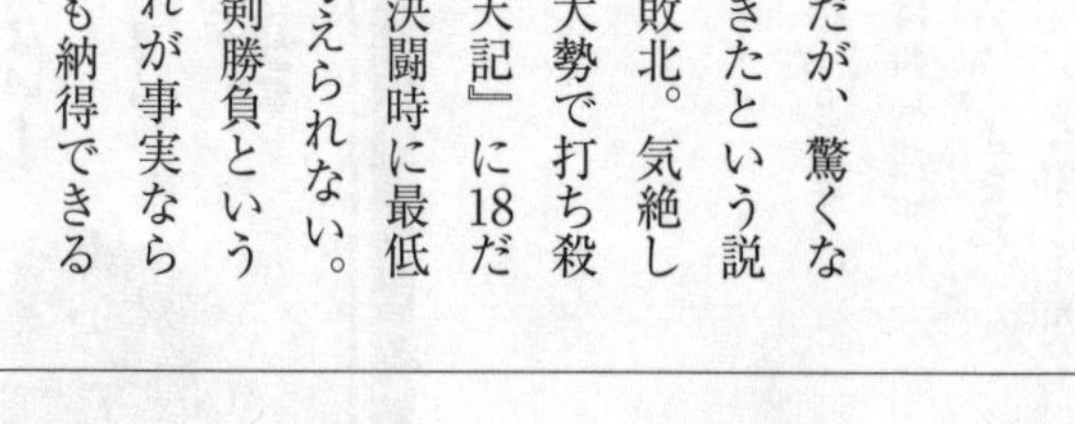
宮本武蔵
特技は「二刀流」
決闘時は29歳？
対立
佐々木小次郎
特技は「燕返し」
決闘時は70歳？

彼が悪法「生類憐みの令」を公布したとは思えない！

幼少時代は賢かった！学問を履き違えた綱吉

教育ママに尻を叩かれ成長

5代将軍綱吉の母桂昌院は、京都堀川通西藪屋町・八百屋仁左衛門の娘で、3代将軍家光の愛妾・お万の方の腰元として江戸城にあがった。おきゃんな下町っぽさが家光には新鮮だったようで、すぐに手がついて中臈《ちゅうろう》となり綱吉を産んだ。まさに、江戸のシンデレラだ。ちなみに幕府の公的記録である『玉輿記』には、〝高貴な名門出身のお嬢サマ〟と紹介されている。

かねてより、父・家光は桂昌院に「綱吉は産まれつき賢い。

よい師について聖賢の道（儒学）を学ばせれば役に立つ者になるだろう」と学問を勧めていた。そのため、桂昌院は綱吉の尻を叩いては勉強させるという教育ママになった。一方、母親想いの綱吉は桂昌院の期待に応えようと学問に熱中した結果、長足の進歩を遂げたのである。彼は儒学の勉強に励み、病床にあっても書物を離さなかったという。

すべてがパーフェクトだった綱吉

20歳頃になると、綱吉は自ら経書を家臣らに講じてみせるほどの実力をつけていた。また、祖先を崇拝する姿勢は並たいていではなく、祖先の命日などには「孝経」を繰り返し暗唱したとか。さらに、母・桂昌院への孝養の尽くし方は格別で、自ら母の食事の配膳を務めるほどだったという。

ところが将軍職に就いて7年後、綱吉は「生類憐みの令」を公布し、風紀を乱してしまう。どこかで彼は、学問を履き違えてしまったようである。

知っておきたい用語

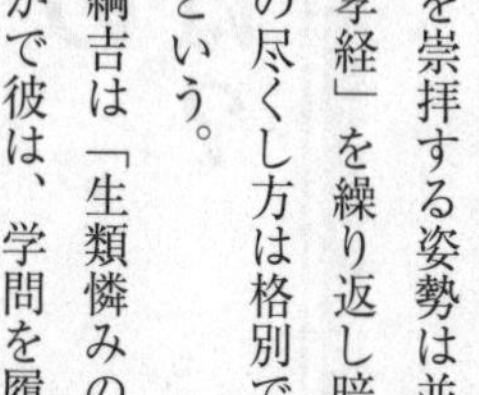

湯島聖堂

儒教を究めた綱吉は、聖堂を上野から湯島に移転してその大成殿に孔子を祀った。これが湯島聖堂のはじまりである。現在では、合格祈願に参拝する受験生が数多く見られる

将軍綱吉が〝天下の悪法〟を公布したわけ

生類憐みの令の本当の狙いとは？

エスカレートする法令

江戸時代の元禄期、5代将軍綱吉《つなよし》によって公布された「生類《しょうるい》憐《あわれ》みの令」。これは犬をはじめ、猫や鳥、魚類、虫類などあらゆる生物を殺すことはもちろん、虐待も禁じるというものだった。

はじめこそは単なる精神論に過ぎなかったが、のちに取り締まりはエスカレート。綱吉の目の前で、自分の顔に止まった蚊《か》を叩き殺しただけで切腹を迫られる者まで出たという。それゆ

え、〝天下の悪法〟として人々の反感を買うようになった。

綱吉が法令を出した理由

なぜ、生類憐みの令が公布されたかについては諸説がある。

そのひとつは、当時、江戸で乱暴狼藉《ろうぜき》を繰り返していた「かぶき者」と呼ばれるアウトローを取り締まる、というもの。かぶき者は今でいうツッパリ暴走族のようなもので、町の中をわがもの顔で暴れまわり、社会問題化していた。

『徳川実紀』に記されたその様子を意訳すると、次のようになる。「かぶき者とは、中小姓以下の者で、ビロードのエリつきの衣、大撫でつけ、立髪、大髪をつくり、太刀や大脇差をさして市中をブラブラする者」と。さしずめ、歩く凶器準備集合罪である。これは平和社会に適応できない一部の武士の焦燥の表れでもあった。そのため幕府はかぶき者対策として、1651年、徒《かち》目《め》付《つけ》を江戸市中に巡回させている。

かぶき者たちは、犬を食べることを好んだという。そこに目

エスカレートする生類憐みの令の経緯

年代	出来事
一六八七	病人・病牛馬の遺棄禁令。犬愛護令強化。鳥魚貝の食用売買禁止。馬を捨てた百姓を流罪
一六八八	トビ・カラスの巣払い令
一六九一	隔離のため新島にトビ・カラスを放つ
一六九四	傷ついた犬がいた場合、町中の落度と定める。犬皮製の鞠商売を禁じる
一六九五	大久保・四谷に犬畜養施設をもうける。捨て犬・殺犬の犯人密告を奨励し、密告者への褒美を約束
一七〇二	犬を傷つけた幕臣を死罪に処す

をつけた綱吉は、犬の保護を名目に彼らを一掃しようと考えたのではなかろうか。

生類憐みの令の目的は、戦国時代の荒々しい風潮を一掃することだったという説もある。「人を殺してでも出世する」、「病人や牛馬などを山に捨てる」といった悪習を改めるために殺生《せっしょう》を禁じたというのだ。

もしそれが真実ならば、この法令は決して悪法ではなかったということになる。「犬将軍」とバカにされた綱吉こそ、憐れだったのかもしれない。

生類憐みの令・その後

将軍後見職に就任した家宣《いえのぶ》は、綱吉に生類憐みの令の廃止を求めた。しかし綱吉はこれを拒絶し、「生類憐みの令だけは世に残すように」と遺言を残したという。しかし綱吉の死後、家宣は真っ先にこの法令を廃止。以降、江戸の町では豚や猪などの肉食が急速に広まったのである。

「宇治の間」で起きた、世にも恐ろしい出来事

綱吉は妻の信子に殺害された!?

「開かずの間」の怪談

大奥の御仏間の南に、使用禁止になっている部屋があった。〝開かずの間〟こと「宇治《うじ》の間」である。この部屋には亡霊が住んでいるといわれ、恐れられていた。

1853年、12代将軍家慶《いえよし》が「宇治の間」の前を通ったとき、黒紋付を羽織った老女を見かける。「あの者は誰だ?」と家慶は尋ねたが、女中の誰ひとりとして答えることができなかった。誰にも老女の姿が見えなかったのである。

その年、家慶は病に倒れそのまま世を去った。大奥では家慶が亡霊の祟《たた》りで亡くなったのだと噂になったという。

綱吉&信子の無理心中事件

「宇治の間」はもともと、5代将軍綱吉の正室・信子《のぶこ》の御座所で、襖には宇治の茶摘みの絵が描かれていたという。信子は鷹《たか》司《つかさ》左大臣教平《のりひら》の娘で、才媛で知られていた。綱吉が館林藩主時代に輿入《こしい》れして、綱吉の将軍職就任とともに御台所《みだいどころ》となった。ところが1709年、綱吉は麻疹《はしか》にかかり、急逝する。するとその20日後、信子も死去したのである。

将軍の死から1カ月も経たないうちに正室が亡くなるという奇妙な出来事から、大奥ではある噂がささやかれた。綱吉と信子の無理心中説である。

信子が自分の膝に横たわる綱吉に短刀を向け、心臓をひと突きして殺害。のちにその短刀で自分の喉を刺して自害したというのだ！

綱吉&信子を巡る 人物相関図

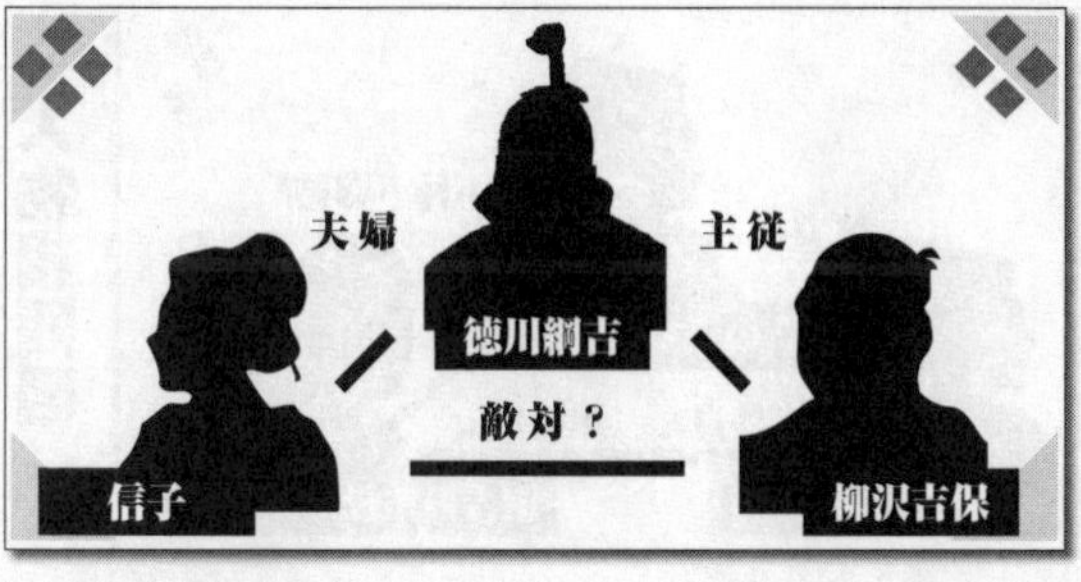

愛憎に苦しんだ末の決断？

信子の綱吉殺害の動機については諸説ある。ひとつは、大奥での権力争いだ。信子は綱吉の好色ぶりに常々悩まされていた。しかも子宝に恵まれず、一方、世継ぎを産んだ側室のお伝《でん》の方は綱吉の母・桂昌院《けいしょういん》にとり入って勢力を拡大していた。大奥の実権は、桂昌院とお伝の方に握られていたという。嫉妬《しっと》に苦しみ、身の置き場を失ってしまった彼女は、ついに綱吉との無理心中を決意したというのである。

もうひとつの説にも、将軍の世継ぎ問題が絡んでいる。綱吉は、側用人《そばようにん》の柳沢吉保《やなぎさわよしやす》とその側室・染子《そめこ》の間に産まれた吉里《よしさと》を継嗣《けいし》にしようとしていた。染子はかつて綱吉の愛妾であり、吉里は綱吉の御落胤《ごらくいん》とも噂されていた。これを知った信子は思い余って綱吉を刺殺、自らも自害したというのだ。どちらにしろ、信子の愛憎に苦しんだ末の行動だったのである。

信子を巡る
人物相関図

家慶にとり憑いた亡霊の正体

信子が綱吉との無理心中を図った当日、密かに彼女を「宇治の間」まで案内し、短刀を渡した共謀者がいた。御年寄の伊豆《いずの》局《つぼね》である。彼女もまた、信子のあとを追って自害している。

事件から約140年後、12代将軍家慶が「宇治の間」の前を通ったとき、彼にとり憑《つ》いて死に至らしめた亡霊こそ伊豆局だといわれている。

ちなみに、先に登場した柳沢吉保だが、彼ははじめ知行160石で綱吉の小姓として仕えていた。その後、累進して1688年には側用人に昇り、1万2000石の大名に成り上がった。太平のこの時期に160石から大名になるのは異例の抜擢《ばってき》といえる。

このため、吉保は悪辣《あくらつ》な策謀家という噂が流布されたが、実際は愚直なほど誠実に綱吉に仕え、その意に従った側近だったという。一説には、綱吉の寵童《ちょうどう》だったともいわれている。

柳沢吉保（肖像画）の側室・染子はかつて綱吉の愛妾であり、綱吉から下された拝領妻だったという

母親似の大きな女性が好みでした

精力絶倫！ 吉宗は夜も暴れん坊将軍!?

暴れん坊将軍はブス専だった！

享保の改革で自らにも倹約生活を課していた吉宗《よしむね》だが、夜はかなりの発展家だったらしい。身長180センチ以上の大男らしく、精力絶倫《ぜつりん》。しかも女性なら美醜は問わなかったというから恐れ入る。こんなところでも質素が基本というわけだ。

それでも一応好みはあったらしく、母に似た大柄な女性がタイプだったようだ。とはいえ、吉宗の母親といえば、ブスで有名なお由利《ゆり》の方。どちらかというと彼はブス専だったのかもし

倹約、1日2食など、質素な生活を送った吉宗。その代わり、夜の営みで満足感を満たしていたのだろうか…

れない。

前将軍の生母を虜に…！

吉宗と関係を持っていたとされる人物のひとりに、月光院がいる。7代将軍家継《いえつぐ》の生母である。6代将軍家宣《いえのぶ》の正妻・天英院と対立していた彼女にとって、家継の後継者探しは至上命題だった。そこで目をつけたのが、病弱な家継とは正反対の魅力を持つ性豪・吉宗だったのだ。

一般的に吉宗を将軍に推《お》したのは天英院だったといわれるが、実は吉宗と月光院は恋仲であり、月光院が吉宗を推薦したという説もある。

その説によると、質実剛健な（と思われる）性技の虜《とりこ》となった月光院は、間部詮房《まなべあきふさ》とともに吉宗を猛プッシュしたという。その甲斐あって、紀州藩の財政再建を実績として引っさげた吉宗が八代将軍となったのである。

また、大奥で権力闘争を繰り広げていた月光院は江島生島事

大奥のトリビア

大奥出身者は得!?

将軍の世継ぎが目的ではなく、料理や力仕事が専門だった御目見以下の女中の多くは、町民出身だった。大奥で働いた女は、大奥から出ると元御殿女中として良い結婚先に恵まれたという

件で失脚するが、将軍の座についた吉宗に言い寄り、大奥での自らの地位を確保し続けたともいわれている。

大叔母ともしっぽり！

もうひとり、将軍家にまつわる女性で吉宗と関係があったと噂される人物がいる。5代将軍綱吉の養女・竹姫だ。養女として迎えられたのと同じ年、1708年に竹姫に縁談が持ち上がる。お相手は会津藩主・松平正容《まつだいらまさかた》の嫡子・久千代だ。だが婚約してすぐ、久千代が亡くなり、話は水に流れてしまった。

さらに、再び婚約した有栖川宮正仁親王《ありすがわのみやただひとしんのう》も入輿《じゅよ》を目前に死去。婚家探しが難航する中、彼女の前に現れたのが、吉宗である。ただひとつ、ふたりが結ばれるのにはネックがあった。竹姫は吉宗にとって大叔母にあたるのだ。

結局、吉宗は彼女を養女として引き取った。数年後、竹姫は薩摩藩主と結ばれたが、隠居して薩摩に戻った夫にはついていかなかったという。

徳川吉宗の生涯

年代	出来事
一六八四	紀州徳川家藩主徳川光貞の四男として生まれる
一七〇五	紀州徳川家五代藩主に就任
	従三位左近衛権中将に昇叙転任。将軍綱吉の偏諱を賜り「吉宗」と名乗る
一七一六	征夷大将軍・源氏長者宣下
一七一八	町火消の組合を設置
一七二一	評定所に目安箱を設置
一七三二	享保の大飢饉が襲う
一七四二	右大臣に転任
一七四五	征夷大将軍辞職
一七五一	死去

女心をガッチリ掴んだ8代将軍

大奥の美女ばかりをリストラした徳川吉宗

強大な権力を持ち合わせていた大奥

「享保《きょうほう》の改革」「目安箱《めやすばこ》」など数々の善政を行なったことで知られる8代将軍・徳川吉宗《とくがわよしむね》は、紀州藩主から江戸幕府中興の立役者となって活躍した名君だ。

吉宗が将軍就任とともにまず断行したのが大奥の統制である。この目的は、膨大にふくれあがった大奥の経費削減を行なうことにあった。当時、大奥には巨額の人件費と服飾費がかかっていたためである。そのため、吉宗は８００人から１０００人

女たちの反発を受けることなく大奥の大量リストラに成功した徳川吉宗

ほどいた大奥の人員削減をすることとなる。

しかし、当時の大奥の勢力といえば政治にも影響を与えるほど強大なもの。

もしリストラなど口にしようものなら、いくら吉宗が将軍とはいえ側室や将軍の実母、正室など強い権力を持つ大奥から反発を喰らうに違いない。全力で逆襲されれば将軍職の地位すら危うくなるかもしれないのだ。

大奥内は側室選びに大騒ぎ！

大奥の勢力を恐れた吉宗は、なんとかして彼女らの怒りを買わないようにリストラすることはできないかと考えた。そこで吉宗が出した答えが〝美人だけをリストラする〟という作戦だ。

吉宗はまず、奥女中の中から美人といわれる者を50名ほどリストアップせよと要求。それを聞いた大奥の女たちは大騒ぎ！

それもそのはず、彼女らは吉宗からのその要求を〝将軍様の側室選び〟と勘違いしたのだ。当時、出世するための一番の近

徳川吉宗の生涯年表

年代	出来事
一六八四	徳川光貞《とくがわみつさだ》の四男として生まれる
一六九七	5代将軍・徳川綱吉《とくがわつなよし》に拝謁 葛野藩主となる
一七〇五	紀州藩第5代藩主に就任する
一七一〇	藩政改革に着手
一七一六	8代将軍に就任 享保の改革を断行
一七四五	将軍職を退く
一七五一	死去

道は将軍から寵愛を受けることだったのである。

そのため、側室選びとなれば大奥中が騒ぎとなるのも無理もない。彼女たちは胸を高鳴らせながら、大奥の〝美人リスト〟を吉宗に提出した。

吉宗の策略に奥女中もお手上げ

しかし、それを受け取った吉宗の口からいい渡されたのは、その美人たち50名の解雇処分だったのである。側室選びだと期待していただけに、女たちのショックは大きかった。吉宗は女たちに理由を問い詰められるとこういった。

「美人なら大奥を出ても良縁も多いはず。だが、美人でない人はなかなか嫁のもらい手がいないものだ。だから美人は解雇して、不美人は大奥に置いておく！」

リストラされた女たちはこれを聞いて嬉しいやら悲しいやらで、怒るにも怒れなくなったとか。女心をうまく利用した吉宗のほうが、一枚上手だったようだ。

吉宗以上に強かった大奥上層部

こうしてうまく女中のリストラに成功した吉宗だったが、実のところ、大奥上層部の経費削減には手がつけられなかったという。それというのも、吉宗を将軍に指名してくれたのが何を隠そう大奥のトップに立っていた天英院だったからだ。天英院に頭が上がらなかった吉宗は彼女に年間1万2000両もの報酬を与え、さらに天英院と敵対していた月光院に居所として吹上御殿を建設。

さらに年間1万両の報酬を与えるなど、女中の数を削減する以外には何もできなかったのである。

様々な改革を断行し、後の世では「暴れん坊将軍」なる異名をつけられるなど〝革命家〟的なイメージの強い吉宗。そんな彼でも女の園に土足で入り込むようなマネはできなかったわけだ。大奥が幕府解体まで滅びることなく続いたのもうなずけるだろう。

失敗の原因となった吉宗の思想とは？

吉宗の享保の改革は失敗していた？

百姓に手厳しい経済政策

吉宗が行った享保《きょうほう》の改革の経済政策のポイントは、年貢《ねんぐ》率の向上にある。質素倹約を忠実に守って経費節約に励んでも、年間予算規模に比べれば雀の涙程度。新田開発で収穫量を上げようとしても、年貢となって納められるまでには長い時間がかかる。

そこで8代将軍吉宗は、百姓からの年貢を引き上げた。収穫によって納税額が変わる変動性ではなく、豊作でも大飢饉《ききん》でも

変わらず一定の年貢を納めるという政策であった。これは確かに成功し、一時は江戸城の金庫には100万両も蓄えができた。しかし大飢饉など天災が続き米価は安定せず、社会不安は増し、緊縮政策により景気も落ち込む一方だった。

吉宗の思想が失敗を招いた原因？

吉宗は、農業に重点を置いた政策ばかりを展開し、商業については軽んじて見ていた傾向がある。米にこだわりを持ちすぎたために、貨幣経済へと流れる世の中の変化に対処できなかったのである。

もちろん、吉宗が貨幣経済について無知であったわけではない。むしろ、よくわかっているからこそ、商人優位の経済から武士優位の経済を構築しようとしたのかもしれない。

経済政策においては成功しなかった享保の改革。しかし、元《げん》文《ぶん》の改鋳《かいちゅう》は経済に好影響をもたらしたと評価されており、幕政の立て直しに少なからず影響を与えたことも事実である。

享保の改革のトリビア

倹約は大奥まで!?

「享保の改革」によって幕府の財政立て直しを図った吉宗は、大奥のリストラも実施。「大奥を出ても良縁に恵まれるだろう」という理由から美女ばかりを切ったという政治に無関心で、女色と酒びたりの毎日…

不遇な暗愚将軍はロマンチストだった！

名君吉宗、不肖の息子

9代将軍家重《いえしげ》ほど評判の悪い将軍はいない。若い頃から政治には無関心でもっぱら酒色にふけり、父吉宗の偉業をことごとく覆した暗愚将軍として知られる。

悪評ばかりが目立つ家重だが、彼が辛い立場に立たされていたのは事実。3歳のときに生母を亡くし寂しい幼少時代を過ごした家重は、常に偉大な父と優秀な弟たちに比較されて長じた。

また、家重は生来病弱の上、話す言葉も不明瞭であったが、そうした環境がますます彼の身体と精神を蝕んでいったのだ。彼は日中から大奥に閉じこもり、女色と酒びたりの毎日を過ごしたという。

草花だけが友達だった!?

偉大な父、生母との早い死別、優秀な弟たち…孤独な幼少時代を過ごした家重は、伝えるところによると草花を愛したという。何ものもいわぬ草花を愛でているときだけが、家重にとって唯一心のくつろげる時間だったのかもしれない。

また、正室は伏見宮邦永親王《ふしみのみやくにながしんのう》の姫である比宮増子《なみのみやますこ》。ともに21歳で結婚。だが、増子は妊娠後、体調を崩して結婚後わずか2年目に亡くなる。正室のあまりにも早過ぎる死も、家重の精神に悪影響を与えたことだろう。ちなみに増子の死後、家重は後添いを迎えなかったという。これは父の吉宗とまったく同じである。こういうところに、偉大な父の姿を追い求める気持ちが秘められていたのだろうか…。

9代将軍家重のトリビア

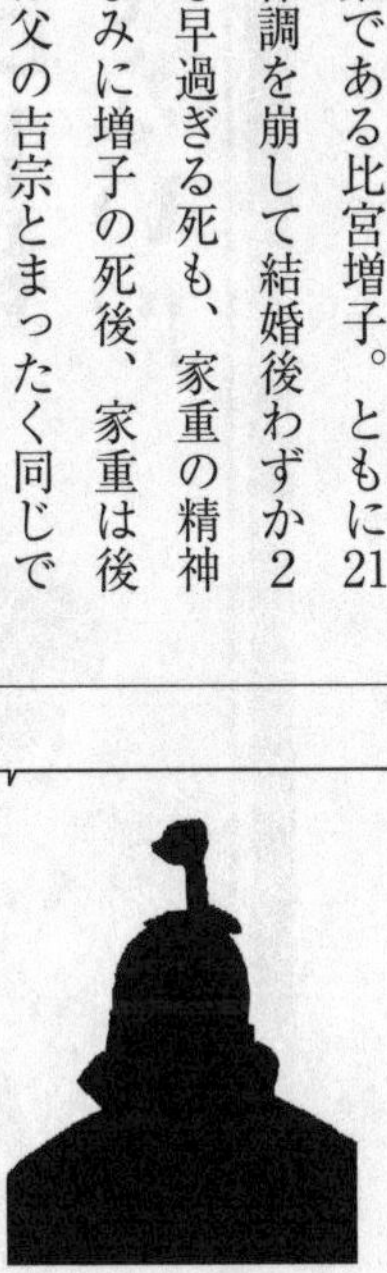

家重の女将軍説

頭蓋骨や骨盤が女性のような形であったことから、家重は女性だったという説がある。家重は女性であることがばれないよう、話をする際は必ず側近を通していたとかあの遠山の金さんも、虎退治の加藤清正も…

時代劇のヒーローも〝痔〟には勝てない!?

激痛に耐えきれず駕籠で登城

現代でも痔《じ》に悩む人は多いが、それは江戸時代でも同じだったようだ。遠山の金さんこと遠山景元《とおやまかげもと》も痔に悩んだうちのひとり。金さんは痔の痛みで馬に乗ることができなくなってしまった。そのため馬での登城が難しくなり、困った金さんは幕府に申請、特別に駕籠《かご》で登城する許しを得たという。

時代劇で知られる大岡忠相《おおおかただすけ》も痔だった。その苦しみは本人の日記にも綴られている。それによると1743年1月、激痛で

虎退治で有名な加藤清正も痔に悩み、トイレからなかなか出ることができなかったとか

目覚めた大岡は自分が痔で出血していることに気づいた。2日後に徳川家の近親を連れ墓参りに行く予定を控えていたが、悩んだ末に「今回の墓参りは見送りたい」と行事責任者に申し出る。だがその責任者は、「もう参加者の名簿ができ上がっているから」とそれを拒否。それでも地獄のような痛さには耐えられず、大岡は欠席してしまったという。

下駄が原因でさらに痔は悪化

金さんや大岡忠相に負けぬほどひどい痔を患っていたのが、虎退治で知られる加藤清正《かとうきよまさ》だ。彼は一度トイレに入ると1時間は出てこなかったとか。さらに厄介なのが、彼が潔癖症だったことである。そのため1尺ほどある下駄を履いて長時間座りこんでいたのだが、それが原因でさらに痔は悪化してしまった。

みんな時代劇ではヒーローとして扱われている有名人だが、悪に勝てても痔には敵《かな》わなかったようである。彼らにとって一番の悪は痔だったのかもしれない。

あの人も痔だった!?

松尾芭蕉《まつおばしょう》

旅の途中で痔が悪化した芭蕉。その激痛は〝奥の細道〟にも残されている

夏目漱石《なつめそうせき》

さまざまな病気を患っていた夏目。痔にもかかり、2度も手術を受けている

杉田玄白《すぎたげんぱく》

便秘が原因で脱肛を起こした玄白。その苦痛は「耄《ぼう》耋独語《てつどくご》」に綴られている

江島は大奥&幕閣の権力争いに利用された!?

大奥最大のスキャンダル 江島生島事件の真相

大奥御年寄と歌舞伎役者の密会

1714年2月、幕府はじまって以来の一大スキャンダルが起きた。大奥の御年寄《おとしより》・江島《えじま》と人気歌舞伎役者の生島新五郎《いくしましんごろう》の密会が発覚したのである。

江島の門限破りで事件は表沙汰となった。その日、江島は仕えている7代将軍家継《いえつぐ》の生母・月光院《げっこういん》の名代として、前将軍家《いえ》宣《のぶ》の墓参りに出かけていた。

江島一行はその帰路、木挽町《こびきちょう》の山村座に立ち寄って歌舞伎を

「江島生島事件」は2006年12月に仲間由紀恵主演で映画化され、話題になった

見物。芝居の後、役者主催の酒宴に出席した江島たちは、帰城が遅れて大奥の門限を越えてしまった。

門限破りの咎《とが》で、江島は評定所の審理を受けることになる。山村座の看板役者・生島との密会を疑われたのだ。一方、生島は拷問《ごうもん》を受け、徹底的に調べ上げられた。

そして生島が江島との肉体関係を自白したことから、騒動はヒートアップ。生島は遠島《えんとう》の刑に、江島は死罪をいい渡されたが、将軍生母・月光院の嘆願により信州高遠《たかとお》の幽閉に減刑されたという。

事件の裏で繰り広げられていた派閥争い

この一連の事件には、大奥および幕閣での権力争いが背後にあったといわれている。

1713年、家継が将軍になると幕閣はふたつの勢力に分かれた。前将軍家宣の正室・天英院《てんえいいん》をバックにした老中の秋元但馬守《じまのかみ》ら旧勢力と、家継の生母・月光院と結んだ間部詮房《まなべあきふさ》、新井《あらい》

江島と生島が密会!? 事件のあらまし

其ノ一	其ノ二	其ノ三
芝増上寺に参詣した御年寄・江島は、その帰途、山村座の芝居を見物する	役者たちに宴会に招かれた江島一行は、大奥の門限に遅れてしまう	江島は看板役者である生島との密会を疑われ、高遠藩お預けとなる

白石《はくせき》ら家継側近派である。そして政治の実体は将軍家継に通じる月光院から、家継側近派の線で握られていた。ところが、江島生島事件を機に月光院らは風紀を乱したとして窮地に追い込まれたのである。

この事件は、天英院側にとって勢力を挽回できる絶好のチャンスだった。それゆえ、当時幕政を牛耳っていた間部詮房らを追い出すため、天英院と譜代大名らが江島のスキャンダルをでっち上げたのではないかといわれている。

月光院派の女中が次々にリストラ

事件のあと、月光院派の女中らは着物や履物をすべて没収され、無一文で追放された。この事件で処分を受けた関係者は、何と1500名余りにも及んだといわれる。そして事件から2年後、家継が亡くなると天英院が推《お》していた紀州の徳川吉宗が将軍となったのである。

ちなみに、生涯仲の悪かった月光院と天英院は現在、同じ墓の中に眠っているとか。

破戒僧と手を組んだ大奥の暗部

寺院と大奥のイケない関係を強めたお美代《みよ》

政略的に大奥に送り込まれた

ことの起こりはお美代《みよ》という美女が大奥へ奉公をしたことであった。そもそもお美代は、御家人・中野清茂《なかのきよしげ》の元へ奉公に出ていたのだが、清茂がそのあまりの美しさに「こいつを大奥へ送り込めば私も将軍様のおめがねにかなって、出世ができるはず」と考えて、大奥へ上げることになった。ときの将軍は徳川《とくがわ》家斉《いえなり》。彼は美人には必ず手を出す好色家として知られ、側室を16人、子供を50人もうけたほどの人物であるから、お美代もすぐに目に留まり、3人の女児をもうける。お美代が寵愛を受けた結果、清茂も思惑通り出世した。ただ、お美代の寵愛の恩恵を受けていた人物は清茂だけではなかった。それこそが、お美代の実父であり、法華《ほっけ》宗《しゅう》智《ち》泉院《せんいん》の破戒僧である日啓《にっけい》であった。

美形僧侶たちの〝接待〟!?

というのも当時、大奥と寺院には強いつながりがあった。大奥の女性たちは原則として外出を禁じられていたが、寺院への墓参りや祈祷という名目であれば外に出ることができ、寺院側も美形の僧侶を迎えに出して、さまざまな意味で〝接待〟を行なっていたのだ。日啓は大奥と良好な関係を築ければ、将軍家からの恩恵に与《あず》かれるし、お美代も大奥での地位が安泰になるということで、両者にとってメリットばかりだった。

結果、日啓も出世を果たし、万事うまくいったようにも思えたが、家斉が死ぬと、財政の引き締めが行なわれ、この悪しき風習はなくなってしまった。

知っておきたい用語

オットセイ将軍

徳川家斉は絶倫で、側室を多く抱えたことで有名である。夜のお供として、オットセイのペニスを粉末状にしたものを飲んでいたという噂もあり、「オットセイ将軍」とも称される

日本一のソープランド街

吉原遊廓ができたのは街作り効率化のため!?

男であふれ返っていた江戸の町

江戸で唯一の遊廓《ゆうかく》・吉原。遊女たちはなぜ吉原というひとつの街に集まっていたのだろうか。

１５９０年、秀吉による小田原攻めで、長年にわたって繁栄していた北条《ほうじょう》氏が滅亡。徳川家康が江戸に入府して江戸幕府を開いた。それにともない江戸では本格的な町作り・城作りがはじまり、人口が爆発。たちまち「武士の都」へと発展していった。また、商家の奉公人もほとんどが男だったことから、江戸という街は圧倒的な男社会だったといえる。そんな男だらけの世界で、彼らの性的欲求を発散させようと私娼《ししょう》たちが集まったのが遊女屋のはじまりである。

遊女を取り締まるための吉原遊廓？

しかし、幕府は〝都市開発〟の真っ最中。そのため庶民が強制的に住居を移転させられることも多く、遊女屋もその対象となることが多かった。そのようなことが度々繰り返されていたため、遊女屋を営む庄司甚右衛門《しょうじじんえもん》は、遊女屋がもう移転しなくてもいいようにと遊廓の設置を求めたのだ。ちょうどその頃、幕府は町中に散らばっていた私娼の取り締まりに頭を抱えていたためこれを機に彼女たちを1カ所に集め、娼婦の活動を公に許可して公娼として働かせることにする。結果、幕府は彼らの陳情を受け入れ、〝ヨシ〟が茂っている町の一角を埋め立てて〝葭原《よしわら》〟と名づけ、遊廓を設置したのである。こうして吉原は幕府公認のもと、遊廓として栄えることとなったのだ。

吉原遊廓の歴史年表

年代	出来事
一五九〇	江戸で本格的な城、城下町作りがスタート 私娼が江戸の町にあふれ出す
一六一二	庄司甚右衛門を代表に、遊女屋移転強制に対する陳情を幕府に申し入れる
一六一七	幕府が庄司甚右衛門らの請願を受け入れ〝葭原〟が設立される
一六五六	幕府が移転を命じる
一六五七	明暦の大火で焼失 浅草寺裏の日本堤に移転する

作品内に遊里の様子が巧みに描かれているが…

『好色一代男』の作者 井原西鶴は下戸!?

文学的に評価された『好色一代男』

〝浮世草子《うきよぞうし》〟という新たなジャンルで数多くの名作を残した井《い》原西鶴《はらさいかく》。処女作『好色一代男《こうしょくいちだいおとこ》』はひとりの男の好色生活を描いたものである。そこには高名な遊女や遊里《ゆうり》の様子が描かれるが、決して遊里そのものを描いたものではなく、理想の生き方を描写したもの。ただの〝エロ小説〟ではなく、そこから人生観を学ぶことのできるこの作品は文学的に評価されてきた。

さて、その遊里といえば座敷に上がれば〝御酒ひとつ〟とい

われるほどに酒は欠かせないものだった。そのため、遊里の様子を細かに描いた井原西鶴は、さぞかし酒豪だっただろうと推測されてきた…が、実は井原はまったく酒が呑めない下戸《げこ》だったのだ。

酒が呑めないほうが好都合だった理由《わけ》

彼の下戸ぶりは遺稿集『西鶴名残《なごり》の友』や西鶴十三回忌追善集『こゝろ葉』に描かれ、西鶴が酒を嫌っていた様子を窺《うかが》うことができる。だが、遊里の場面を巧みに描写しなくてはならない西鶴にとっては下戸のほうが都合がよかったのかもしれない。下手に酔っ払ってしまえば、せっかく遊里で体験したことも作品に反映することができなくなってしまうからだ。西鶴は下戸だったからこそ冷静に、そして客観的に遊里の様子を観察し、これほどまで遊里について忠実に描いた名作を生みだすことができたのだろう。もし彼が〝飲んべぇ〟だったら、『好色一代男』はただの〝エロ小説〟で終わっていたかもしれない。

井原西鶴の言葉

人間は欲に手足の付いたるものぞかし

人間は欲望が服を着て歩いているものだというもの。西鶴は『諸艶大鑑』の中で人間の持つ欲望の深さを面白おかしく描いた次々と話は大袈裟となっていき……

江戸の名裁判官伝説 大岡裁きは作り話!?

江戸時代から語り継がれる大岡政談

時代劇ファンにも高い人気を誇る名奉行、名裁判官として知られる大岡越前守忠相《おおおかえちぜんのかみただすけ》。大岡の人情味あふれる見事な裁きは評判を呼び、それらは後世に〝大岡政談〟あるいは〝大岡裁き〟として伝えられている。

彼が裁いたとされる事件は「白子屋《しらこや》お熊」「しばられ地蔵」「三方一両損」など数知れず。しかし、それらのほとんどが後世に何者かによって作り上げられた話であるというのだ。

実は元文年間をすぎて間もなく、大岡の名奉行ぶりを「大岡仁政談」として庶民に広めた人物がいた。講釈師の森川馬谷《ばこく》である。

はじまりは講釈師の読み聞かせ

彼は講釈師として脚色を加えながら庶民に大岡の名奉行ぶりを読み聞かせたところ、明るい気性の江戸っ子たちに大ウケ！

この噂を聞きつけた作家たちは次々と大岡政談を創り出しては競い合うようによりおもしろい話へと変えていったという。中には、ほかの裁判話を大岡の話に書き換えたり、中国の小説の内容を取り入れたりすることもあったとか。事実、大岡政談のひとつ「しばられ地蔵」は中国の〝包公案《ほうこうあん》〟に、「実母継母《じつぼけいぼ》の子供話」は〝棠陰比事《とういんひじ》〟という中国の本に載っているものそっくりだ。だが、これほどまでにも大岡が過大評価されるようになったのは、彼にそれだけの人徳があった証拠だろう。彼に庶民を魅了させる〝華〟があったことは間違いなさそうだ。

大岡忠相の言葉

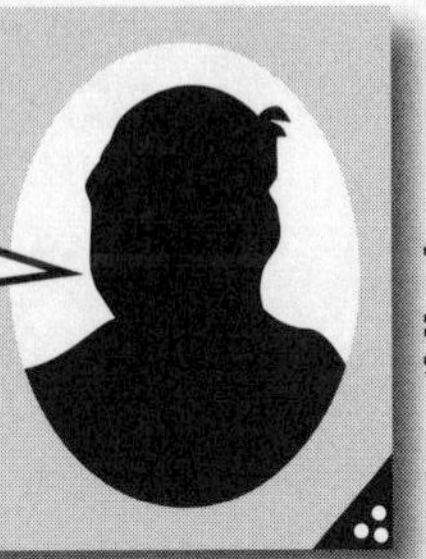

下情に通じざれば、裁きは曲がる

決して権力にこびることなく、正義感を持って裁いていった大岡。庶民から愛され続けた名裁判官ぶりが感じられる言葉だ日本史上最大の大火災!!

〝明暦《めいれき》の大火〟は老中《ろうじゅう》家の失火が原因!?

大火災の原因は放火？　それとも失火？

1657年、江戸で大火災が発生した。のちに〝明暦《めいれき》の大《たい》火《か》〟と呼ばれるこの火災は、本妙寺《ほんみょうじ》をはじめ3カ所で断続的に発生。町は焼け野が原へと変わり果て、何万という命が奪われた。だが、火災の真相は300年以上経過した今でも明らかになっていない。

出火原因についてはさまざまな説が取り沙汰されてきた。たとえばこんな説がある。「亡くなった娘の振袖《ふりそで》を供養しようと

本妙寺の和尚が火に投げ込んだところ、振袖が本堂に入り込んで大火災へ発展した」という本妙寺失火説。また、「幕府が江戸の都市計画をスムーズに進めるために、邪魔な建造物を故意に〝焼き払った〟」という幕府放火説などだ。

本妙寺は濡れ衣を着せられた？

そして最近、新たに浮上したのが老中・阿部《あべ》忠秋《ただあき》による失火説だ。阿部は火災が起きてから毎年本妙寺に〝大火の供養料〟として米10俵を送っていた。供養のための回向院《えこういん》がすでに建てられたのに、だ。これはいかにも怪しい。阿部家は本妙寺の近くにあった。もし老中である阿部が失火したとなれば、幕府の名誉・信用はガタ落ちだ。そこで本妙寺が身代わりを引き受け、その罪を償う意味で阿部は本妙寺に米を送り続けた……というわけだ。江戸の町を一変させ、歴史をも揺るがした明暦の大火。これが幕府の失態によるものだとは、当時の人々には思いもよらなかったに違いない。

世界三大火災

ロンドン大火	ローマ大火	明暦の大火
1666年にロンドンで発生。ロンドン市内の家屋85%が焼失	西暦64年にローマで発生。市内のほとんどを焼き尽くした	日本史上最大の火災。死者は、3万とも10万ともいわれている

一途過ぎたその愛の結末に涙

男のために火事を起こした八百屋《やおや》お七《しち》

最愛の人に会うため、お七は考えた

ある側面においては悪党であっても、違う側面から考えると命の恩人であったりするケース、というのは少なくない。義賊と呼ばれた石川五右衛門《いしかわごえもん》も、ある側面から考えれば大泥棒にほかならないが、そこで得られた金銭によって助けられた人々にとっては、命を助けてくれた恩人ということになる。八百屋《やおや》お七《しち》という女性も、一面においては、放火を行なったゆえに死罪を被った罪人であるが、別の側面においては、一途な、あまりにも一途だったために、不幸な生涯を送らねばならなかった人物のひとりであるといえよう。

お七は恋をしていた。相手は、火事がきっかけで知り合った男・佐兵衛《さへえ》である。お七は彼に夢中だったが、佐兵衛のいた土地には新しく家が建つことが決まり、引っ越してしまうこととなる。お七は考えた。どうすればまた彼に会えるだろうか、と。

お七の結論は、人々の心を動かした

お七は結論づけた。もしこの新しい家がなくなれば佐兵衛が戻ってくるのではないか。そしてお七は、放火をしてしまう。

わずか16歳であったが、放火の罪は重く、死罪を被ることになってしまうのであった。この悲恋の物語は、後に井原西鶴《いはらさいかく》によって劇化され、歌舞伎にもなり、現代でもよく知られたエピソードとなっている。若き女性が、あまりにも一途であったがゆえに生まれたこの物語は、現代の我々にとっても、いまだリアルなものとして受け入れられているのだ。

月岡芳年画、松竹梅湯嶋掛額（八百屋お七）

すべての句はカモフラージュだった?

松尾《まつお》芭蕉《ばしょう》の正体は忍者だった!

忍者の里・伊賀上野出身の俳人

今や定説となりつつある「芭蕉＝忍者」説。俳諧師・松尾芭《まつおば》蕉《しょう》が、実は忍者だったというものだ。

芭蕉の生まれは「忍者の里」伊賀上野《こうずけ》で、父・松尾与左衛門《よざえもん》の旧姓は伊賀忍者の血を引く柘植《つげ》氏、母もまた伊賀忍者の名家・桃地《ももち》氏の一族であった。ちなみに当時、姓を名乗れるのは武士と一部豪農のみ。ただの百姓なら芭蕉は姓を名乗れないが、伊賀の忍者は百姓でも姓を名乗ることが許されていたのだ。「芭蕉＝忍者説」を裏づけるもっとも大きな根拠が、彼の旅日記『奥の細道』にある。彼の移動スピードに注目しよう。総移動距離は約２４００キロで、彼は約１５０日で移動している。計算すると、実に１日平均15キロを徒歩で歩き続けたことになるのだ。彼がこの頃46歳だったことを考えれば、その数字がいかに超人的であるかがうかがえるだろう。

『奥の細道』に見られる矛盾点

また、旅の日程も異様だ。というのも、出発前に彼が「松島の月まづ心にかかりて」と詠んでいた日本三大名所・松島を素通りして、仙台藩の重要拠点である石巻《いしまき》港や瑞巌寺《ずいがんじ》を見に行っているのだ。仙台藩は外様の中でも特に強大な勢力を誇っており、幕府が警戒を続けていた雄藩。幕府は、創作活動を名目として芭蕉を仙台藩の偵察に行かせたのではないか。偵察であることを隠すため、カモフラージュとして書かれた紀行文こそ『奥の細道』だったのかもしれない。

松尾芭蕉 忍者の疑惑

其ノ一
忍者の里として知られる伊賀国の出身。農民階級にもかかわらず、姓を持つ

其ノ二
多大な旅費がかかるのに頻繁に旅行に行っている。旅費はどうやって工面したのか？

其ノ三
『奥の細道』に見られる移動スピードが超人的。日程にも異常な点が見られる

赤穂四十七士とはいわれるものの…

実は赤穂浪士は46人しかいなかった!?

常識とされてきた四十七士説

1703年、赤穂浪士《あこうろうし》が江戸本所松坂《ほんじょまつざか》町にある吉良邸に討ち入り、主君に代わって吉良《きら》上野介《こうずけのすけ》を討ち果たしたのちに、幕命によって切腹した〝元禄赤穂事件〟。それに加わった赤穂浪士は小説や芝居などで〝赤穂四十七士〟として取り上げられ、47なのが当たり前とされてきた。だが実のところ人数は明確ではなく、四十六士説も存在するのだ。

そもそも四十七士説は人形浄瑠璃《じょうるり》などで代表的演目となって

いる「仮名手本忠臣蔵《かなでほんちゅうしんぐら》」がもとになっている。しかし、この中の47という数は〝いろは仮名〟の47文字に掛けたもので、実際に事件に四十七士が関わっていたから…というわけではなさそうだ。

キーマンは寺坂吉右衛門という男

ふたつの説のどちらが正しいかの謎を解くカギは、赤穂浪士のひとり・寺坂吉右衛門《てらさかきちえもん》という人物が握っていた。彼が討ち入りに加わっていれば47名になるのだが、事件のあと幕命によって切腹させられた人数は46名。これは吉右衛門ひとりだけが切腹させられていないからだ。ここが両説の分岐点になる。

これについては、これまでにさまざまな意見がとり沙汰されてきた。吉右衛門は討ち入り直前に逃亡したという説、討ち入り直後に上司からの密命で主君の未亡人のもとに報告に走ったという説、直前に義士から外されたという説…しかしどれが正しいかはわかっていない。真相はいまだ藪の中である。

元禄赤穂浪士事件の流れ

其ノ一	其ノ二	其ノ三
赤穂藩藩主・浅野内匠頭《あさのたくみのかみ》長矩《ながのり》が吉良上野介義央《よしなか》を討とうとするが失敗。浅野は切腹処分となる	浅野の遺臣である赤穂浪士たちが、主君の仇をとろうと吉良を襲撃。討ち果たすことに成功	吉良の首を浅野の墓前に捧げたあと、赤穂浪士らは全員幕命によって切腹した

現代の幽霊像は江戸時代の人々が作り上げた!?

〝足のない幽霊〟は仏教の経典がモデル!?

中世の幽霊の絵には足があった！

幽霊…と聞けば、ほとんどの人が〝足のない姿〟を想像するだろう。しかし、中世に残された幽霊の絵には足が描かれている。〝足がない〟という日本人の幽霊像は、いったいいつ頃から定着したのだろうか。

これまでに残された足のない幽霊の絵でもっとも古いものは1673年、古浄瑠璃の『花山院きさきあらそひ』に描かれた藤壺《ふじつぼ》の怨霊だ。また、同じ江戸時代に写生画家・円山応挙《まるやまおうきょ》も足

のない幽霊の絵を残している。彼らの絵はなんともセンセーショナルで、当時芝居の看板などを通して多くの人々に強烈な印象を残したという。そういったことから、足のない幽霊の姿は江戸時代には定着化しつつあったことが窺える。では、なぜ足のない幽霊像が生まれたのだろうか。

根源は仏教の経典？

一説によれば、これは仏教の経典『十王経《じゅうおうきょう》』から来ているという。経典には、冥土《めいど》界の宋帝王《そうたいおう》が罪のある亡者に対し、冥府の関所で通行料の代わりに手足を切り取り、彼らには影のような手足が生えてきた…と書かれている。こういった思想が広まり、両手首が垂れ、足のない幽霊像ができあがったというのだ。明確な理由は明らかにはなっていないが、足のない幽霊が人間の想像上のものであることは確かなようだ。実際、足のある幽霊よりもないほうが恐怖感は増す。もし、あなたが幽霊と遭遇したら、まずは足があるかないかを確かめてみてほしい。

知っておきたい用語集

藤壺
紫式部「源氏物語」に描かれている架空の人物。皇后の便宜上の名称ではあるが本名はわかっていない

冥土
死者の霊魂が迷い行く世界。別名・あの世。『地獄』『餓鬼』『畜生』の三悪道のことをいう。また冥界とも

冥府
死後の世界のことをいい特に地獄のことを指す。冥土の役所、閻魔《えんま》の庁ほか。また、黄泉《よみ》ともいう

〝幻の浮世絵師〟その正体とは？

天才画家・写楽は八丁堀に住む能役者⁉

出生も素性も謎だらけ

江戸時代に活躍し、役者絵や相撲絵など１４０点もの作品を残した浮世絵師・東洲斉写楽《とうしゅうさいしゃらく》。あまりにも有名なその絵師の名前を、誰もが一度は耳にしたことがあるだろう。しかしながらこの写楽、出生没年がいつなのか、どういう暮らしぶりだったのかなど、その素性たるやまったくわかっていない。

また、写楽の作品は１４０点ほど出版されているが、その出版期間はわずか10カ月の間に集中しているのだ。なぜ蔦屋は、

写楽の作品〝三代目大《おお》谷鬼次《たにおにじ》の奴江戸兵衛《やっこえどべえ》〟

無名の新人である写楽の作品をそんなにも多く出版させたのか、また、なぜそんなにも短期間に出版を集中させたのか…これらもいまだに謎のままである。

「写楽＝斎藤十郎兵衛」説

このように写楽の正体については謎に包まれたまま。だが、最近の研究で写楽の存在が次第に明らかになりつつある。それは能役者である斎藤十郎兵衛《さいとうじゅうろべえ》が写楽の正体ではないか、というもの。もともと『江戸名所図会』で知られる考証者・斎藤月岑《げっしん》が、写楽の本名に八丁堀在住の能役者・十郎兵衛の名を挙げたことがこの説の発端だが、これまで十郎兵衛なる人物の実在は確認できずにいた。しかし近年、十郎兵衛という人物が八丁堀にいたことが判明、写楽＝十郎兵衛である可能性が高くなってきたのである。東西随一の技量を持つ絵師・写楽。彼は絵画だけでなく役者としての才能にも恵まれたマルチタレントだったのだろうか。

写楽＝斎藤十郎兵衛説を示す数々の証拠

其ノ一

能役者の公式名簿、同じく能役者の伝記に、十郎兵衛の名前が記載されている

其ノ二

浄土真宗本願寺《ほんがんじ》派今日山法光寺《ほうこうじ》の過去帳に、十郎兵衛と思われる人物の火葬記録がある

其ノ三

江戸の文化人名簿の八丁堀についての項目箇所に、「写楽斎　地蔵橋」と記録されている

貧民救済に立ち上がった英雄の裏の顔

大塩平八郎《おおしおへいはちろう》の乱は私憤だった！

大坂に迫る大飢饉の危機

天保の大飢饉《ききん》後、大坂では米不足が深刻化していた。だが、江戸町奉行は対策を練るどころか家慶《いえよし》の将軍就任の儀式のため江戸に米を廻送。さらに豪商が米の買い占めを図ったために米価は驚くほどに値上がりしていく一方だった。これに黙っていなかったのが大坂町奉行所元与力《よりき》の大塩平八郎《おおしおへいはちろう》だ。彼は民衆を引き連れ、貧民救済を目標に武装蜂起を決意。その訴えに300人もの農民や民衆らが集まり、家財を売却してまで大砲や爆弾

大塩平八郎の乱の流れ

其ノ一

1837年2月19日
大塩平八郎を中心にして、総勢300人もの反乱軍で挙兵

をそろえ、家族と離縁して合戦に備えていた。そしてついに〝大塩平八郎の乱〟を起こしたのである。

大塩は民衆を騙して挙兵した!?

このように大塩による挙兵は〝貧民救済〟が目的とされてきた。だが、本当の理由は民衆を助けるためだけではなかったという。大塩はもともと町奉行・高井《たかい》実徳《さねのり》の下で与力を務めていたが、高井の引退が決まると大塩も引退を余儀なくされた。だがプライドの高い大塩はそれを認めず、引退後も意見を出し続けたという。しかしやがて〝でしゃばった〟大塩の意見に耳を傾けない者も出てきたのだ。このことに腹を立てた大塩が、自身の力を知らしめるために反乱を起こしたというのである。

民衆を救うために立ち上がったと語り継がれる大塩。しかし、ただ私憤を晴らすために挙兵したというならば、そのために家財も家族も捨ててつき合わされた民衆にとってはあまりにも残酷な話である。

▶

其ノ二

船場の豪商家に大砲や火矢を放ったが、火災が大きくなるばかりでわずか半日で鎮圧される

▶

其ノ三

大塩は、養子である格之助とともに約40日にわたって大坂近郊各所に潜伏する

▶

其ノ四

大坂城代土井利位《どいとしつら》に密告されたことで探索方に包囲され、火薬を使って自決した

圧政に苦しんで死んだ農民一揆指導者の呪い

松本城を傾かせたのは農民たちの怨霊!?

250年以上も傾いていた天守閣

天に向かってそびえ立つ松本城天守閣。実はこの天守閣、1950年に解体修理されるまではかなり西に傾いていたという。その原因として噂される、ある怨念説について紹介しよう。

1683年、松本藩領は大凶作に見舞われていた。加えて藩主・水野《みずの》忠直《ただなお》が年貢増徴策をとったせいで農民たちはますます苦しい生活を強いられていた。

これに対し村人たちは、藩の役所を訴える行動に出るが、結

明治時代に撮影された傾いた天守閣

果は門前払い同様の大失敗に。そこで彼らは一致団結、実力行使として百姓一揆に突入したのだ。そのときリーダーとなったのが多田加助《ただかすけ》である。藩は彼らの行動を徹底弾圧。結果的に厳しい追及を受けて加助らは捕らえられ、磔《はりつけ》・獄門《ごくもん》に処されるという悲しい結末を迎えた。

刑罰を受ける者の目の先には…

加助の磔の刑は、松本城天守閣が見える刑場で実行された。その場で加助は「きっと怨みを晴らしてみせる」と叫んだという。また、藩から加助には「年貢は元の二斗《と》五升《しょう》に戻った」と伝えられていたが、それは真っ赤なウソだった。それを知った加助は激昂・怒りを露わに絶叫して死んでいった。その瞬間、彼の目の先にあった天守閣が大音響を放ちながら傾いたというのである。この話は伝説化しているが、彼の怨念説が取りざたされるのもおかしくはない。当時はそれほどまでに圧政が厳しく、残酷なものだったからだ。

知っておきたい用語集

磔

〝はりつけ柱〟に縛りつけ、左右の脇腹から槍で殺す刑。日本では江戸時代中期あたりに関所破りなどした場合に適用

獄門

首を刎ねたあとに、首を台に乗せて3日晒しものにする刑。江戸時代、庶民に科せられていた死刑のうちのひとつ

引越しと旅行はカモフラージュ？

93回もの転居の裏に隠された北斎の密命

異常な転居マニアだった北斎

葛飾北斎《かつしかほくさい》といえば、江戸時代の化政文化を代表する浮世絵師である。『富嶽《ふがく》三十六景』をはじめとする作品群は、現代の私たちにとっても馴染み深く、遠く海を越えてゴッホら印象派の画家たちにも影響を与えた。そんな彼が希代の「引越しおじさん」だったことは意外と知られていない。といっても隣家に「さっさと引越し！」と迫っていたわけではなく、自ら引越しを繰り返していたのだ。その回数、生涯で実に93回！　それに

加えて、彼は極度の旅行好きとしても知られている。北は甲信地方から南は九州まで、1806～1845年の間に9回も長期旅行に出かけているが、当時の人としては異常な回数だ。

対外政策と北斎の奇妙なリンク

このことから、北斎は幕府の隠密《おんみつ》だったのではないかという説がある。最初にこの説が発表されたのは、作家・高橋克彦《たかはしかつひこ》氏の小説『北斎殺人事件』だが、あながち創作ともいい切れないものがある。異常なまでの転居と旅行の回数はその傍証として十分だろう。

さらに、1813年に英国船が長崎に入港、翌年琉球《りゅうきゅう》に寄港すると、北斎は1832年に『琉球八景』という作品を発表する。また、1820年には幕府が相模湾岸《さがみわんがん》警備を命じているが、北斎もまた1830年代に2度、相模へ旅に出ている。こうした点からも、北斎が隠密として各地の情報収集をしていた可能性を、決して荒唐無稽と否定することはできないのだ。

葛飾北斎の放浪年表

年代	出来事
一七六〇	江戸本所割下水に生まれる。幼名時太郎
一七七八	勝川春章の門下であらゆる画法を学ぶ
一八〇五	初めて「葛飾北斎」の号を用いる
一八〇六	木更津へ旅行
一八一二	名古屋・関西へ旅行
一八一四	北斎漫画を手がける
一八一七	名古屋・伊勢・紀州・関西へ旅行
一八二三	冨嶽三十六景のシリーズを手がけはじめる
一八二五	甲信地方へ旅行
一八三四	冨嶽百景を手がける
	伊豆・相模へ旅行
一八三七	相模へ旅行
一八四〇	房総方面へ旅行
一八四四	信州小布施へ旅行
一八四五	小布施へ旅行
一八四九	浅草聖天町の仮宅で没する。享年90歳

志の厚さは贈り物の量で計る⁉

田沼意次の割り切った「賄賂正当論」とは⁉

賄賂で有力者を味方につける

才能はあっても温室育ちで世情にうとかった十代将軍家治。そんな彼に代わって政治の実権を握ったのが、田沼意次《たぬまおきつぐ》だった。意次は家治から側用人に任命され、１７６９年には老中格、１７７２年には老中と異例の出世を遂げる。だが、意次が側用人になった当初はまだ門閥や譜代大名の力が強く、新興勢力であった彼がその地位を維持するのはそうたやすいことではなかった。そこで彼は賄賂を実に効果的に贈った。彼が狙ったのは、諸藩の江戸留守居役である。彼らを味方につけることで、諸大名の支持を獲得したのだ。意次は腰が低く、身分の低い者に対してもそれは変わらなかった。そういう姿勢は、江戸留守居役には特に効果的だった。幕府高官に丁重に応対された彼らの心中を察すると、意次に魅かれるのも無理はない。

賄賂は悪いことではない!?

贈収賄《ぞうしゅうわい》といえば、現在では表沙汰になれば立派なスキャンダルである。ところが、賄賂政治で有名な田沼意次には、「賄賂=悪」という発想がそもそもなかった。

『江都見聞集』という書物に、意次の賄賂観が記されている。そこには「金銀は命にも替え難い宝であり、志の厚さは贈り物の量によってわかる。私は毎日、国家のために働いているが、城から帰って家の廊下に贈り物がたくさん並んでいるのを見ると、その苦労も忘れる」と記されている。ここまで割り切られると、あきれるというよりまったく見事というしかない。

『田沼意次』を読む

『田沼意次』村上元三/毎日新聞社

田沼意次の生涯

わずか600石の旗本から老中首座に昇進し、幕府の財政立て直しに尽力した田沼意次の生涯をたどる。悪評高い田沼意次像を払拭し、幕府内の政争に立ち向かう姿が描かれている側室40人、産まれた子どもは55人!!

エッチ度ナンバーワン家斉は大奥に入り浸り!?

徳川一の子だくさん将軍

11代将軍家斉といえば、子の多さで有名である。確認できる側室の数だけで40人。実際にはもっと多かった。産まれた子は、何と55人に達している。もちろん、歴代将軍の中でこれらはもっとも多い数である。

昔は、医学が未発達で子どもが成育することはなかなか難しかった。将軍の子女も例外ではなく、産まれた子のうち成人したのは、男子が13人、女子が12人、計25人だった。成育した25

人は長男家慶が12代将軍になったほかはすべて、他家へ嫁ぐか養子に入った。

たまらないのは子女を押しつけられた大名である。確かに将軍の子女をもらい受けることは大変名誉なことだが、そのために膨大な支出を余儀なくされた。まさに、ありがた迷惑である。

オットセイ将軍と呼ばれる

家斉の治世を「大御所《おおごしょ》時代」と呼ぶことが多い。本来、大御所というのは将軍職を辞して隠居した前将軍のことを指す。

家斉が本来の意味で大御所だったのは、将軍職を息子の家慶に譲った1837年から亡くなる1841年までの期間に過ぎない。しかし、家斉の在位の長さ、官位欲の強さ、広範な大名家との子女の縁組などから、家斉そのものの存在を大御所と呼んでいる。ちなみに、数多くの子を授かった家斉は精力増強のため、オットセイのペニスを粉末状にしたものを飲んでいたため、「オットセイ将軍」という異名も持つ。

いつの時代も世継ぎ問題はつきもの…

将軍家にまつわる奇妙なジンクスとは!?

世継ぎに悩んだ家治

10代将軍家治は、なかなか世子に恵まれなかった。正室である閑院宮《かんいんのみや》直仁《なおひと》親王の娘・五十宮《いそのみや》倫子《ともこ》との間に2女を儲けるが、男子は産まれなかった。

家治は近臣たちが側室を持つことを薦めてもなかなか選ぼうとせず、老中田沼意次の薦めでやっと側室を選ぶ。そうして迎えた側室のお知保は待望の世子・家基を産んだ。しかし、期待された家基もわずか18歳で亡くなってしまったのだ。

結局、家治に世子ができなかったため、一橋家から養子として豊千代《とよちよ》を迎えることになった。これがのちの11代将軍家斉である。

偏のつく漢字は縁起が悪い!?

歴代将軍で世子ができなかったのは、4代家綱、5代綱吉、7代家継、そして10代家治である。彼らに共通しているのは「糸偏」、「さんずい」など、名前に偏のある漢字を使っていること。そのためか、将軍家では「偏のある漢字を名前に使うと世子に恵まれない」という奇妙なジンクスが生まれた。11代家斉以降、偏のついた漢字を名前に使っている将軍はいない。

こんな話がある。13代将軍家定は、はじめ「家祥《いえさち》」と名乗っていたが、将軍に就任してからは「家定」に改名しているのだ。これは、偏のついた将軍に実子がないことから縁起が悪いと考えられたためだといわれている。

おもしろ
日本史
大全

第5章

近現代

明治維新の行政大革命！

版籍奉還と廃藩置県を諸大名は大歓迎した!?

いいことずくめの行政改革

1869年6月の版籍奉還《はんせきほうかん》と、1871年7月の廃藩置県《はいはんちけん》。

これは諸大名が土地と領民を天皇に返還する上、藩を廃止するという政策だ。諸大名から反感を買ったと思われがちだが、その形跡は見られない。

これらの制度を諸大名が嫌がらなかった理由はふたつある。

まずひとつ目は、経済的困難からの救済。藩主だった者たちはそのまま知藩事に任命され、彼らの生活は質素な生活から一転、

版籍奉還・廃藩置県を諸大名たちが歓迎できたワケ

其ノ一

知藩事の家禄は藩政時代よりも高い石高収入となった

裕福なものに様変わりしたという。禄制の廃止により還禄した者には、〝金禄公債〟が交付され、その影響で大名時代よりも贅沢な生活を味わえたのである。さらに、旧藩時代に抱えた負債は新政府が代わりに請け負うこととなった上、もともと所有していた屋敷地はそのまま私有が許可され、彼らは巨大な資産家となった。これは、経済的困窮のせいで藩解体の危機にまで瀕していた藩主にとっては、思ってもみない救いの手だった。

精神的圧迫からの救済

そして、諸大名が歓迎したもうひとつの理由。それは精神面にあった。幕末期には百姓一揆《いっき》などに頭を悩ませた上、家臣からの突き上げによる圧迫により、藩主たちは精神的に参っていた。版籍奉還と廃藩置県は、そういった悩みを一掃させることにも役立った。裕福な生活が送れるようになった上に、悩みも解消してくれる廃藩置県と版籍奉還。諸大名らにとっても、むしろ大歓迎の改革だったのである。

其ノ二

のちに金禄公債が発せられたことでさらに裕福な生活へ

其ノ三

旧藩時代の負債は新政府が代わりに請け負うことが決定

其ノ四

幕末から頭を悩ませていた百姓一揆からの解放

実現しかけていた徳川政権

あと一歩で幻となった「徳川内閣」誕生秘話

陰ながら手腕を発揮した徳川家達

２６４年にわたり江戸の世を支えた徳川将軍家。明治維新後、15代当主徳川慶喜《よしのぶ》は謹慎を命ぜられ、徳川家は国政の舞台から姿を消すこととなるが、かつて総理大臣になりかけた徳川家の当主がいた。その人物の名は徳川家達《いえさと》。慶喜のあと徳川宗家の家督を継いだ16代当主である。

家達は家督を相続して早々に駿府《すんぷ》藩主となるが、廃藩置県によって、あっさり藩主の座から解任。千駄ヶ谷で少年期を過ごすることとなる。1884年、成人した家達は華族令《かぞくれい》公布と同時に最高位の公爵《こうしゃく》に任命。

1890年には貴族院議員《きぞくいんぎいん》となり政界に進出し、1903年から30年もの間、貴族院議長を務めている。

内定するも一族から大ヒンシュク!

家達に総理大臣就任のチャンスが訪れたのは1914年、シーメンス事件により山本権兵衛《やまもとごんべえ》内閣が総辞職したときのことだった。次期総理大臣にと組閣《そかく》の大命を受けた家達は、その旨《むね》を一族会議にかける。だが、一族たちにことごとく反対された彼はそれを固辞。結局は大隈重信《おおくましげのぶ》が代わって就任し、「徳川内閣」成立には至らなかった。

明治維新で国政の舞台から追い出された身でありながら、ほどなく総理に指名されるということはそれだけ政治的手腕に優れていたということにほかならない。もし、家達が総理に就任していたら、大正の歴史は大きく変わっていたことだろう。

明治以降の徳川家の血筋

第16代当主・徳川家達
1863年生まれ。貴族院議長、日本赤十字社社長などを歴任

▼

第17代当主・徳川家正《いえまさ》
1884年生まれ。外交官から政治家に転身。最後の貴族院議長

▼

第18代当主・徳川恒孝《つねなり》
1940年生まれ。財団法人徳川記念財団初代理事長を務める

いわずと知れた女好き？

希代の絶倫男だった伊藤博文《いとうひろぶみ》の下半身事情

英語力を武器に舞踏会三昧の日々！

日本の初代総理大臣・伊藤博文《いとうひろぶみ》。彼が総理大臣に選ばれた理由のひとつには、英語力が優れていたことが挙げられる。これを活用して日本のトップに立って政治を動かした伊藤だったが、欧化主義の推進者として舞踏会や夜会を連日にわたって行なっていたため、悪評も少なくなかった。というのも、そこでの彼は「女好き」の本性を丸出しにしていたためである。

その破廉恥《はれんち》ぶりは新聞にも取り上げられたほどで、あるときなどは美人として有名だった戸田氏共《とだうじたか》伯爵の夫人を誘い出し、何とパーティー会場の裏庭の茂みでコトに及んだという。また、遊郭・吉原の帰りぎわに美しい芸者を見かけると、そのまま馬車に連れ込んでナニを…ということもあったとか。エピソードにこと欠かぬプレイボーイだ。その女好きっぷりはとどまるところを知らず、若い芸者から妙齢の未亡人までなんでもござれ。下半身の赴くままに突き進んだという。政治でも女でも、他の追随を許さない独走ぶりだ。

女遊びあってこその政治力？

宴会や舞踏会がある度に女を口説き、必ずといっていいほど両側に女を置いて寝ていたという伊藤博文。そのプレイボーイぶりは、見かねた明治天皇から「少し、控えなさい」とお叱りを受けたほどだという。だが、政治家として極めて優秀だったのも紛れもない事実。彼にとって女遊びとは、政治で緊張しきった心身をほぐす、最大の息抜きだったのかもしれない。

伊藤博文の歴史年表

年代	出来事
一八四一	周防国熊毛郡に生まれる
一八五三	13歳にして奉公に出る
一八五七	吉田松陰の松下村塾に学ぶ。桂小五郎、高杉晋作らと討幕運動
一八八五	初代内閣総理大臣となる
一九〇〇	立憲政友会の初代総裁に就任
一九〇五	大韓帝国が日本の保護国となる
一九〇九	満州・朝鮮問題の話し合いに向かう途中、安重根《あんじゅうこん》によって狙撃され死去

ロシア政府の陰謀が隠されていた!?

伊藤博文暗殺の犯人は安重根《あんじゅうこん》ではなかった!?

安重根の撃った弾丸はいずこへ!?

1909年、ロシアのココツェフとの会談のため、満州・ハルビン駅に降り立った伊藤博文《いとうひろぶみ》が暗殺された。犯人はその場で逮捕された安重根《あんじゅうこん》。韓国独立への願いを込めての凶行だった。だが、この事件の真犯人は安重根ではない可能性があるのだ。

安が伊藤目掛けてピストルを撃ったことは現場にいた誰の目にも明らかであり、公判でも毅然《きぜん》とした態度で自分が射殺したと供述していた。だが、伊藤に命中した3発の弾丸の弾道を辿ると、すべて右上から左下の方向に向けて撃たれていたのである。標的より上の位置から狙撃しなければ、この角度はありえない。そこで浮上したのが安の弾丸は当たっておらず、別の位置から狙撃をした者がいたという仮説である。

事件の裏にはロシア政府の暗躍が……

それでは真犯人は誰か？　安の仲間とも考えられたが、彼には狙撃の腕を持った仲間はいなかった。そうなると怪しいのがロシア政府である。会談は当初、車の中で行なわれる予定だったが、突然の予定変更により伊藤は外に出るハメになった。さらに、ハルビン駅には厳重警備を敷いたというものの、実際には安に潜り込まれている。

ロシア政府は安の存在を前もって知っていたのではないか？　あえて彼を泳がせておいて、別の場所から狙撃のチャンスを窺っていたのだろう。日露戦争の恨みをはらすための、ロシアによる暗殺と考えても、なんら無理はないのだ。

伊藤博文の命を狙った暗殺者たち

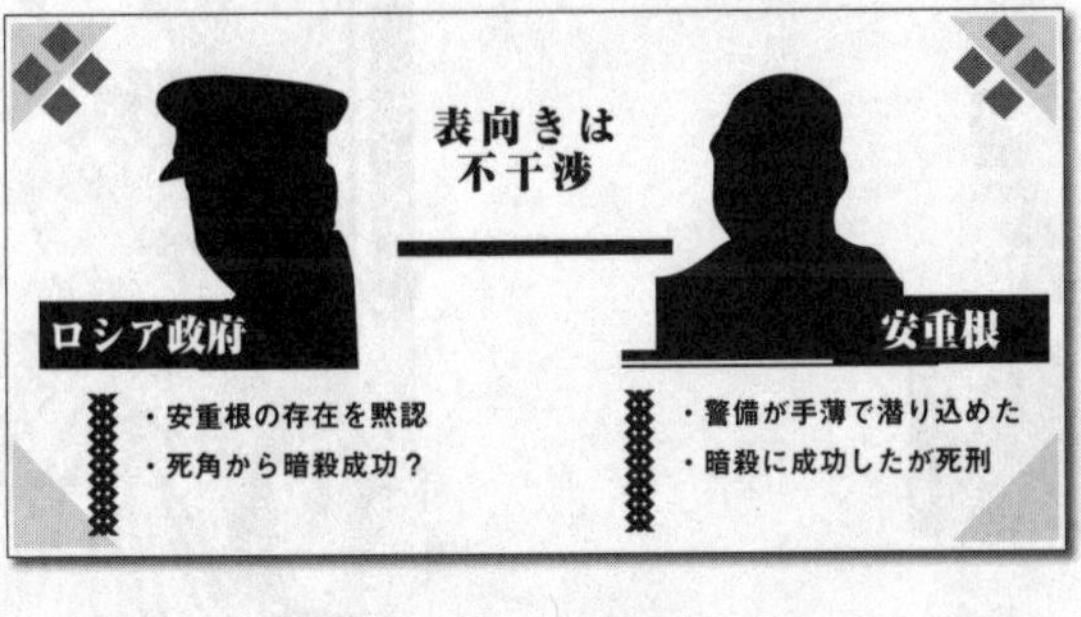

表向きは不干渉
ロシア政府
・安重根の存在を黙認
・死角から暗殺成功？
安重根
・警備が手薄で潜り込めた
・暗殺に成功したが死刑

なぜ名言になったのか？

「少年よ、大志を抱け」はクラーク発言でない!?

教え子たちの印象は薄かった？

「Boys be ambitious」。〝少年よ、大志を抱け〟と訳されるこの言葉は、札幌農学校の初代教頭を務めたウィリアム・スミス・クラークが学校を去るときに残した言葉とされている。あまりにも有名な名言だが、本当にクラークがいったのかどうかについては、はっきりしない点が多い。

証拠となるのは別れの場面に立ち会った人々の言葉だが、教え子の内村鑑三《うちむらかんぞう》や新渡戸稲造《にとべいなぞう》などがクラークのことを書いた文

章の中には、この名言に関する記述は一切ナシ。ただひとり、名言に関して言及しているのは教育者の大島正健《おおしままさたけ》。彼は講演の中でクラークの言葉として紹介しており、その講演の記録が同窓会誌に掲載されて世に広まっていったのである。

名言には続きがあった!?

だが、この大島の言葉も一概には信用できない。まず、彼がクラークとの別れを惜しんだ漢詩に「青年奮起立功名」という文章があり、これが元となって生まれたのではないかという疑惑もある。また、講演の記録によれば名言のあとに「Ｌｉｋｅ ｔｈｉｓ ｏｌｄ ｍａｎ（この老人のように）」という言葉が続いたとされている。

そうなるとだいぶニュアンスは変わってくる。実際にいったのだとしても、クラークとしては別れの言葉として気軽にいったものだったのだろう。それが名言といわれるまでになったのは、当時の軍事的指導と拡大解釈が重なった結果なのだ。

ウィリアム・スミス・クラーク
1826年、米マサチューセッツ州生まれ。札幌農学校の初代教頭を務め、8カ月間日本に滞在。ちなみに彼が決めた札幌農学校の校則は「Be Gentleman（紳士であれ）」のみというシンプルなもの。

時代の一歩先を行く元祖・経営コンサルタント

日本の経済基盤は福沢諭吉が確立した!?

日本人の金銭観を一新

「何となく偉い人」「1万円札の人」という印象の強い福沢諭吉。日本人でその顔を知らない人のいない彼は、慶應義塾大学の創設者として特に有名だ。だがその真の姿は、現代日本の経済基盤を作り上げた〝経営コンサルタント〟だったのだ。

諭吉は初めての海外訪問で、当時の日本ではまだ考えられない近代的な町並みや優れた通信発達、また新聞などの情報インフラを目にし、近代文明の発達や理念に目覚めた。当時の日本は江戸時代に見られた〝金銭蔑視観〟的風潮が色濃く残っており、金銭の話をするのは恥ずべきものだと考えられていた。商人さえも〝自分は卑しい人間だ〟と思うほどである。諭吉はこうした日本人の価値観を批判。もっと富を追求するべきであり、でなければ欧米と対等に渡り合えないと訴えた。

諭吉は元祖経営コンサルタント!?

ここからが諭吉の本領発揮。彼はまず自らが手本となり、日本で初の株式会社や生命保険会社の創立の指導を務め、出版業経営にも乗り出した。さらには男女平等を訴え、女性が経済的に独立できるように、と婦人向けの職場を率先して取り入れている。彼はいつも一歩先の時代を見て生きていたことがわかる。その先見の明には現代の経営コンサルタントも真っ青だ。

政界・官界関係者でもないのに経済成長に貢献した諭吉。現代の日本人が彼の活躍を忘れないために、諭吉の顔は1万円札に描かれているのかもしれない。

著書『学問のすゝめ』で生まれた諭吉の名言

其ノ一	其ノ二	其ノ三
天は人の上に人を造らず、人の下に人を造らず	**人は生まれながらにして貴賤貧富の別なし**	**独立の気力なき者は、人にして悪事をなすことあり**

基本姿勢は〝罪を憎んで人を憎まず〟

福沢諭吉は征韓論者ではない!?

誤解されてしまった福沢諭吉

「天は人の上に人をつくらず、人の下に人をつくらず」でご存知、福沢《ふくざわ》諭吉《ゆきち》。強硬な愛国者である彼は、征韓論を唱えたとして中韓から非難されている。

では、彼の征韓論はどのように展開されているのだろう。その内容をかいつまんで解説すると「欧米列強に対抗するためにも国家の近代化を促さなければいけないが、清国・朝鮮はどうしてもそれを受け入れようとしない。もはや、日本は前近代的

明治の六大教育家のひとり、福沢諭吉

な国家観を誇示するアジア圏を脱して、独自路線で近代化を推し進めなければ亡国は必至である」というもの。つまり彼が非難したのはあくまで清国・朝鮮の旧態依然とした政治体制で、清国・朝鮮の民族に対する軽蔑など微塵《みじん》もないのだ。

アジア諸国の発展に尽力した人生

諭吉はもともとアジア諸国、とくに朝鮮の近代化に尽力していた。朝鮮の改革勢力である独立党・金玉均《キムオクキュン》に協力して、朝鮮で初めての新聞『漢城旬報』の創刊に私財を投じたこともあるほどだ。

だが、1884年12月、独立党によるクーデター・甲申《こうしん》事変が失敗に終わり、福沢の努力はすべて泡となってしまう。『脱亜論』はこうした事情を背景に唱えられた提言だったのだ。そして「欧米列強の脅威が増すなか、まずは自国の発展に目を向けなければいけない」という彼の主張が、どういうわけか「アジア諸国を軽蔑している」と誤解されてしまったのである…。

福沢諭吉の歴史年表

年代	出来事
一八三五	豊前中津藩の家に生まれる
一八五四	長崎へ遊学
一八五八	蘭学塾「一小家塾」を開く
一八六〇	アメリカ合衆国へ渡る
一八六八	一小家塾を慶応義塾と名づける
一八七二	『学問のすゝめ』の初編出版
一八八二	日刊新聞『時事新報』を創刊
一八八五	『脱亜論』を『時事新報』に掲載
一八九八	脳出血で倒れる
一九〇一	死亡

好きこそものの上手なれ

大久保利通が囲碁を始めたワケ

島津久光に会うために始めた囲碁

西郷隆盛、木戸孝允《きどたかよし》と並ぶ〝維新の三傑〟大久保利通《おおくぼとしみち》の趣味は囲碁だったという。だがそれは道楽ではなく、ある目的を果たすためだったという。大久保がまだ薩摩の若き一藩士にすぎなかった頃、藩の実権を握っていたのは藩主島津茂久《しまづもちひさ》の父・久《ひさ》光《みつ》だった。革新の情熱に燃えていた大久保は、どうにかして自分の意見を久光に伝えたいと考えたが、下級藩士の身分ゆえに近づくことさえできなかった。そんな折、彼は久光の趣味が囲

大久保は、西郷隆盛、木戸孝允と並んで「維新の三傑」と呼ばれている

碁だという情報を得る。久光が囲碁の相手にしていたのは、吉祥院住職の真海《しんかい》――幸運なことに、大久保の同志・税所篤《さいしょあつし》の兄だったのである。そこで彼は税所に頼み込んで真海に会い、直々に囲碁を教えてもらったのだという。

いつしか囲碁は彼の唯一の趣味に

大久保の密かな努力は続く。久光が真海から借りようとしていた平田篤胤《ひらたあつたね》の『古史伝』に、自身の意見を記した紙片をさりげなく挟んだのである。その甲斐あって、久光は大久保の存在を知ることになったのだ。さらに『大久保利通日記』によると、彼は岩倉具視《いわくらともみ》、伊藤博文、黒田清隆《くろだきよたか》らを相手に碁を打ったという。囲碁を通して意見を交し合ったに違いない。

出世のために始めた囲碁だが、いつしかそれは趣味となり「娯楽は碁で、退屈したり、頭を使いすぎたりしたときは、碁を囲んで慰めていたようである」とも語られている。手段が目的になった好例といえそうだ。

大久保利通の歴史年表

年代	出来事
一八三〇	薩摩藩・下級藩士の家に生まれる
一八四六	藩の記録所書役助として出仕
一八五〇	お由羅騒動に連座して謹慎処分を受ける
一八五八	藩主・島津茂久の父・久光に接近
一八六一	御小納戸役に抜擢される
一八六七	王政復古のクーデターを実行
一八六九	明治新政府の参議に就任
一八七一	岩倉使節団の副使として外遊
一八七三	内務省を設置。地租改正、徴兵令を実施
一八七七	西南戦争で政府軍を指揮する
一八七八	紀尾井坂にて暗殺される

襲撃に遭い、ケガを負った板垣のセリフ

板垣退助《いたがきたいすけ》のあの名言は捏造されたもの!?

演説後に短刀で襲われた板垣

自由党の党首に就任し、自由民権運動の主導者として活躍するなど庶民からも支持されていた板垣退助《いたがきたいすけ》。彼は1882年4月、東海地方遊説で訪れた岐阜県において暴漢に襲われる。犯人は自由党を敵視していた相原尚褧《あいはらなおぶみ》。彼は、板垣が演説から帰るところを刃渡り27センチメートルにもなる短刀を振りかざして襲撃した。だが、板垣は柔術を会得していたため肘で当《あて》身《み》を行なって抵抗。ふたりがもみ合いになったところに板垣の秘書・内藤魯一《ないとうろいち》が駆けつけ、板垣は一命を取り留めた。

その際、板垣は「板垣死すとも自由は死せず」と叫んだといわれている。この言葉はのちにジャーナリストが演説の題名に使ったことで世間に広まったもので、〝名言〟として現代に語り継がれてきた。

ケガの痛みにさすがの板垣も……

しかし、実はこのとき板垣は「いたいがーやきぃ、早よう医者を」と叫んだとする説がある。これは彼の出身地である高知の方言で〝痛い！　早く医者を呼んでくれ〟というもの。板垣は7カ所ものケガを負っていたため、そう叫んでしまうのも無理はない。

もしかすると〝名言〟としてこれまで伝えられてきた言葉は、高い支持を受けていた板垣の評価を崩さないために誰かが勝手に作り上げたもので、本当に発せられた言葉は板垣のもっとも人間らしい部分を反映したものだったのかもしれない。

板垣退助の言葉

其の楽を共にせざる者は、其憂を共にせざる所以

意味は「領民と楽しみを共有しない支配者には、苦境に陥ったとき領民が協力しない」。庶民からも愛された板垣の人柄がうかがえる

妻殺しの噂は真実か

黒田清隆《くろだきよたか》妻殺し騒動に蠢いていた陰謀とは!?

酔っぱらった勢いで妻を惨殺!?

明治初期、妻の殺人疑惑をかけられた政治家がいた。その男の名は黒田清隆《くろだきよたか》。薩摩の出身で第2代内閣総理大臣を務めた人物である。

1878年3月28日、黒田の妻・清《せい》が死亡した。清は以前から肺を患っていたのでそれが死因かと思われたが、世間に広まった噂は〝酔っぱらった黒田によって殺された〟というものだった。伊藤博文と大隈重信《おおくましげのぶ》は黒田の処罰を迫るが、大久保利通は黒田を徹底弁護。腹心の川路利良《かわじとしよし》に清の墓を掘り起こさせると、検死をした医師は病死と発表。何とかことなきを得た。

大久保利通暗殺も黒田が原因？

これで事態は沈静化したと思われたが、騒動から数日後の5月14日、また新たな事件が起きる。紀尾井坂《きおいざか》での大久保利通の暗殺だ。これを機に黒田の事件と関連したある噂が流れるようになる。それは、大久保は黒田をかばったことで殺された……という説である。これは黒田が実際に妻を殺していたという仮説が元になっている。黒田と大久保、そして川路はみな薩摩出身。彼らがグルだったと考えると、墓を掘り起こしての検死など何の意味もなさなくなる。西南戦争直後の不穏なご時勢、大久保と黒田への風当たりは強く、士族たちからすれば黒田が殺人犯となったほうがよかった。それをかばったことで大久保は士族に殺されたのだ。酒乱の癖があった黒田のことだから、その線の陰謀説も十分考えられるだろう。

黒田清隆にまつわる酒乱エピソード

其ノ一
酔っぱらうと日本刀を振り回すほど暴れたが、酔いから醒めると一変して丁寧に謝ったらしい

其ノ二
戦艦を飲酒運転していたとき、誤って民家に向けて艦砲を撃ち、その家の少女を殺したことがある

其ノ三
清の次の妻と仲よくしていた若い下男を、酒の勢いに任せて斬り殺そうとしたことがある

酔っぱらうことが平民主義？

偉人か？ 奇人か？ 東洋のルソー・中江兆民

平民主義を盾にした奇行の数々

明治中期、自由民権運動の代表的思想家として活躍した中江《なかえ》兆民《ちょうみん》。〝東洋のルソー〟として人々から賞賛を浴びたが、同時に奇妙な行動が絶えなかったことでも知られている。

あるときは自由民権の集会に印《しるし》ばんてんに腹かけ、股《もも》引《ひ》き姿で現れ、人々を驚かせた。またあるときは、夏の暑さに耐えられず道ばたで水を浴びはじめたため瞬く間に人だかりができ、危うく警官に逮捕されそうになったこともあった。汚い格好も平民主義を示すためと言えば聞こえはいいが、性格的に変わったところがあったのも確かである。

辞職の理由もアル中だった

兆民の奇行で特に多かったのが、酒にまつわるもの。長酒を好んだといわれる彼は、酒の席で芸者たちにちょっかいを出すこともしばしば。

あるとき芸者たちが火鉢を囲んで談笑をしていたところに背後から忍び寄り、火鉢に小便をかけて驚く芸者たちを見ておもしろがっていたこともあったという。

そして極めつけは議員辞職を宣言したときのコメント。「自分はアルコール中毒にかかり、歩くのも困難で採決の列に並ぶこともできず、よって辞職します」というもの。公の場でアルコール中毒という言葉が使われたのはこれが初めてで、兆民自身も自分が酒にやられていたことを認めている。いくつもの奇行も単に酔っぱらっていただけなのかもしれない。

アルコール中毒の偉人伝
中江兆民

1847年生まれ。フランスの思想家ジャン＝ジャック・ルソーを日本に紹介して自由民権運動の理論的指導者となったことで知られている。衆議院当選1回、第1回衆議院議員総選挙当選者のひとりゴーストライターさん、お願いします！

田中正造の直訴文は幸徳秋水が書いた⁉

議会でも指折りの熱情派だった

中江兆民らと並び〝明治の三奇人〟に数えられる田中正造《たなかしょうぞう》。足尾鉱毒事件で被害者の救済に尽力した彼は、国会議員として毎回のように議会で鉱毒被害を訴えていた。古河市兵衛《ふるかわいちべえ》が勲章をもらったときには、「鉱毒で何の罪もない人が死んでいく中で、加害者の悪人は勲章をもらっている」と激しく非難して、議場を大混乱に陥らせている。

議会の対応の悪さに怒った彼は１９０１年10月に代議士を辞

し、同年12月の帝国議会開院式に臨んだ明治天皇に鉱毒事件の解決を直訴《じきそ》して、全国的な話題となった。行動的な氏ならではの出来事だが、この直訴文を書いていたのは、実は正造ではなかったのだ！

口出しされながら書かされて…

号外が配られるなど東京市中が大騒ぎしたこの直訴文は、幸《こう》徳秋水《とくしゅうすい》が書いたものに正造が加筆修正したものであった。最初は秋水も天皇に人民の苦難を直訴するなど、社会主義者のやることではないと断るが、正造の度重なる懇願の結果、許諾した。いざ書き始めると正造は人に頼んでおいて口出しばかり。正造の訴えに対し「それでは直訴文にならない」と秋水が反論しても、正造は「事実をねじ曲げるわけにはいかない」と熱をあげたという。ここにも彼の実直な性格が表れている。考えるよりも先に体が動いてしまう正造、自分で書かないことも〝らしさ〟といえるかもしれない。

田中正造の言葉

真の文明は山を荒らさず、川を荒らさず、村を破らず、人を殺さざるべし

山川を荒らし、村を破壊し、人を殺すことが文明なのか？　そんな愚かなものは文明などではないという正造の心が伝わってくる

教員たるもの発言には要注意

夏目《なつめ》漱石《そうせき》の発言が生徒の自殺の原因に!?

〝漱石〟の由来は中国の故事だった

『吾輩は猫である』『坊っちゃん』『こころ』など後世まで讃えられる数多くの作品を残し、明治・大正期を代表する文豪として知られる夏目漱石《なつめそうせき》。本名は夏目金之助《なつめきんのすけ》で、〝漱石〟という名は正岡子規《まさおかしき》から譲り受けたペンネームだったことはご存知だろうか？

〝漱石〟は唐代の『晋書《しんじょ》』の故事「漱石枕流《そうせきちんりゅう》（石に漱《くちすす》ぎ流れに枕す）」から取ったものである。子規はペンネームのひとつか

漱石枕流　中国の晋の時代の孫楚《そんそ》という人物が、「枕石漱流」、すなわち「石に枕し、流れに漱ぐ」というところを誤って「漱石枕流」と逆にいってしまった。それを指摘されると「石に漱ぐは歯を洗うため、流れに枕するは耳を洗うため」とこじつけたことから、負け惜しみが強いことのたとえとして使われるようになった。

らこれを譲ったのだが、その意味は〝負け惜しみが強く頑固なこと〟。なぜ漱石はこのペンネームを使いはじめたのか？それは漱石自身が類を見ないほどの負けず嫌いだったからである。

教員時代に残した負け惜しみ伝説

漱石は教員を務めていた頃、その負けず嫌いな性格を窺わせる逸話をいくつも残している。

たとえば中学校で英語を教えていたときのこと。生徒が「いまの先生の訳語は辞書に載っていません」と指摘すると、漱石はたじろぎもせず「辞書が間違っているのだ。辞書を直しなさい」と居直ったという。

また、東大で教鞭を取っていたとき、ポケットに手を入れている学生を叱りつけると、その学生は片腕がなかった。さすがの漱石も申し訳なかったと謝ったが、そのあとに「私もない知恵を出して講義をしているのだから、君もない腕を出したらど

漱石の数少ない友人
人物相関図

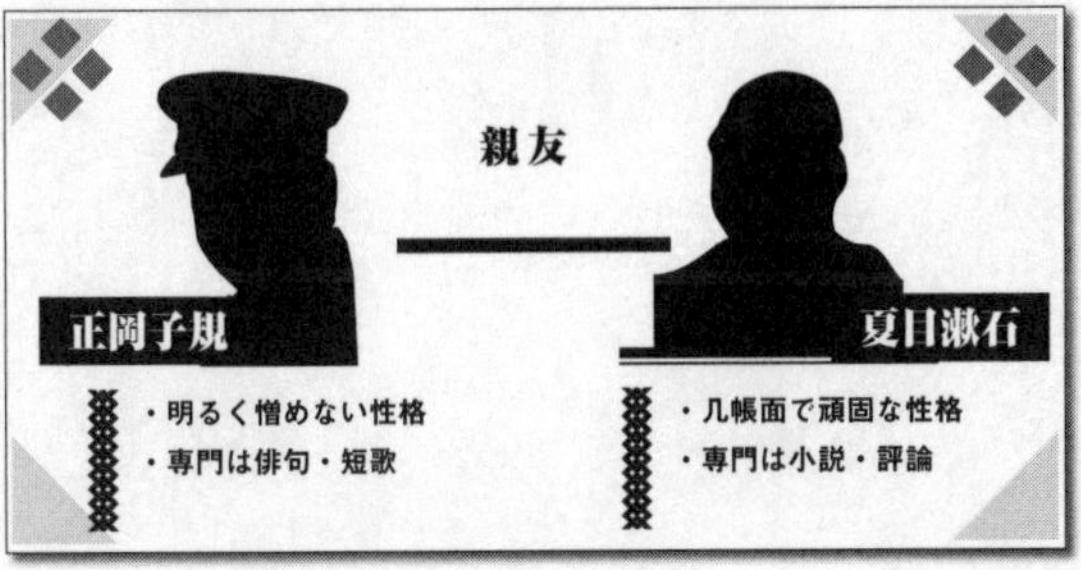
親友
夏目漱石
・几帳面で頑固な性格
・専門は小説・評論
正岡子規
・明るく憎めない性格
・専門は俳句・短歌

うかね」と余計なひと言をつけ加えてしまった。いくら負け惜しみが強いといっても、ものには限度というものがある。

後年の鬱病の元になったとも…

そんな漱石の負け惜しみ発言だが、思わぬ悲劇を呼んでしまったこともあった。

東大の講義にて、ある学生に英文を訳させたところ「予習していません」というので、「次は予習をしておくように」と指示した。だが、次の講義でもその学生は予習をしてこなかった。怒った漱石は「勉強する気がないなら、教室にこなくていい！」といい放った。その学生はほどなくして、華厳《けごん》の滝に身を投げて命を絶っている。学生の名は藤村操《ふじむらみさお》。高名な東洋史学者の甥であり、この自殺は社会に大きな影響を与えた。

遺書を見る限りでは件《くだん》の授業が原因だとは限らないのだが、藤村の死を知った漱石はひどく狼狽し、神経衰弱を起こしてしまった。もとより神経質なところがあった漱石にとって、教員という職業は向いていなかったのかもしれない…。

その後の漱石の活躍ぶり

そんな悲痛な経験をした漱石だが、その後の彼の作家としての業績には目覚ましいものがある。

1904年の暮れから処女作『吾輩は猫である』を執筆。これが「ホトトギス」で読み切りとして掲載されると好評を博し、漱石は作家として生きることを決意する。その後も『坊っちゃん』などで人気作家となると、一切の教職を辞して朝日新聞に入社。本格的に職業作家としての道を歩むことになる。その後も『三四郎』『それから』などの作品を意欲的に発表するが、胃潰瘍が原因で生死の間をさまよう危篤状態に。何とか持ち直すものの以降も何度か胃潰瘍で倒れ、1916年に49歳でこの世を去った。

こうしてその生涯を振り返ると、漱石にとって藤村操の死がひとつの転換点になっていることがよくわかる。彼の死は決して無駄ではなかったのだ。

いったい真実はどこにあるのか？

三浦和義は他殺!?
陰謀蠢く〝ロス疑惑〟

多くの謎を残した突然の死

２００８年10月10日、〝ロス疑惑〟の中心人物・三浦和義《みうらかずよし》がロサンゼルス市警の独房にて死亡した。警察は自ら首を吊っての自殺と発表したが、この事件にはあまりにも不可解な点が多い。それまで拘置所や刑務所の中でもしぶとく戦い続け、直前まで「自由を得るために闘い続ける」と主張していた三浦がなぜロサンゼルスに移送された途端に自殺したのか？　独房の構造や自殺のタイミングを見ても矛盾点が多すぎる。果たして三

浦の死は本当に自殺だったのだろうか？

裁判で勝利を収めてきた男がなぜ？

1985年に三浦が〝ロス疑惑〟の発端となった殴打事件の殺人未遂容疑で逮捕されてから、拘置所に収監されていたのは通算13年にも及ぶ。その間に彼は100冊もの専門書を買って勉強を重ねて訴状を書き、マスコミ報道が名誉毀損に当たると主張して立証していった。一連の〝ロス疑惑〟で三浦がマスコミ相手に起こした訴訟はなんと500件以上にものぼり、その約8割を勝利していたというのだから驚きである。日本でこれだけ戦いつづけてきた三浦が、裁判を前に自ら命を絶つとは到底考えられない。

実際、三浦は2008年2月22日にサイパンでロサンゼルス市警の警官に逮捕されたあとも、日本の最高裁での無罪確定を武器にして戦っていた。その時点では、ロサンゼルスに移送されたその日に死を迎えるなど、考えられなかっただろう。

ロス疑惑

1981年8月、三浦が妻とともにロサンゼルスに旅行中、妻がホテルの部屋に突如侵入してきた日本人女性に殴打され、軽傷を負う事件が発生。さらに同年11月、ロサンゼルス市内の駐車場で三浦夫妻を2人組の男が襲撃。妻は頭を撃たれて死亡、三浦も足を撃たれた。その後、三浦は妻の保険金として1億5500万円を受け取った。一時はそれで事件が収まったかに見えたが、1984年に『週刊文春』が、この事件は保険金目当ての三浦が仕組んだものと発表するとマスコミは一気に食いつき、〝三浦犯人説〟が各所で報道されるようになる。そして1985年、三浦の愛人が三浦の元妻の殴打事件の犯行をメディアに告白。三浦への疑惑が高まり、同年9月、警視庁は三浦を殺人未遂容疑で逮捕。長い公判が行われ、その間に銃撃事件の殺人疑惑もかかるが、そちらは三浦の控訴により無罪が確定。結局、三浦の罪状は殴打事件の殺人未遂による懲役6年のみで収まった。

自殺というにはあまりに矛盾が多い

ロサンゼルス市警で迎えた死には、腑に落ちない点がいくつも存在する。まず、シャツで首を吊ったということだが、三浦のいた独房には首吊り紐を引っかける場所はどこにもなかったという。しかも、三浦が死亡した時間帯には10分間おきに巡回があり、看守の目を盗んで自殺を遂行できる時間は到底なかったと考えられる。そして、極めつけとなるのが三浦の弁護人のマーク・ゲラゴスの発言だ。彼は三浦の死体の喉には首を絞められたかのような血腫ができていたと語っている。三浦の遺体を検視した病理学者も、それを根拠に自殺ではなく他殺と結論づけている。

こうして急浮上した他殺説。市警の中での犯行となると、まず外部の人間の犯行とは考えられない。もし、ロサンゼルス警察内部による犯行だとしたら、どういう動機によるものだったのだろうか？

もうひとつの陰謀が隠されていた!?

第一に考えられるのが、警察にとって三浦の存在が邪魔だったということだが、これは可能性としては低いと思われる。もちろん、再び三浦に無罪を主張されて抵抗し続けられる可能性はあるが、それを有罪と実証するためにロサンゼルスまで連れてきたのだ。殺してしまっては何にもならない。また、粛清《しゅくせい》という線もないとはいいきれないが、〝ロス疑惑〟が警察にとってそこまで重要な事件かと考えると疑問が残る。

そこで考えられるのが、もうひとつの陰謀の存在である。三浦は警察にとってデメリットとなる情報をつかんでいたということだ。三浦は日本滞在中「〝ロス疑惑〟の真犯人を知っている」とほのめかしたことがあったという。その真犯人の正体が警察にとって困る人物、たとえば警察内部の人間であったのだとしたら…。そう考えると陰謀説も簡単にはぬぐい去れない。

第1章 幕末
第2章 中世
第3章 戦国
第4章 江戸
第5章 近現代
第6章 古代

犯人はオタク？　それとも…

昭和のマッドボマー 草加次郎の正体とは？

日本初の無差別テロリスト

昭和中期の日本を恐怖に陥れた〝草加次郎事件〟。１９６２年から約1年間、草加次郎と名乗る犯人が引き起こした犯行は爆破・狙撃・脅迫などのべ10件以上。日本最初の愉快犯による犯行とみなされている。１９６２年11月、島倉《しまくら》千代子《ちよこ》の後援会事務所に〝草加次郎〟とだけ記名された封筒が送りつけられ、事務職員がそれを開けようとした瞬間に爆発。全治２週間の火傷を負った。この事件を皮切りに草加次郎は映画館や電話ボッ

草加次郎事件の犯人像を巡る証言

捜査員

地下鉄事件くらいでやめるんだから、真面目で小心な男なんだろう

クスでの爆発物投棄事件、吉永小百合《よしながさゆり》への脅迫事件、自作ピストルによる一般人狙撃事件などいくつもの凶悪事件を引き起こしている。1963年には地下鉄銀座線の車内に爆弾を仕掛け、11人もの重軽傷者を出す事件を起こすが逮捕には至らず、そのまま草加次郎は姿をくらませることとなる。

犯人像は浮かび上がるも捕まらず

その後1978年に時効が成立し、事件は迷宮入りとなる。

さて、そうなると気になるのは犯人像である。

まず、予想されるのはガンマニアで科学的な知識も豊富な人物であること。現在に比べれば情報源の乏しい時代、そうでなければ銃や爆弾を自作するのは極めて難しい。さらには文学青年であったとも考えられる。爆発物が石川啄木やエラリー・クイーンの書籍に偽装されていたことがその理由だ。だが、いずれにしろ捜査の強力な手掛かりとはならなかった。現在はその存在すらも謎に包まれている…。

警視庁科学検査所

装置そのものについては幼稚だが、誰でも作れるようなものではない

結城昌治(作家)

犯人が突然プツリと消えたのは死んでしまったからではないか

西村京太郎(作家)

犯人は中年だと思う。〝草加次郎〟というネーミングは若者じゃない

神格化された東郷平八郎

〝丁字戦法〟の発案者は秋山真之ではない!?

バルチック艦隊を壊滅させた戦法

1905年、日露戦争の日本海海戦において、日本軍はロシアが誇る強力艦隊・バルチック艦隊を壊滅させた。この劇的な勝利はロシアにポーツマス条約を結ばせた要因のひとつとされている。バルチック艦隊との決戦の際、日本艦隊は接触する8000メートル手前で急に左に旋回した。そしてバルチック艦隊の進路を塞いだところで、近距離から砲撃を浴びせたのだ。

〝丁字《ていじ》戦法〟と呼ばれるこの戦法は、名参謀・秋山真之《あきやまさねゆき》が発案し東郷平八郎《とうごうへいはちろう》が採用したといわれているが、実は秋山よりも前にこの作戦を主唱《しゅしょう》していた人物がいた。その男の名は山屋他《やまやた》人《にん》。日本海海戦時に「笠置《かさぎ》」艦長だった男である。

山屋の戦法を東郷がパクった!?

山屋が〝丁字戦法〟を考案したとされる根拠として、海軍大将・山梨勝之進《やまなしかつのしん》の発言がある。山梨は海上自衛隊幹部学校で行なった講話の中で「山屋さんが〝丁字戦法〟の最初の主唱者だった」と明言しているのだ。さらに、山屋は東郷が海軍大学校時代、校長を務めていた人物でもある。ここから〝丁字戦法〟は山屋が東郷に教えたものだと考えられる。

ではなぜ、東郷と秋山のふたりによるものと伝えられているのか？　それは当時東郷を有能な指揮官として神格視する風潮があったからだと考えられる。奇跡の勝利をさらに劇的なものとして演出するため、戦法の発案者という脚色が加えられた結果だったのだ。

日露戦争・日本海海戦　勢力図

日本海軍・連合艦隊		ロシア海軍・バルチック艦隊
戦艦4隻	VS	戦艦8隻
装甲海防艦2隻		装甲海防艦3隻
装甲巡洋艦8隻		装甲巡洋艦3隻
巡洋艦16隻		巡洋艦6隻
ほか全108隻		ほか全38隻

偉人なんて呼ばないで！

野口英世は自伝の過大評価に不満足!?

初の伝記も内容は作り話ばかり

細菌学研究の場において、世界的にその名を知らしめた野口《のぐち》英世《ひでよ》。晩年、ニューヨークで暮らしていた彼の元に、日本からある本が送られてきたことがある。その本の名は『発見王野口英世』。野口の生涯を綴った初の伝記であった。

だが、それを読んだ野口は「これは作り話だ」と一蹴。なぜならその本は野口のことを完璧な人間として描いた、美談ばかりの内容だったからであった。野口が地位を得るまでには後ろめたい出来事もたくさんあった。そういう側面をなかったことにして、聖人のように描かれたことに不満を示したのだ。このエピソードはグスタフ・エクスタインが書いた『Ｎｏｇｕｃｈｉ』という本に記されている。

日本を代表する偉人になった理由

そして、このような描かれ方が野口をだんだんステレオタイプな偉人として持ち上げていく。昭和初期、野口は教科書に取り上げられるようになり、子供たちにもその名前が知られるようになる。貧しい生まれから努力を重ねて偉くなったということでウケがよかったのだろう。

戦争が終わると、それまでの偉人伝の中心的存在であった乃《の》木《ぎ》大将《たいしょう》や東郷《とうごう》元帥《げんすい》などの軍事関係の人物が扱いづらくなり、代わりに台頭してきたのがほかならぬ野口だった。そうして野口は美談ばかりを描かれたまま、本人の意に反して日本で最も有名な偉人として持ち上げられてしまったのだ。

野口英世の言葉

名誉のためなら危ない橋でも渡る

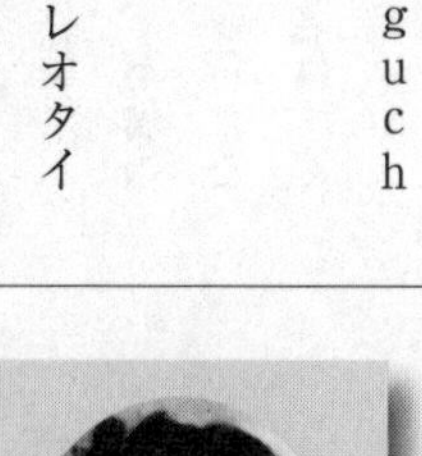

これ以外にも数多くの名言を残しているが、自らの伝記に対して言いたかったのはこの言葉だろう。綺麗事ばかりが人生ではない

閉塞した時代を切り開く刺激的事件？

猟奇殺人犯・阿部定《あべさだ》はニンフォマニア!?

男の元を渡り歩いていた阿部定

1936年、二・二六事件で軍国主義の風潮が吹き荒れる中、その事件は起こった。割烹《かっぽう》の主人であった石田吉蔵《いしだきちぞう》が、不倫相手の女中・阿部定《あべさだ》との情交の末に殺され、局部を切り取られたのだ。信じ難い猟奇的な犯行に世間はわき、阿部定の名はすぐさま世に知れ渡った。俗にいう阿部定事件である。

石田と出会う前、定は芸者や妾《めかけ》などをしながら各地を転々と遊び歩いていた。相手にした男の中には名古屋市の市議会議員大宮《おおみや》五郎《ごろう》もいたという。大宮は定を諭し、まじめに働くようにと東京中野の吉田屋《よしだや》という割烹を紹介する。そこの主人が石田だった。

石田は齢《よわい》42の粋な快男児。定はほどなく石田に惹かれ、石田も妻を持つ身でありながら、定と不倫を働くようになる。そしてふたりの愛欲がピークに達したとき、事件は起きた。

情交の上、絞殺。そして局部切断

尾久《おぐ》の待合旅館・満佐喜《まさき》にて、ふたりは情事に明け暮れていた。石田に「首を絞めると快感が増す」といわれた定は、性交中に石田の首を絞め続けたという。だが、行為が長時間に及ぶにつれ感覚が麻痺してしまったのだろう。石田は寝ている間にも定に首を絞められ、やがて死に至った。

絶命した石田を見た定は、包丁で彼の性器を切断し、雑誌の表紙に包んで持ち帰った。

その日の昼、石田の遺体が旅館の女中によって発見されたこ

阿部定の言葉

定吉二人キリ

石田を殺害後、定がシーツに書いた血文字。阿部定の定と石田吉蔵の吉を刻み、誰にも近寄らせないという思いを込めたという

とにより、事件は発覚。翌々日、定は旅館に宿泊していたところを逮捕された。定は刑事を見ると「私がお探しの阿部定ですよ」とあっさり自供したという。

事件は人々の発奮材料に

メディアがこの事件を大きく取り上げると、日本全国で多大な反響が巻き起こった。定は猟奇殺人者というよりも、狂おしいほど愛を貫いた悲劇のヒロインとして扱われ、裁判が行なわれた際には裁判所に〝お定ファン〟が殺到、事件直後に定が売り払った衣服には法外な値段がつけられたという。本来であれば、社会問題に発展してもおかしくない猟奇的な事件だが、軍国主義に閉口していた人々にとってはある種のカンフル剤になったのかもしれない。

定は6年の懲役を受け、恩赦で出所した後は料亭やホテルの従業員などをしてひっそり暮らしたというが、その後の足取りについてはわかっていない。

奴隷にヒモに詐欺被害に

政治家・高橋是清《たかはしこれきよ》はトラブルメーカー!?

海外留学するも奴隷商人に売られ……

ふくよかな風貌から〝ダルマ宰相《さいしょう》〟と親しまれた第20代内閣総理大臣・高橋是清《たかはしこれきよ》。20歳で文部省に入省し、82歳で暗殺されるまで政界で生きた人物だ。政界ではその手腕を遺憾《いかん》なく発揮した彼だが、青年期まではトラブルの多い人生を送っていた。

1867年、13歳のときに海外留学した彼は、サンフランシスコの老夫妻の家で英語の勉強を始めた。だが、家事手伝いをやらされて勉強をする暇もなく、たまりかねた彼が文句を言う

と、別の家に移れと書類にサインをさせられる。まもなくオークランドの農家に移ったが、そこで待っていたのは一日中の野良仕事。実は彼がサインした書類は奴隷契約書だったのだ！　それでもめげずに頑張った彼はさまざまな家を転々としたのち、翌年帰国。机上の勉強はできなかったが、ネイティブな英語は学べたようだ。

芸妓のヒモから政界入り!?

帰国した高橋は英語の能力を生かし、書生や教員の助手などを務めるが、ひょんなことから芸妓《げいぎ》遊びにハマり、芸妓のヒモになる。さらに酒を覚えた彼は毎日毎日飲んでばかり。そんなときに舞い込んできたのが英語教師の仕事だった。仕事は順調でそれなりに貯金もできるが、それも詐欺師にだまされスッカラカン。その後、書生時代に知遇を得た森有礼《もりありのり》に薦められて政界に入るが、彼との出会いがなければ高橋の人生はどうなっていたのかわからない……。

高橋是清の言葉

私は子供の時から、自分は幸福者だ、運のいい者だということを深く思い込んでおった。それでどんな失敗をしても、窮地に陥っても、自分にはいつかよい運が転換してくるものだと、一心になって努力した

留学先で騙されたことや、詐欺師に大金を騙し取られたことなど、苦難に遭っても這い上がってきた彼の人生を表している

闇に葬られた首都計画

戦争が長引いていれば首都は長野県だった!?

東京を捨てる予定だった

現在、日本は首都機能を東京に集中させているが、実は東京＝首都という明確な規定があったことはない。そのことも起因してか第二次世界大戦末期、首都機能を長野県の松代《まつしろ》に移す計画があった。

１９４４年７月、太平洋戦争でサイパンが陥落したことで、本土決戦の可能性が浮上。同月の東條内閣最後の閣議で皇居とその他首都機能を松代へ移転し、〝松代大本営《まつしろだいほんえい》〟を建設する工

首都機能移転計画で松代が選ばれた理由

其ノ一

本州のもっとも幅広い地帯であり、近くに飛行場がある

事を進めることが承認された。その後、国民に極秘で工事は進められ、最盛期には朝鮮人7000人・日本人3000人が作業に当たったが、1945年8月の敗戦を機に中止。そのときすでに全体の約8割が完成していたという。

決して無謀な計画ではなかった

現在、松代大本営は観光名所として地下壕の一部が公開されている。以前は強制労働問題が騒がれていたが、当時の財政事情からすれば食事などの待遇は悪くなかったことが近年関係者の証言で証明された。地上部には天皇御座所、皇后御座所、宮内省になる予定だった建物も残されており、軍の力の入れようを窺い知ることができる。

また、人気アニメ『新世紀エヴァンゲリオン』の作中では、長野県松本が第2新東京市という名称になり、首都機能を備えた都市として登場する。第1候補は松代だったという設定もあり、これも松代大本営をモチーフにしたものだとされている。

其ノ二

地質的に硬い岩盤で掘削に適し、10トン爆弾にも耐える

其ノ三

地下施設建設に十分な面積があり、比較的労働力も豊富

其ノ四

長野県の人は心が純朴で、信州は神州に通じ、品格もある

文官唯一の死刑囚

総理大臣・広田弘毅《ひろたこうき》は身代わりで死刑に!?

日中戦争の責任を取らされて死刑に

第32代内閣総理大臣・広田弘毅《ひろたこうき》は文官で唯一死刑になった人物として有名だが、実はこの死刑は彼のために用意されたものではなかった。

大戦後の1946年4月、広田はA級戦犯として裁判にかけられた。もっとも大きな罪状は日中戦争を始めたこととされたが、日中戦争の幕開けとなった1937年7月7日の盧溝橋《ろこうきょう》事件の際には、広田はすでに総理大臣ではなかったのである。当時、外務大臣だった彼は事件勃発後、不拡大方針を主張して平和的解決に努めた。

だからといって責任がなくなるわけではないが、罰せられるなら広田ではなく、当時の総理大臣が先ではないのか？　当時、総理大臣を務めていたのは近衛文麿《このえふみまろ》。彼も東京裁判でA級戦犯として裁かれる予定だったが、出頭期限であった１９４５年12月16日に青酸カリを服毒し、自殺していたのだった。

後世の政治家たちへの警告だった!?

もし、自殺していなかったら、近衛は間違いなく東京裁判で死刑を求刑されていただろう。つまり、広田は近衛の身代わりにされたのである。広田が平和活動を働きかけていたことは裁判でも評価されていたが、死刑の判決を揺るがすほどではなかった。それほどまでに日中戦争の責任は重いものだったのである。近衛の生死を抜きに考えても、広田は何らかの刑を受けていただろう。

東京裁判（極東国際軍事裁判）
第２次世界大戦後、連合国が戦争犯罪人として指定した日本の軍人などを裁いた裁判。東條英機をはじめ、日本の指導者28名が刑を受けた。裁く側はすべて戦勝国だったことから、〝勝者の裁き〟とも呼ばれる。裁判所には、市ヶ谷の旧陸軍士官学校講堂が使われた。

国益は人命より重い!?

事件の裏にはGHQ!?
帝銀事件の真相とは

行員を死に追いやった巧妙な手口

1948年、東京都豊島区の帝国銀行椎名町支店で、凶悪事件が発生した。事件のあらましはこうだ。

銀行が閉店した直後、中年男性が店内に入ってきた。彼は慌てた様子を見せながら「近くで集団赤痢が発生した。GHQの消毒班がくる前に、この予防薬を飲んで欲しい」と、予防薬と称した劇物入りの薬品を行員たちに飲ませる。

彼が「厚生省技官松井蔚《しげる》」と書かれた名刺を差し出したこと

事件発生から発覚までの流れ

其ノ一

帝国銀行椎名町支店に「松井蔚」と名乗る男が入店

や東京都防疫班の腕章をつけていたことから、行員たちは疑うことなく、彼の指示に従った。

すると、みるみるうちに行員たちは倒れ、12人が死亡。出納係の机の上においてあった現金と小切手が盗まれたのである。

名刺交換をして犯人となった画家

事件後、犯人としてひとりの男が逮捕された。彼の名は平沢《ひらさわ》貞通《さだみち》。テンペラ画家であった。犯人が差し出した名刺に書かれた「松井蔚」という名の人物は実在しており、彼はその松井氏と名刺交換したことがあった。

ところが平沢氏はその名刺を紛失していたため、逮捕されたのだ。名刺交換したのに紛失した＝事件に使用した、という警察の憶測による逮捕劇であった。

事件当初、犯人は「毒物の扱い方に詳しい者」として捜査はスタートしている。

ところが、平沢氏は毒物の知識を何ら持ち合わせていないば

▶ **其ノ二**
赤痢予防薬と偽り、手本を見せたあとに毒薬を行員たちに飲ませる

▶ **其ノ三**
薬を飲んだ行員たちが次々と痙攣、嘔吐し、意識を失い倒れていく

▶ **其ノ四**
自力で外に脱出した被害者に、外にいた学生が気づいて事件が発覚

かりか、数々の目撃証言からアリバイも成立していた。にもかかわらず、連日連夜にわたって拷問《ごうもん》のような取り調べが行なわれ、ついには犯行を自供せざるを得なかったのである。

捜査の裏に潜む黒い影の正体とは!?

平沢氏の供述は事実と辻褄《つじつま》が合わず、前述通りアリバイも確かなものだったが、警察がそれに耳を傾けることはなかった。市民の目から見ても平沢氏が冤罪《えんざい》であるという可能性は高く、全国各地で保釈運動が勃発。小説家・松本清張《まつもとせいちょう》も平沢氏の無実を主張している(『日本の黒い霧』)。だが、結果は死刑判決。警察がここまで強硬になる理由はひとつ。決して逮捕できない真犯人が別にいたからである。

犯人は薬物の致死量や、薬物が体内に回って死に至るまでの時間を完璧に把握していたと考えられる。そこで当時、薬物や劇薬についても高い知識を持ち合わせる731部隊が捜査線上に浮かび上がった。

「731部隊」とは戦時中に劇物で人体実験を繰り返した旧

日本軍の特殊部隊である。しかし本格的にとりかかる間もなく、GHQからの圧力により捜査は打ち切りとなっている。

「731部隊」を守り通した理由

当時、GHQ内では対ソ連問題が持ち上がり、ソ連に対応する準備を整えている状態だった。そこでGHQは、「731部隊」が持つ薬物や細菌兵器に対する高い知識と技術に着目。対ソ戦の手段にしようとしていた。

そのため同部隊の事件への関与や、そこから逮捕者を出すことを避けたかったのである。その疑いを晴らすためには、やはり真犯人と思われる人物を出すことが必要。

そこで犯人としてでっち上げられたのが平沢氏なのである。結局、平沢氏は確たる証拠もないまま40年近く服役。95歳で獄中にて亡くなっている。こうして真実が明らかになることもなく、帝銀事件はひとりの画家の命を奪ったのだ。

帝銀事件の前には類似事件が発生していた!?

安田銀行荏原支店

47年10月、医学博士を名乗る男が、赤痢感染を口実に行員たちに薬を飲ませるものの被害はなし

三菱銀行中井支店

ひとりの男が帝銀事件と同じ手口で犯行に及ぼうとするが、現金がないことを告げると男は店を出ていった

逮捕された人たちは冤罪だった？

「松川事件」の裏に国家的陰謀の影

故意に引き起こされた凶悪事件

「国鉄三大ミステリー」のひとつにも数えられる「松川事件」が発生したのは1949年8月。青森発、上野行きの列車が脱線・転覆した鉄道事故だ。

捜査の結果、線路の継ぎ目部分のボルトやナットが緩められ、レールを固定する犬クギが抜かれていたことから何者かが路線内に侵入して引き起こした人為的な事件であることが判明。しかし、この事件の裏には、国家レベルのとんでもない策略が隠されていた。事件の犯人として逮捕されたのは東芝松川労組幹部、国労福島支部幹部関係者ら20人。彼らは裁判でも有罪判決を受けたのだが…。

十数年犯罪者とされた20人

9年後、逮捕者にあったアリバイは検察官によって隠蔽され、現場から押収したとされる物証は、警察によってでっち上げられたものということが明らかになった。そして61年の差し戻し審で、被告者全員に無罪がいい渡された。無罪は認められたが、なぜ犯人扱いされたかはいまだ隠蔽されている。その理由は当時の日本の情勢に関係していた。「ドッジライン」の影響で労働争議が勃発していた事件当時、現場となった地域でも大量解雇を巡って闘争が繰り広げられていたのだ。これに頭を悩ませた政府は運動を抑えようと、この〝事件〟を思いついた…というのだ。今となっては真相を知る由もないが、警察を意のままに操れる機関など、国家以外には存在しないのではないか。

国鉄三大ミステリー

其ノ一

1949年7月、下山事件。国鉄総裁だった下山《しもやま》定則《さだのり》の轢死体が東武伊勢崎線ガード下付近で発見された

其ノ二

下山事件から約2週間後に起きた三鷹事件。三鷹駅構内で無人列車が暴走。6人が死亡

其ノ三

同年8月に起こった松川事件。福島県の松川駅、金谷川《かなやがわ》駅間を走行中の電車が突如脱線、転覆した

昭和最大のミステリーの謎に迫る

3億円事件発生は学生運動対策だった

一瞬にして消え去った3億円

1968年12月10日。3億円もの大金を載せた現金輸送車が、警察官らしき男から停車を求められた。男は、車の下に爆弾が仕掛けられていると警告し、全員を降車させた。そして車を安全な場所へ移動させるように見せかけ、金を載せたまま消え去った…。これこそ昭和最大のミステリー「3億円事件」である。しかしこの事件、公安警察のある狙いから引き起こされたという噂がささやかれている。

3億円が盗まれるまで

其ノ一

大金を積んだ現金輸送車が警察官に扮した男に停止を求められる

1960年、日本では安保闘争や安田講堂事件をはじめとする学生運動が勃発。学生の過激な行動を前に機動隊が出動しては衝突を繰り返しており、警察は頭を悩ませていたのである。そんな中、さらなる不安が警察を襲う。70年安保闘争である。彼らはその闘争を避けるため、学生紛争のアジトや活動の中心的人物を突き止める必要があったのだ。そこで引き起こされたのが3億円事件だった…というのである。

犯人捜査の目的は学生の実態調査!?

警察は3億円事件の〝犯人捜査〟との名目で、学生が多く住んでいる中央線沿いのアパートなどを中心に捜査を進めた。実際、調査を受けた若者は総勢11万人！　この影響もあってか、1970年頃に学生運動は下火になる。それと同時に3億円事件の捜査が大幅に縮小されているのは、ただの偶然といえるだろうか。いまだに事件が解決されず犯人が見つからないのは、謎を解く鍵を警察が握っているから…かもしれない。

其ノ二

爆弾が仕掛けられていると警告され全員が降車させられる

▼

其ノ三

犯人は「爆発する！」と叫び、車とともに逃走（周囲は車を安全な場所に運んでくれていると思っていた）

▼

其ノ四

男が戻ってこないことなどを不審に思い、支店そして警察に連絡。強奪事件であることが発覚

東アジア共産化の犠牲となった日本

スターリンが仕掛けた日中戦争と太平洋戦争

ソ連スパイが作ったハル・ノート

太平洋戦争開戦の直接のきっかけは、アメリカが日本に突きつけた最後通牒「ハル・ノート」だ。これは当時の日本にとって、とても受け入れられる内容ではなかったため、今日では日本に武力発動させるためのアメリカの挑発行為であったとの見方が強い。しかし、この「ハル・ノート」の起草者の中に、コミンテルンのスパイがいたことまではあまり知られていない。コミンテルンとは、ソ連を中心とした共産主義の国際ネットワーク。

歴史的惨事に垣間見えるスターリンの謀略

其ノ一

ソ連は張作霖爆殺事件を引き起こし、それを日本軍の仕業に見せかける

つまり太平洋戦争はスターリンによって、間接的に「仕掛けられた」疑いがある。彼は、日本がソ連に北進してくるのを避けるため、アメリカと日本の開戦を望んでいたというのだ。

負ける戦争を強要された日本

それだけではない。太平洋戦争に先立ち勃発していた日中戦争自体が、ソ連コミンテルンと中国共産党によって引き起こされたといわれている。満州事変の遠因となった1928年の張《ちょう》作霖《さくりん》爆殺事件は、日本の関東軍の仕業に見せかけたソ連の謀略であったことが、後にソ連の機密文書から明らかになった。また日中戦争の発端となった盧溝橋《ろこうきょう》事件は、中国共産党のスパイが蒋介石《しょうかいせき》軍に潜入して起こしたと考えられている。

スターリンの狙いは、その後の歴史を見れば明らかだ。〝始めさせられた〟戦争に日本が敗戦したおかげで東アジアにはスターリンが望んだ通り、中国・北朝鮮の共産化がもたらされたのだから。

其ノ二

▶ 中国共産党のスパイが蒋介石に起こさせた盧溝橋事件により、日中戦争開始

其ノ三

▶ 日米間に太平洋戦争を勃発させることで、日本のソ連北進を逃れる

其ノ四

▶ スターリンの思うがままに事は進み、中国と北朝鮮の共産化が進んだ

「腹」と「原」を聞き間違えたのが原因？

勘違いで暗殺された不憫《ふびん》な原敬《はらたかし》首相

原敬暗殺の引き金は……

19代目の内閣総理大臣を務めた原敬《はらたかし》。彼は1921年、東京駅にて暗殺されるという最期を迎えた。しかしその事件は、犯人のとんでもない言葉の〝聞き間違い〟が引き金となっていたのだ！

原を殺したのは山手線大塚駅で駅員を務めていた中岡艮一《なかおかこんいち》、19歳。原が行なっていた財閥中心の政治などに、日頃から政治的な鬱憤《うっぷん》を抱えていた。また、中岡の上司・橋本栄五郎《はしもとえいごろう》も原に

東京駅にて非業の死を遂げた原敬

不満を持っていた。中岡は、橋本の影響を強く受けたとされる。

事件の発端は、橋本と中岡のいつもの政治批判談義からだった。橋本の「今の日本には武士道精神が失われた。〝腹を切る〟といっても、実際に腹を切った例はない」という発言に対して中岡は「私が〝原〟を斬ってみせます」と返答。そう、彼は橋本がいった「腹」を「原」と聞き違えたのだ。そうして勘違いしたまま原敬暗殺を決意。そして21年11月、中岡は東京駅にて原敬の右胸を短刀で刺して殺したのである。

あまりにも不憫な原の最期とその後

事件後の裁判で、中岡には無期懲役の判決が下った。言葉の聞き間違いが事件の原因だと明るみに出たのも裁判中のことである。さらに、殺人を促したとして橋本が殺人教唆《きょうさ》の疑いで起訴される事態となった。

たったひとつ言葉を聞き違えたために引き起こされたこの事件、命を落とした原敬にとっては、あまりに迷惑な話である。

「平民宰相」として名高かった原敬

年代	出来事
一八五六	岩手県盛岡市本宮にて生まれる
一八八二	郵便報知新聞と大東日報の記者を経て外務省へ
一九〇〇	第4次伊藤内閣逓信大臣に就任
一九〇六	第1次西園寺内閣成立。内務大臣を務める
一九一三	第1次山本内閣内務大臣となる
一九一四	第3代立憲政友会総裁に就任
一九一八	原敬内閣成立。第19代内閣総理大臣に就任
一九一九	衆議院議員選挙法を改正
一九二一	東京駅にて暗殺される

田中角栄はこの事件で失脚させられた!?

アメリカの陰謀渦巻く ロッキード事件の真相

戦後最大のスキャンダル

1976年2月に発覚した、田中角栄首相を巡る受託収賄《しゅうわい》罪事件「ロッキード事件」。アメリカの航空機製造会社が航空機を日本に売り込むために工作費として30億円を費やしていたことが明るみに出たことで発覚したこの事件は、首相が逮捕されるという未曾有《みぞう》の大事件となった。しかし、その裏にはアメリカの仕掛けたとんでもないワナがあったのだ。昭和30年代、日本は航空機製造を国内産業のひとつに位置づけようとした。ところが航空機産業を独占したいアメリカは、日本の参入を止めたかった。そこでアメリカは日本の航空機産業を壊滅させるために「ロッキード事件」を仕組んだ……というシナリオだ。

次々と浮かび上がる不可解な点

ロッキード事件には多くの謎や不可解な点が存在する。意図的に誰かを貶《おとし》めようとしているように……。

裁判が被告人に反対尋問の機会が与えられない不利なものだったのもおかしいし、ロッキード社の副社長が、証言の代わりに贈賄罪や偽証罪で起訴されないよう司法取引しているのも怪しさ満点だ。ほかにも金を受け取った人物がいるはずなのに、田中が受け取った金ばかりが注目されたのもおかしい。これを裏づけるように当時の国務長官ヘンリー・キッシンジャーは「ロッキード事件は間違いだった」という言葉を残している。田中角栄がアメリカのワナにハメられたと考えるのは、あながち間違いではないかもしれない。

田中角栄元首相逮捕までの道のり

其ノ一
76年2月4日、ロッキード社不法献金の証拠資料が公表され事件が発覚

其ノ二
田中角栄と親密な交際があった関係者の証人喚問、右腕の児玉誉士夫《こだまよしお》を尋問

其ノ三
76年7月27日、田中角栄を外為法違反容疑で逮捕

グリコ・森永事件に残された謎

かい人21面相の狙いは金ではなく損害だった

食品会社ばかりを狙った凶悪事件

1984年、店頭に並んだお菓子に毒物が混入され、日本中を震撼《しんかん》させたグリコ・森永事件。犯人は自らを「かい人21面相」と名乗り、警察やメディア、食品会社に犯行声明文を送りつけた。警察は、一度だけ防犯カメラに映った犯人の姿を全国に公開、また犯人の似顔絵「キツネ目の男」を公開するなど犯人逮捕に尽力した。だが、最初の事件発生から約1年半後に犯人は忽然《こつぜん》と姿を消す。そして2000年2月、事件は時効を迎えた。

からっぽになったお菓子売り場

グリコ・森永事件に残された最大の謎は動機だ。犯人は多額のお金を要求しているが、金目当てとは思えない。では、なぜこんな事件を起こしたのだろうか。

犯人はまず標的をグリコに絞った。グリコ社長を誘拐したあと本社に放火し、そして毒物入りのお菓子を店頭に置いたのである。それを受けてグリコ商品を撤去するスーパーやコンビニが続出。結果、グリコの損害は約50億円に上り、グリコ株は急落。経営を傾かせるほどの大損害を与えた。

その後、標的を別の食品会社に次々と乗り換えていった犯人は「グリコと同じようになりたくなかったら……」といって脅しをかけている。つまり、犯人の真の目的は社会に与える〝損害〟にあったのだ。だからこそ、このように〝劇場型犯罪〟を繰り広げ、世間を大騒動に巻き込んだ……と考えれば、すべての辻褄《つじつま》が合うのである。

グリコを襲った〝かい人21面相〟の凶行

年代	出来事
一九八四年三月十八日	グリコの江崎社長が誘拐される
三月二十一日	社長を保護
四月二日	社長宅へ脅迫状が届く
四月十日	グリコ本社が放火被害
四月十二日	社長宅への脅迫電話が始まる
四月二十三日	新聞社に脅迫状が届く。この頃から「かい人21面相」と名乗り始める
五月十日	店頭の菓子に毒を混入するという脅迫状が届く。多くの店がグリコ製品の撤去開始
五月三十一日	3億円を要求する手紙が届く
六月二十二日	標的を他の食品メーカーに向け始める

おもしろ
日本史
大全

第6章

古代

青森市で見つかった常識を覆す大発見！

縄文人は意外なほどの高度技術の持ち主!?

遺跡で見つかった巨大建造物の柱跡

縄文時代の生活といえば、小グループ単位となって竪穴式住居に住み、狩猟採集《しゅりょうさいしゅう》を中心にして季節ごとに住みよい場所に移動して暮らす…というのが定説だった。だが、1992年に行なわれた青森市の三内丸山《さんないまるやま》遺跡での発掘調査で、縄文人の意外な実態が明らかになった。

800軒ほどの住居や墓、貯蔵庫やごみ捨て場などの跡が見つかり、35ヘクタールにもおよぶ巨大集落が発見されたのだ。

三内丸山遺跡では発掘された6個の柱穴を元に巨大建造物が復元された

さらに床面積100平方メートルを超える大型竪穴式住居や、巨大建造物を建てる際に使用されたと思われる直径1メートルの柱の跡も発見され、そこから200人~500人ほどの巨大集落が形成されていたことが推測されたのである。

すでに交易は発展していた!?

そして調査の結果、これらの遺跡はなんと紀元前3500年頃から1500年頃のもの、つまりは縄文中期のものであることが判明。この大発見は、日本人は縄文時代にすでに小都市を形成、何世代にもわたって定住していたことを証明することとなった。

それだけではない。三内丸山付近では発掘されてこなかった黒曜石《こくようせき》の石器なども見つかり、すでにこのときには広範囲にわたる交易が成立していたことが明らかになったのである。

4000年以上も前の日本。我々が思っていた以上に当時の技術は発展していたようだ。

三内丸山遺跡で見つかったさまざまな遺構

六本柱建物跡

6本見つかった柱の跡。柱の穴の間隔、幅、深さが一致。当時すでに測量の技術が備わっていたことを示す

大型竪穴式住居跡

一般の住民が暮らしていたと思われる複数の住居跡には、長さ32、幅10メートルを超えるものも

環状配石墓《かんじょうはいせきぼ》

遺跡の中でも道の跡周辺から見つかった。石の並べ方が少し離れたところにある小牧野遺跡と一致している

知られざる古代の建築技術

幻の古代出雲王朝には空中神殿があった！

その高さは東大寺大仏殿を凌ぐ

記紀神話《ききしんわ》によると出雲大社《いずもたいしゃ》は、国護《くにまも》りの神を祀るために「太い柱で、天孫《てんそん》が住むのと同じくらい空高い宮を作れ」との命を受けた大国主命《オオクニヌシノミコト》が、古代における国家的事業として建造したものである。現代でも本殿の高さは24メートルと、神社としては破格の大きさを誇るが、古代にはなんとその高さが倍の16丈（約48メートル）もあったと伝えられている。

しかし、48メートルといえばビル15階分にもなる高さである。

これまでは当時の木造の建築技術ではとても実現不可能だと考えられてきたが、近年になってそれが実在していた可能性が浮上してきた。

柱の跡から空中神殿の噂が真実に!?

2000年、出雲大社の地下祭礼準備室の建設に伴う事前調査にて、境内《けいだい》から勾玉《まがたま》などのほかに直径3メートルにもなる柱跡が発見された。その大きさからコンピュータによる復元がなされ、結果109段の階段と高さ48メートルにもなる巨大な神殿の姿が浮かび上がったのだ。古代出雲王朝の空中神殿の存在が実証されたのである。

さらに時代を遡《さかのぼ》ると32丈（約96メートル）の社殿《しゃでん》があったともいわれている。とてつもない高さだが、48メートルの建物を作る技術があったのならば、それも不可能ではないという気さえしてくる。多くの謎を秘めた古代出雲王朝には、まだまだ我々の想像を絶するような秘密が隠されているのかもしれない。

出雲王朝は実在する!?
出雲の近年の出土品

其ノ一
荒神谷遺跡から、出雲王朝のものと思われる358本もの銅剣が出土

其ノ二
三田谷遺跡で金のるつぼが出土。紀元前に作られた可能性もある

其ノ三
出雲大社に直径3メートルの巨大な柱の穴を発見。空中神殿実在説浮上

日本人のもうひとりのご先祖様

大和朝廷に消された巨大勢力・蝦夷《えみし》

東日本を支配したまつろわぬ民

大和《やまと》地方を中心とする豪族たちが集まり、日本史上最初の統一政権となった大和朝廷。のちに天皇と呼ばれる君主を中心として朝廷を営み、畿内を中心にその勢力を広げていった日本という国家の祖先でもある。だが、日本にはもうひとつ別の勢力が存在していた。それが蝦夷《えみし》と呼ばれる集団である。彼らは東北地方から北海道にかけて居住し、主に狩猟や採集で生活しながらも青森県の三内丸山遺跡などに見られるような独自の高い

文化を作り上げていた。その後、時代が下るとともに大和朝廷に吸収され、一部は蝦夷《えぞ》、すなわちアイヌへと繋がったと考えられている。

統一され消された存在

蝦夷の名は『日本書紀』にすでにその記述が見られ「毛皮を着て、肉を食す」野蛮な狩猟民族として扱われていた。大和朝廷への帰属を拒み続けていた彼らは、そのために異族視され「蝦夷」「まつろわぬ者」として中央政府から差別の対象となっていたのである。8世紀ごろには頻繁に大和政権と争い、巣伏《すぶし》の戦いで遠征軍を壊滅させたアテルイの名前などが伝わっている。その後、征夷大将軍坂上田村麻呂《さかのうえのたむらまろ》らによって征服された蝦夷は、12世紀にはその独立性を失い日本という国家に組み込まれていくこととなる。ちなみに、宮崎駿のアニメ『もののけ姫』に登場する主人公・アシタカはエミシの村出身。蝦夷の村がモデルとして描かれているのである。

『日本書紀』に残されている3つの蝦夷《えみし》

熟蝦夷《にぎえみし》
朝廷からもっとも近いところに住んでいた。性格はおとなしく従順

麁蝦夷《あらえみし》
荒々しい部族で、熟蝦夷の次に朝廷から近いところに住んでいた

都加留《つがる》
朝廷からもっとも遠いところに住み、蝦夷の中でも一番強力な部族だった

藤原氏の陰謀か？

応天門の放火犯 伴善男は冤罪だった!?

まさかの逆告発！ 犯人は誰か!?

平安の大事件・応天門《おうてんもん》の変。当時、放火犯の正体は二転三転したのちに伴善男《とものよしお》と断定されたが、近年彼は冤罪だったのではないかという説が浮上している。

866年、事件が起きてすぐ善男は左大臣《さだいじん》源信《みなもとのまこと》が犯人であると告発。疑惑がかかった源信の邸が包囲される騒ぎになるが、太政大臣《だじょうだいじん》の藤原良房《ふじわらのよしふさ》の弁護によってまもなく無実に。同年8月、下級官吏の大宅鷹取《おおやけのたかとり》の密告により、善男とその息子に嫌疑がか

けられる。拷問を受けても善男は犯行を否認していたが、結局流罪が確定し、事件の2年後に配所の伊豆で没した。

藤原氏が排斥のために仕組んだ罠!?

最初の告発者が犯人だったということで事件は片づいたかに見えるが、善男の犯行とするにはあまりに疑問が残る。だいいち善男には犯行の理由がない。源信を犯人に仕立て上げるために自ら放火したというのはあまりに陳腐である。また、放火をしたという証拠もない。あるのは告発だけで、そこには犯行を裏付ける物的証拠はなかったとされる。

では、冤罪だったとしたらいったい誰の差し金なのか？ 事件の結果、伴氏・紀氏らの多くが流罪に処せられた。これによりもっとも得をしたのは、間違いなく政敵がいなくなった藤原氏である。それだけで藤原氏の放火とするには少々無理があるかもしれないが、単なる失火を他氏の排斥に利用したというのは十分に考えられることである。

応天門の変の歴史年表

年代	出来事
八六四	伴善男が源信に謀反の噂があると朝廷に告発するが、取り上げられず
八六六	応天門の変発生。伴善男が右大臣藤原良相に源信が犯人であると告発。良相は源信の邸を包囲するが、藤原良房の弁護により源信は無罪に
	8月、大宅鷹取が放火の犯人は伴善男とその子、伴中庸であると訴え出る。それを受けて伴氏、紀氏を宮中から駆逐した藤原良房は摂政になる
	9月、朝廷は伴善男らを放火の犯人だと断罪。流罪に処す
八六八	伴善男、流刑先で死亡

鑑定した儒学者の捏造か？

〝漢委奴國王《かんのわのなのこくおう》〟の金印は偽造品だった!?

光武帝からの寄贈って本当？

日本最古の海外交流の証、〝漢委奴國王《かんのわのなのこくおう》〟と記されたその印は後漢《ごかん》の光武帝《こうぶてい》から日本に贈られたものだとされているが、なんとこの金印を偽物だとする説があるのだ。

1784年、福岡県の志賀島《しかのしま》から発見された金印は、儒学者の亀井南冥《かめいなんめい》によって鑑定された。彼は、印の面の長さが漢代の一寸と合致していることや同じ形状の金印が中国で発見されていることから、それが『後漢書《ごかんじょ》』に記された金印と同じものだ

と断定。その後は黒田家に伝えられ、1978年に福岡市に寄贈。福岡市博物館に保管・展示されている。

存在自体がでっちあげの可能性も!?

しかしこの金印。真贋《しんがん》については以前から議論が絶えない。疑惑の渦中にいるのは最初に鑑定をした亀井南冥。まず、鑑定の決め手となった印の面の長さが漢代の一寸と合致していることに関しては、文献を読めば江戸時代でも作れるということ。また、中国の印と形は似ているが、作りはあまりに稚拙《ちせつ》であることなどが挙げられる。これらの理由に加え、発見時の状況に不明な点が多いことから、存在自体、南冥による捏造《ねつぞう》ではないかという疑惑が持ち上がっているのだ。発見当時、南冥が館長を務めた藩校甘棠館《かんとうかん》が開校したこともあり、名声を高めるためだったというのが有力な説である。ただ、地元福岡では長年町おこしにひと役買ってきたこともあり本物と信じて疑わないようだが……。

真実はどれ？　本物説VS偽造説

本物説

- 印の面の長さが漢代の一寸と合致している
- ツマミの形状が中国で発見された金印と似ている
- 〝委奴〟は当時の中国の書に記された日本の通称〝倭奴国〟を指している

VS

偽造説

- 漢代の一寸は後世でも文献を読めば調べられる
- 中国の印に比べると作りが稚拙
- 〝委奴〟の読みは〝わのな〟ではなく、福岡県の伊都国を表す〝いと〟

古代が残した最大の謎

邪馬台国はどこにあるのか!?

有力視される〝畿内説〟と〝九州説〟

弥生時代の2~3世紀に存在したとされる邪馬台国《やまたいこく》。その位置を『魏志倭人伝《ぎしわじんでん》』に記された「南、邪馬台国に至る、水行すること十日、陸行すること一月なり」という通りに割り当てようとすると九州以南の海上に辿り着く。いったい邪馬台国はどこにあったのだろう。邪馬台国の位置を巡っては多くの論争が繰り広げられている。たとえば初期の前方後円墳が現在の奈良に当たる大和を中心に多く分布していることや、前出の『魏志

真実はどれ?
畿内説 or 九州説 or 四国説

四国説

・『魏志倭人伝』に記載された邪馬台国の特徴が四国に適合
・四国の山地から弥生時代や弥生時代以前のものとされる土器や壺が発掘されていたり、巨石文化の遺跡が存在するため

VS

倭人伝』の「南、邪馬台国に至る」の「南」を「東」に変えると大和に辿り着く。このことから邪馬台国は大和に存在したのではという畿内説が存在する。一方、『魏志倭人伝』に記載のある特有の棺が北九州で多く出土されたり、前述の「水行すること十日、陸行すること一月」などの距離を変えると位置は九州に割り当てられることから〝九州説〟も有力だ。

新たに浮上した〝四国説〟とは？

これまで〝畿内説〟と〝九州説〟が有力視されてきた邪馬台国だが、最近では〝四国説〟もささやかれている。これは、『邪馬台国』の語意を「海から見て、馬の背中のように見える国」とすると、その形が四国に合致するということや、『魏志倭人伝』に記載された80項目以上もの邪馬台国の特徴が四国の山上にしか一致しないということが根拠となっている。

30国を統率し戸数7万戸から成立していたという邪馬台国、いったいどこに消えてしまったのだろうか。

畿内説

- 『魏志倭人伝』記載の「方角」を変えると大和に行き着く
- 卑弥呼が魏からもらったとされる鏡が出土している
- 人口も多く、日本の中心に位置しており都に適している

VS

九州説

- 『魏志倭人伝』記載の「距離」の捉え方を変えると九州に辿り着く
- 倭人伝に書かれた邪馬台国特有の棺が九州にて多数出土
- 吉野ヶ里遺跡で弥生時代中期最大の墳丘墓が発見された

お釈迦様にもわかるまい

日本への仏教伝来は５３８年ではない!?

仏教伝来の年はふたつある

仏教が日本へ伝わった年は、一般に西暦５３８年のこととされている。日本仏教興隆の祖である聖徳太子《しょうとくたいし》の伝記とされる『上宮聖徳法王帝説《じょうぐうしょうとくほうおうていせつ》』や『元興寺伽藍縁起《がんごうじがらんえんぎ》』に「天國案春岐廣庭天皇七年歳次戊午十二月」との記述があり、歴史の教科書にも記されていることから、この年に仏教が伝来したと考えている人が多い。ところが、仏教伝来の年にはもうひとつ有力な説がある。一般的に正史といわれる『日本書紀』によると、仏教

伝来は552年のことだというのだ。一体なぜこのようなズレが生まれてしまったのだろうか？

権力争いが生んだズレ

『日本書紀』には、欽明《きんめい》天皇の時代に百済《くだら》の聖明王《せいめいおう》が朝廷へ使者を遣わし、仏像や経典が贈られた552年こそが仏教伝来の年であると記されている。また、538年の倭の天皇は『日本書紀』によれば宣化《せんか》天皇であり、「仏教は欽明天皇の代に公伝した」と書かれた『上宮聖徳法王帝説』などの記述に矛盾も生じる。実際に552年に使者の訪問はあったそうなので、この説の信憑性は非常に高いといえるだろう。

一方で仏教は538年に伝来したが、この当時は宣化天皇を擁立する廃仏派の物部《もののべ》氏と、欽明天皇を擁立する崇仏派の蘇我《そが》氏の間で対立が起こり、ふたつの朝廷が存在する時代であった。つまり、仏教伝来552年説は、朝廷内争いの事実を隠蔽しようとした〝痕跡〟と考えられる。

仏教が伝来した年 その他の説

545年説	548年説	その他説
百済王が日本の国王のために仏像を作った年であることから	百済の聖王26年に伝えられたという仮説を元にするとこの年になる	特定せず、6世紀半ば、欽明天皇の代に百済の聖王により伝えられたとする

石が示すものとはいったい？

飛鳥時代から残る謎の石像物の正体は？

数多く残された石の遺跡

奈良県明日香《あすか》村には飛鳥時代の遺物が数多く残されているが、中でも目を引くのが石の遺跡である。〝猿石〟〝亀石〟など見かけに応じて名前がつけられているが、これらは何のために存在していたのだろうか？

一説によると、猿のような動物をかたどった〝猿石〟に関しては、その軽妙な見かけから客人をもてなすためなどといわれ、巨大な亀のような形をした〝亀石〟は、それが置かれている川《か》

原寺《わらでら》の所領の四隅を示す石標といわれている。どちらにしても推測の域を出ないものだったが、近年これらの石像物は〝水〟に関係したものではないかという説が立てられている。

正体を暴くキーワードは水か？

飛鳥の人々は近くに流れる飛鳥川を中心に、水の制御も行なっていたとされており、治水技術が進歩していた。水落《みずおち》遺跡の水時計の遺構や噴水施設など石を使った遺跡も多く、謎の石像物もそれらと同様に水との関わりが示唆されているのだ。中でも注目されているのが、円形の窪みとそれらをつなぐ溝が掘られた〝酒船石〟といわれる石である。以前は酒の醸造に使われていると思われてきたが、近くに呪術的な文様をした亀形の石槽《せきそう》が発見されたことから、占いや祭祀《さいし》に使われていたのではないかといわれるようになった。いずれにしろ水に関連したものであることは間違いない。まだまだ謎が残る飛鳥の遺跡だが、水と結びつけることで答えが見つかるはずである。

謎の石像物にまつわる数々の噂

猿石	亀石	酒船石
そのひょうきんな表情は、伎楽の演者を表現しているのではないか？	亀石の頭は少しずつ角度を変えており、西を向いたとき大洪水が起きる？	周りが庭園のようになっていることから、観賞用に作られたのでは？

偉人・聖徳太子は実在しなかった!?

藤原《ふじわらの》不比等《ふひと》によって創造された人物？

日本史を変えた？偉大なる人物

日本史を語る上で、決して欠かすことのできない人物のひとり、聖徳太子（厩戸皇子《うまやどのおうじ》）。遣隋使の派遣を行なったり、「冠位十二階」や「十七条憲法」を制定したり、さらには四天王寺・法隆寺などを建立したりと、古代日本において重要な役割を次々に果たした日本が世界に誇る「偉人」である。

さらに、現代には彼にまつわるさまざまな伝説が語り継がれている。複数の人物が同時に発した声を聞き分けることができ

聖徳太子は都合よく創造された人物なのだろうか

る「豊聡耳《とよとみみ》」は現代に伝わる太子伝説の中でももっとも有名な話だろう。

今も語り継がれる〝太子出生伝説〟

また、その出生も伝説的。太子の母・穴穂部間人皇女《あなほべのはしひとのひめみこ》は処女受胎で太子を身篭もったというのだ。

穴穂部間人皇女の前に現れた全身金色の僧侶が「しばらく皇女の腹に宿る」と皇女の口から体内に入って身篭もった……というのがことの起こり。それから1年後となる1月1日、皇女は陣痛もないまま子を出産。これが聖徳太子誕生の経緯だが、彼は生まれたとき小さな手に〝仏陀の骨〟を握りしめていたともいわれている。

もし、これらの太子に関する伝説が真実ならば、太子はもはや神の域。キリストや釈迦もびっくりだ。ここで浮上するのが聖徳太子は実在する人物ではなく、後の人間が作り上げた空想上の人物ではないかという説である。

聖徳太子の肖像画は旧1万円札などにも印刷された

太子は日本書紀にしか存在しない？

さまざまな文献に名が残っていることから、厩戸皇子は確かに実在したようだ。

しかし聖徳太子という人物は、『日本書紀』編纂時に藤原不《ふじわらのふ》比等《ひと》らによって創られた可能性がある。これは大化の改新で中《なかの》大兄皇子《おおえのおうじ》と中臣鎌足《なかとみのかまたり》によって暗殺された蘇我入鹿《そがのいるか》が、生前に王権を握っていたという事実を抹消するためだと考えられる。不比等は「大化の改新は正当な政争であり、蘇我氏は悪者だった」と主張したかったのだ。

しかし、当時は藤原一族に不幸が立て続けに起こっていたので、もしそのように改変してしまえば蘇我氏の祟《たた》りが怖い。当時の日本人にとって、死を遂げた者の怨念が何よりも恐ろしいものだったのだ。

そこで蘇我一族の中に「聖徳太子」という善人を作り上げ、さらに蘇我氏の功績を太子ひとりに託すことで、蘇我氏の怨念を鎮めたのである。

歴史に残されたいくつもの矛盾点

この新説には根拠がある。まず、太子の肖像画。そこに描かれた衣服、冠、シャクは当時存在しなかったものばかりだという。

また、太子が作ったとされる「十七条憲法」が不比等らの『日本書紀』の中にしか出てこない点も不自然。そのほか、太子が書いたとされる『三経義疏《さんぎょうぎしょ》』は中国で書かれたものから引用された可能性が高く、『四天王寺縁起《えんぎ》』は太子が死んだとされる年から４００年後に作られたものとして記録されている。調べれば調べるほど、「偉人」聖徳太子が存在した証拠が薄れていくのはなぜだろうか。

これまで存在していたのが当然だと思われてきた聖徳太子。太古の昔に歪められた歴史を補正するために生み出された虚像だとすれば、あまりにも悲しい存在である。

今に伝わる〝聖徳太子〟の生涯

年代	出来事
五七四	用明天皇の皇子として生誕
五九三	摂政となって推古天皇を補佐。四天王寺を建立
五九四	仏教興隆の詔を発す
六〇一	斑鳩宮を建立
六〇三	冠位十二階を制定
六〇四	憲法十七条を制定
六〇七	小野妹子を隋に送る
六一五	三経義疏を著す
六二二	斑鳩宮《いかるがのみや》で逝去

親子も兄妹も気にしない

古代日本は近親相姦大国だった!?

兄妹間の性関係が日本を作った

多くの文化でタブーとされている近親相姦。外界から閉鎖された血族の中で頻繁に起こりうるとされており、古代日本の歴史においてもそれは例外ではない。

その歴史を振り返るには、まず日本の創造主であるイザナギとイザナミの関係まで遡《さかのぼ》る必要がある。兄妹関係にあった彼らが性関係を持ったことで生まれたヒルコは障害を持っていた。『古事記《こじき》』の中では、女性のイザナミから性関係を迫ったこと

古代日本史に名を残す近親相姦カップル

イザナギ×イザナミ

日本を創造した兄妹。子供のヒルコは骨のない状態で生まれたとされる

でバチが当たったとされているので、タブーという認識があったわけではなかったのだろう。ただ、近親相姦の結果として障害児が生まれたのは確かである。

あの聖人は近親相姦のサラブレッド!?

また、日本古代史の中で近親相姦の子として明確に記録されているのが欽明天皇の息子・用明天皇と娘・穴穂部間人皇女《あなほべのはしひとのひめみこ》の間に生まれた聖徳太子である。家系図を辿ると何代も前から近親相姦を続けていたことがわかるが、聖徳太子に障害があったという記録はなく、むしろ超人的な能力を持っていた人物として伝えられている。この事実がタブーという認識を薄めていたのかもしれない。その後も近親相姦の事実があったことは記紀によって伝えられている。そんな古代日本でも、同母兄妹間の性関係はタブーであったとされる。同母兄妹で関係を持った木《き》梨軽皇子《なしかるのみこ》と軽大娘皇女《かるのおおいつらめ》が流刑に処された例もある。だが、異母の場合は一般に認められていたようである。

木梨軽皇子×軽大娘皇女

同母兄妹で関係を持ったことで、木梨軽皇子は失脚し、流刑に処された

用明天皇×穴穂部間人皇女

この異母兄妹の子が聖徳太子。用明天皇の父・欽明天皇も近親相姦で出生

天智天皇×間人皇女

孝徳天皇が間人皇女に宛てた歌の中で、同母兄妹のふたりの不倫を示唆

数多い后のひとりから天皇に上りつめた女性

初代女帝・推古天皇《すいこてんのう》は馬子を利用していた!?

32歳の若さで夫を失い未亡人に

初代女帝とされる推古天皇《すいこてんのう》は、即位前の名を額田部皇女《ぬかたべのおうじょ》といい、『日本書紀《にほんしょき》』には「姿色端麗、進止軌制（所作が乱れなく整っている）」と記されている。18歳で敏達天皇《びだつてんのう》の后のひとりに召されると、やがて皇后となって2男5女をもうけた。

額田部皇女32歳のとき天皇崩御。その服喪《ふくも》中に事件は発生した。天皇の異母弟・穴穂部皇子《あなほべのおうじ》が額田部皇女を犯そうとしたのだ。未遂に終わったこの事件の背景には蘇我《そが》氏と、物部《もののべ》氏の対

立があったとされる。額田部は蘇我馬子《そがのうまこ》の姪で、穴穂部は物部派だった。

即位して飛鳥文化の担い手に

敏達天皇の後を継いだ用明天皇《ようめいてんのう》は即位2年で崩御。後継に泊《はつ》瀬部皇子《せべのおうじ》（後の崇峻天皇《すしゅんてんのう》）を推す蘇我馬子と、穴穂部皇子を推す物部守屋《もののべのもりや》の間で争いが起きる。穴穂部皇子に個人的恨みを抱く額田部皇女が、馬子に命じて彼を殺させたのだ。そして守屋の一族も馬子によって滅ぼされ、崇峻天皇が即位するが、この治世も短かった。蘇我氏の傀儡《かいらい》であることに不満が溜まった天皇は、馬子の陰口を叩いて暗殺。そこで後継に立ったのが、蘇我氏にとって都合の良い額田部皇女だった。ただしこれは一方的な見方で、馬子こそ、額田部皇女に野心を見透かされて利用されたのかもしれない。額田部皇女は推古天皇として即位すると、当時19歳だった甥の聖徳太子《しょうとくたいし》を摂政《せっしょう》に任命した。在位中は揺るぎない権勢を誇り、その治世は36年間に及んだ。

蘇我氏VS物部氏
人物相関図

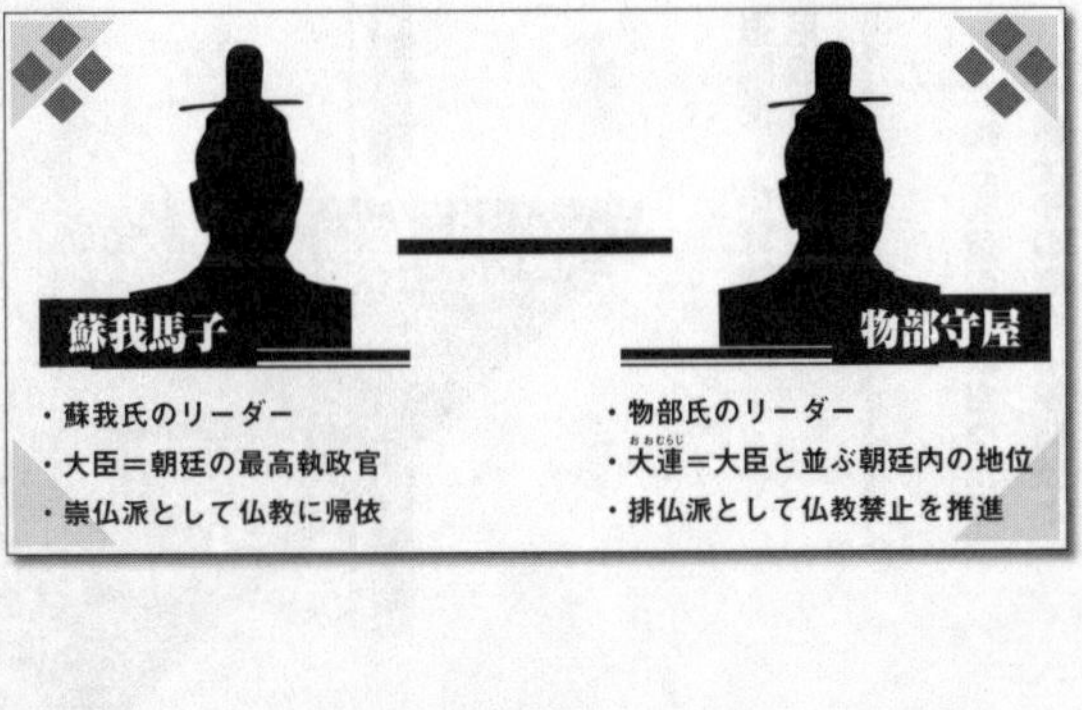

蘇我馬子
・蘇我氏のリーダー
・大臣＝朝廷の最高執政官
・崇仏派として仏教に帰依
物部守屋
・物部氏のリーダー
・大連《おおむらじ》＝大臣と並ぶ朝廷内の地位
・排仏派として仏教禁止を推進

国書の紛失は故意？

小野妹子《おののいもこ》の大失態は「完全犯罪」だった！

1世紀ぶりの日中外交に貢献した男

飛鳥《あすか》時代、遣隋使として隋に渡った小野妹子《おののいもこ》。彼は、607年、100年以上途絶えていた日中間の外交関係を推古天皇《すいこてんのう》のもと復活させた人物でもあり、日本の歴史上に今なお名を残す偉人でもある。

そんな妹子だが、隋の皇帝・煬帝《ようだい》から賜った国書を失くしてしまうという大失態を犯したことは、あまり知られていない。

その理由は「帰国途中に百済《くだら》の人々に襲われて国書を奪われて

遣隋使・小野妹子の足取り

其ノ一

推古天皇の摂政だった聖徳太子の命令で遣隋使として隋に渡る

しまった」から。朝廷ではその失態に対して処罰を望む声は少なくなかったが、推古天皇は彼を赦《ゆる》した。本来であれば処罰されてしかるべきなのに、なぜ彼女は妹子を赦したのだろうか。

国書は妹子があえて捨てた!?

この事件の根本的な原因は、日本が隋に献呈した国書にあった。日本を〝日の出のようにこれから栄華を極めようとしている〟、隋を〝日が沈むように衰退していく〟ようにたとえた「日出づる処の天子、書を日没する処の天子に致す」という文面に、隋の煬帝は憤慨！　他国を見下しながら外交を進める日本を非難した文書を小野妹子に手渡した。妹子はこの文書を見て思い悩む。隋の皇帝を怒らせてしまったことが明らかになれば、推古天皇の立場がないと考え、清水《きよみず》の舞台から飛び降りる気持ちでその国書を捨てたのだ。妹子が機転を利かせたことを察した推古天皇は、彼の不処分を決定。国書紛失事件は推古天皇と妹子による〝完全犯罪〟だったのである。

其ノ二

煬帝に国書を献呈するも憤慨される。翌年、帰国する

其ノ三

煬帝からの書は百済人に奪われて紛失したと告白。朝廷で大問題に

其ノ四

朝廷では妹子を流刑に処す声が上がるが、推古天皇は妹子を赦した

600年に隋に渡った使者がいた！

小野妹子《おののいもこ》は最初の遣隋使ではなかった⁉

『隋書』に書かれたもうひとりの遣隋使

607年、遣隋使《けんずいし》として隋へ渡った小野妹子《おののいもこ》。だが、彼より7年も前に隋へ派遣された人物がいた！

妹子の渡航が記された『日本書紀』には〝600年の遣隋使〟の記録はない。だが、『隋書』の東夷伝倭国条《とういでんわこくじょう》によると、この〝600年の遣隋使〟は隋の文帝《ぶんてい》に倭国の政治や風俗についての話を伝えたという。ところが文帝はそれを「義理のないもの」と評した。これを〝蛮夷《ばんい》な国〟と侮辱されたと受け取った倭国

は『日本書紀』への記録を見送ったというのだ。

妹子が『日本書紀』に記載されたワケ

その後、607年に小野妹子が隋へと渡る。当時、ヤマト政権は朝鮮南部に保持していた勢力基盤が危うく、隋は中国を統一して高句麗《こうくり》遠征を企んでいた。この情勢下で、ヤマト政権は隋と〝独立した国〟としての外交関係を結ぼうと考えた。この目的を果たすための外交使節として選ばれたのが小野妹子だったのだ。彼は隋の皇帝・煬帝《ようだい》に国書を提出。

そこに綴られた文言が煬帝を激怒させ、妹子は帰国することになるが、〝600年の遣隋使〟と違って彼は隋の使者を伴って帰国。隋は高句麗とヤマト政権が結束しないよう、良好な関係を結ぼうとしたのである。結果、友好の証《あかし》として隋の使者を連れて帰ってきた妹子は政権の期待に応えたことになる。この功績が評価され、『日本書紀』に〝初めて〟の遣隋使として記録された……というのが遣隋使を巡る真実なのだ。

遣隋使の歴史年表

年代	出来事
六〇〇	第1回遣隋使派遣
六〇七	小野妹子らに国書を持たせて遣わす
六〇八	小野妹子を再び隋へ学問僧として新漢人日文ら隋へ留学
六一〇	第4回遣隋使派遣
六一四	第5回遣隋使派遣。犬上御田鍬らが隋へ
六一八	隋が滅びる

歴史書が明かす偽りの親族関係

兄弟ではなかった!? 天智天皇と天武天皇

輝かしい功績を持つ偉大なる兄弟

大化の改新で大きな功績を残し、最大の功労者とも呼ばれた天智天皇《てんじてんのう》。彼の死後、壬申《じんしん》の乱を経て弟・天武天皇《てんむてんのう》が皇位を受け継いだ。このように、これまで兄弟とされてきたふたりだが、実際には実の兄弟ではなかったのではないかという説が浮上している。天智天皇と天武天皇が兄弟であることは『日本書紀』『古事記』で示されているが、ほかの歴史書に書かれた年齢を計算すると、矛盾が生じてくるのだ。

さまざまな憶測が飛び交う天智天皇

たとえば『本朝皇胤紹運録《ほんちょうこういんじょううんろく》』では、天武天皇は６８６年に65歳で亡くなったと記されている。そこから41年前の大化の改新時の彼の年齢を割り出すと、彼が24歳のときに大化の改新が起こっている。しかし、『上宮聖徳法王帝説《じょうぐうしょうとくほうおうていせつ》』によれば、兄であるはずの天智天皇は、そのとき20歳だったというのだ。弟の天武天皇を兄の天智天皇が４歳も下回っている…タイムパラドックスでも起きたのだろうか。

天智天皇はふたりいた？

天智天皇にはさらなる憶測も飛び交っている。彼は６２６年に生まれたというのが通説であるが、前述の『上宮聖徳法王帝説』では６１４年となっている。そのため、実は天智天皇はふたりいたのではといわれているのだ。この説が真実なら、平安時代の歴史書『扶桑略記《ふそうりゃくき》』で綴られた〝天智天皇暗殺説〟も、〝病死した天智〟と〝暗殺された天智〟のふたり存在していると考えればあり得る話なのだが…。

本当に兄弟？ 天智天皇と天武天皇

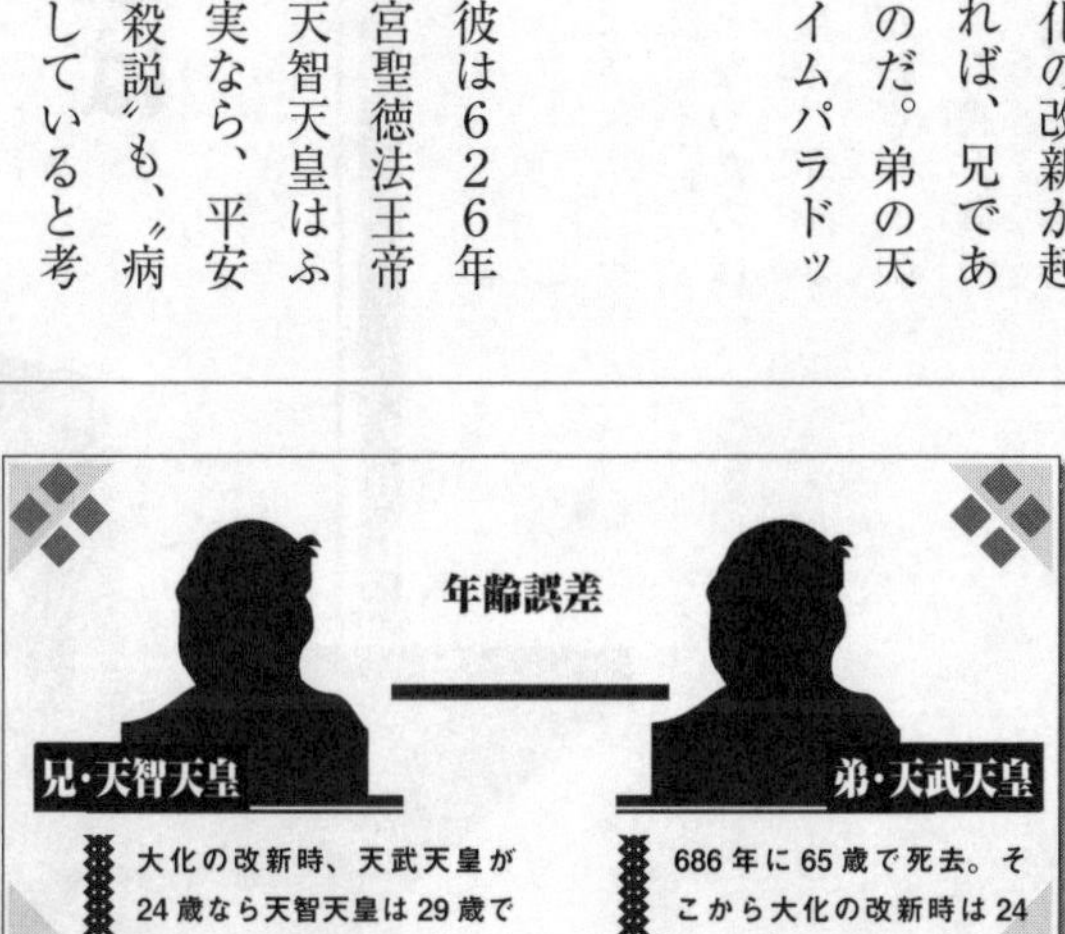

年齢誤差
兄・天智天皇
大化の改新時、天武天皇が24歳なら天智天皇は29歳であるはずだが…
弟・天武天皇
686年に65歳で死去。そこから大化の改新時は24歳だったと割り出せる

屍を乗り越えて奪い取った皇位

持統天皇の皇位継承は仕組まれたもの!?

円満になるように仕向けたはずが…

天武《てんむ》天皇には10人の皇子がいたが、後継者候補となったのはそのうちのふたりだった。それは草壁《くさかべ》皇子と大津《おおつ》皇子。年齢から考えると草壁皇子が有力だったが、彼は病弱さが難点。その点、大津皇子は文武両道で周囲の評判も高かった。天武天皇が悩んだ結果、選んだのは草壁皇子だったが、大津皇子を後ろ盾として政治に参加させ、禍根《かこん》を残さぬように取り計らった。だが、天武天皇が死を迎えると、生前の思いもむなしく、皇

位継承問題が巻き起こった。そして、死後1カ月も経たないうちに大津皇子は謀反の疑いで逮捕。その翌日に処刑される。

謀反は冤罪!?　皇位は私のものよ！

謀反《むほん》の動機としては皇位を狙ったというのが第一に考えられるが、政治に参加する権利は得ていたため謀反を起こすメリットは少ない。それに、天武天皇の正妃・鸕野《うの》皇女の監視下では謀反は不可能に近かった。

そこで巻き起こったのが冤罪《えんざい》説である。黒幕は草壁皇子の母である鸕野皇女。皇位を握れるだけの実力と人気がある大津皇子は、草壁皇子が皇位を継承するには邪魔な存在だった。謀反に見せかけて殺すことによって草壁皇子の地位を確実なものとしたのだ。だが、草壁皇子も即位前に死去。すると、鸕野皇女は自ら持統《じとう》天皇として即位したのである。何という巡り合わせであろうか。この一連の出来事が偶然とは、とても考えられないものである。

天皇即位を巡る 人物相関図

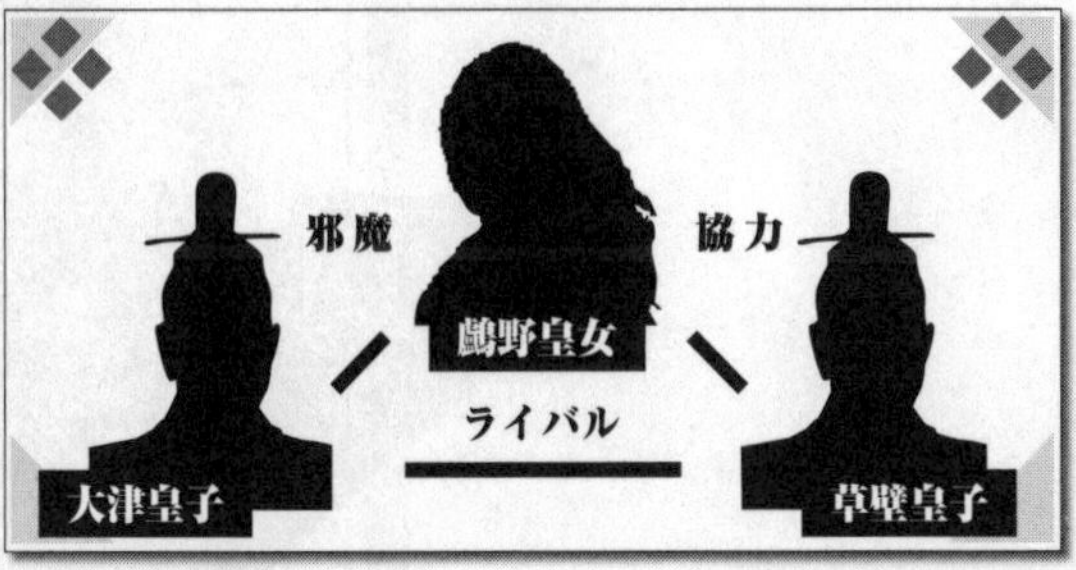

ふたりの男を手玉に取っていた!?

壬申の乱が起きたのは額田王《ぬかたのおおきみ》のせいだった!?

乱の発端は三角関係？

天智天皇《てんじてんのう》の息子である大友皇子《おおとものおうじ》と、同母弟である大海人皇子《おおあまのおうじ》（後の天武天皇）が激しい戦いを繰り広げた壬申《じんしん》の乱。原因は皇位継承問題だといわれるが、本当はもうひとつ理由がある。それが天智天皇と大海人皇子、そして絶世の美女として知られる万葉歌人・額田王《ぬかたのおおきみ》の三角関係である。

もともと額田王は大海人皇子と結ばれていたが、天智天皇がその間に入り、額田王を奪ったのだ。その関係は万葉集に残さ

れた和歌から推測される。

和歌が示す愛憎の真実

その和歌こそが、この2首である。

「茜《あかね》指す紫野行き標野《しめの》行き野守は見ずや君が袖振る」（立ち入り禁止の紫野を行き来しているあなた。野の番人に見咎《みとが》められはしないでしょうか。あんなに私に袖をお振りになったりして）

「紫の匂へる妹《いも》を憎くあらば人妻ゆゑに我《われ》恋ひめやも」（紫草のように美しいあなたよ。憎く思うなら人妻と知りながらあなたに恋などするだろうか）

前者は額田王、後者は大海人皇子が詠んだものである。額田王は御料地《ごりょうち》を通って会いにくる大海人皇子への思いを綴り、大海人皇子は天智天皇の〝妻〟である額田王への愛を詠っている。この三角関係の愛憎が絡み合い、国中を巻き込む戦乱へと発展したのだ。ふたりの男に愛された額田王。たとえ悪気はなかったとしても、彼女が乱の原因だった事実は変わらない。

額田王を巡る
人物相関図

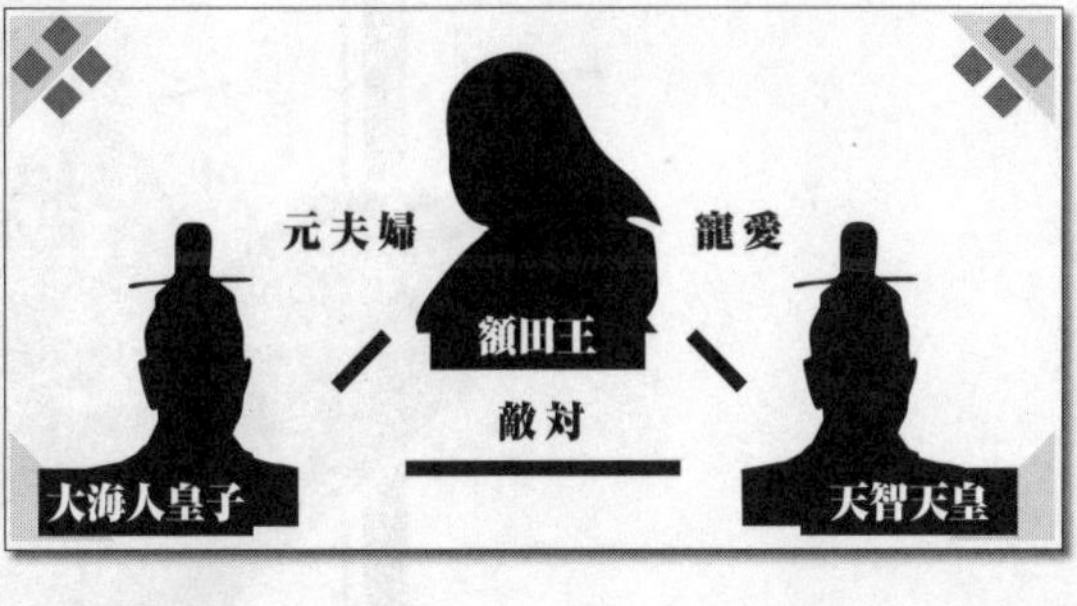

二転三転する貨幣問題の行方は……？

日本最古の流通貨幣は和同開珎《わどうかいちん》？ 富本銭《ふほんせん》？

世紀末に出土した富本銭

近年まで日本最古の流通貨幣は708年に鋳造された和同開《わどうかい》珎《ちん》だといわれてきたが、1999年に飛鳥池《あすかいけ》遺跡から発見された銅銭によって、その歴史が覆されようとしている。その銅銭は名を富本銭《ふほんせん》という。

『日本書紀』には683年に銀銭、銅銭が発行されたとの記述があり、それがこの富本銭ではないかとささやかれている。そうなると、和同開珎より古い貨幣ということになるが、和同開

弥のように流通貨幣として使われていたとは言い切れない。

流通していた証拠はないが……

富本銭が流通貨幣でないとする根拠としては、発行直後に私《し》鋳銭《ちゅうせん》を禁じる法令が出された記録がなかったこと、宗教的な目的を持った厭勝銭《えんしょうせん》として作られた可能性があることなどが挙げられる。前者は、和同開弥発行直後に私鋳銭を禁じる法令が出ていたことからの考察で、この法令がないと私鋳銭を容認していたことになる。後者は、当時の宗教事情から考えられたものであり、『日本書紀』の記述も厭勝銭に関する規定であったとする説である。和同開弥と比べると広く貨幣として使われていた記録が残されていないのである。だが、富本銭発行から和同開弥発行までわずか25年しかなかったことを考えれば、情報が少ないのもうなずける。たしかに証拠はないが、否定側の意見からは、どうもこの富本銭を流通貨幣として認めたくないという傾向があるようにも見えるのだが……。

知っておきたい用語集

私鋳銭

公の金ではなく私的に偽造された銭のこと。贋金。奈良時代から使われ始め、室町時代中後期には最盛期を迎えていた。鎌倉、堺、博多などでは工場跡が見つかっている

厭勝銭

まじないに使うための吉祥の文句や特殊な図像を刻んだ銭。中国では漢の時代から作られており、日本では室町から江戸時代にかけて作られたといわれている

古代最大の都はなぜ遷都されたのか

平城京への遷都は藤原《ふじわらの》不《ふ》比《ひ》等《と》の策略

巨大な都城〝藤原京〟

７１０年、日本において最初で最大とされてきた藤原京《ふじわらきょう》が、平城京《へいじょうきょう》へと遷都した。その理由は、当初藤原京が手狭になったからだと考えられていた。

しかし、１９９０年代に入って〝京極大路《きょうごくおおじ》〟が発見され、そこで藤原京の規模は少なくとも25平方キロメートルあり、遷都先となった平城京の規模をもはるかにしのぐ〝古代最大の都〟であることが判明したのである。これにより、従来の定説では

藤原不比等。天皇は遷都したのではなくさせられたのだろうか

筋が通らなくなった。手狭になったために遷都したなら、平城京はそれ以上の大きさでなければならないからだ。また、藤原京はたった16年間で廃しているため、老朽化したために遷都したというのも考えにくい。

遷都には天皇も反対だった！

それではなぜ藤原京は遷都されなくてはならなかったのか。その理由として、これまで「飢饉《ききん》が続いて招福を願うために遷都した」「藤原京の位置のままでは不便だった」さらには「中国の都に倣《なら》って建てたが、実際とは異なっていたために建て直しを図った」などさまざまな説が取り沙汰されてきた。

しかし、それらはどれも憶測にすぎず、どの説も疑問視されているのが現状だ。さらに疑問を呼ぶのが、天皇自身も遷都には反対していたということである。遷都しておいて実は乗り気ではなかったようだ。

それもそのはず、遷都には相当な費用や負担がかかることは

平城京への遷都を巡る 人物相関図

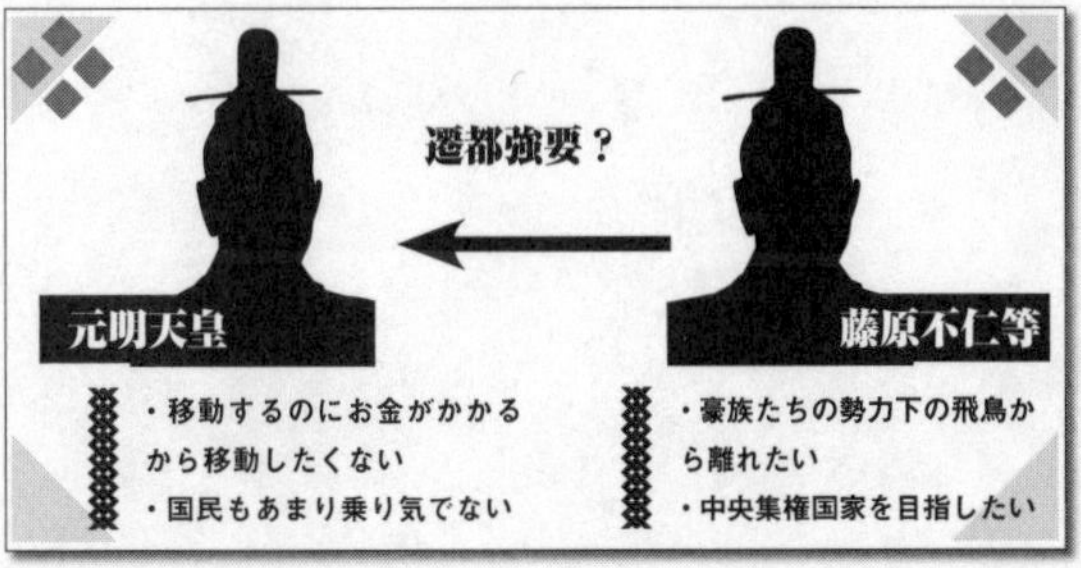

遷都強要？
元明天皇
・移動するのにお金がかかるから移動したくない
・国民もあまり乗り気でない
藤原不仁等
・豪族たちの勢力下の飛鳥から離れたい
・中央集権国家を目指したい

明らかなことだった。事実、元明《げんめい》天皇は移る前に、遷都することを残念に思う気持ちを歌にしている。それでも遷都する結果に至ったのには、よほど重大な理由があったと推測できる。

藤原氏に最大のチャンスが到来！

そこで浮上したのが、「誰かによって無理やり遷都させられた」という〝黒幕説〟である。

その黒幕に該当し得る人物がひとりだけいるのである。時の実力者・藤原不比等《ふじわらのふひと》だ。当時、父の藤原鎌足《ふじわらのかまたり》が乙巳《いっし》の変・大化の改新で大活躍したこともあって、これまで皇族の手助けしかできなかった藤原氏にも政治の中心を担う大チャンスがまわってきていたのだ。

しかし、ほかの臣下の中には古い体制を維持したいという者や、もともとは中臣《なかとみの》（藤原）鎌足に反発していたために藤原一族に敵意を示す者が混在していたのも事実。

中央集権国家を目指して政治をしていきたいと考えていた不比等にとって、藤原氏に反対の姿勢をとる者や古い体制を推進する者たちがうようよしている飛鳥《あすか》＝藤原京のある土地は、自分たちが政治の舞台で活躍するには大変都合の悪い場所だったのである。

実力者・藤原不比等の思惑とは？

そんな折、平城京に遷都するという話が転がり込む。平城京の建設予定地には、邪魔な豪族もまだ勢力を伸ばしていなかった。さらにいえば交通の便なども含め、政治を進めていくには好条件だった。そのため、不比等は平城京への遷都に大賛成！天皇に遷都を強行させた……というわけである。

不比等の評判は決して悪いものばかりではないが、〝父親・藤原鎌足の評価を上げるために『日本書紀』を思うように編纂《へんさん》してしまった〟という説もある。

遷都に関しても、父・鎌足から得たせっかくのチャンスを台無しにしてはならない、という不比等の個人的な想いがあったのではないだろうか。

念願の来日を果たした僧

「鑑真《がんじん》＝盲目」説は間違いだった？

渡航中の鑑真を襲った悲劇

栄叡《ようえい》、普照《ふしょう》とともに743年から何度も渡日を試みた鑑真《がんじん》。しかし、すべての渡日に失敗、そして5度目の渡航中には栄叡が病に倒れて亡くなってしまう。

この栄叡の死のショックと、ピークに達した渡航での疲れのダブルパンチで、鑑真は両目の視力を失ってしまった……というのがこれまでの通説。ところが最近、鑑真の視力は完全には失われておらず、ものを見ることができたのではないか……と

5度目の渡海挑戦 鑑真が日本に辿りつくまで

其ノ一

748年。日本を目指して出航。しかし暴風に見舞われて漂流

いう新説が浮上した。

証拠は、正倉院《しょうそういん》に伝わる〝鑑真書状〟の中にある。これは、鑑真の失明後に彼の弟子によって書かれたといわれてきた文書だが、筆跡がこれまでに見つかった彼の弟子たちの筆跡と異なることが明らかになったのだ。

さらにいえば、最後に「鑑真」と記された署名部分は、かなり崩された文字であれば、尊敬する師の名前を崩して書くなどあり得ない。鑑真が書いたものだとすれば〝失明説〟が揺らぐことになる。

不自然な運筆

さらにその文書の文字には、目に障害を持つ人特有の、不自然な力が加わった筆使いが見られるという。はっきりと視力が残っていた可能性は高い。

不自由ながらも残された少しの視力で、鑑真は自分が生きていた〝証〟を後世に残したのである。

其ノ二	其ノ三	其ノ四
14日間にわたる漂流の末、海南島へ漂着。約1年間滞在	751年、再び日本を目指し出航。しかし、途中で栄叡が死去（このときに失明したといわれている）	753年、大伴古麻呂の大使船に乗船、念願の来日を果たす

有間皇子《ありまのみこ》、大津皇子《おおつのみこ》、エトセトラ……

万葉集に秘められた「罪人」たちの想い

無念な想いが伝わる〝罪人〟たちの歌

飛鳥《あすか》・奈良時代に編纂された現存最古の歌集『万葉集』。

350年もの長い年月をかけ、上は天皇から下は一般庶民まで、幅広い身分の人々の歌が4500首以上も収められた貴重な歌集だ。幅広いというだけあって、中には罪人と〝された〟者たちの歌も存在する。あえて〝された〟とした。実は彼らは無実だったのだ。たとえば中大兄皇子《なかのおおえのおうじ》に罪を着せられた有間皇子《ありまのみこ》。彼は連行された際に「ふたたび無事に戻ることができれば、この松

継承争いに巻き込まれた大津皇子《おおつのみこ》

其ノ一

鸕野讃良《うののさらら》皇后（持統女帝）は夫が天皇となり、皇后となる

枝の結び目を見ることもできるのに」と、生きて帰ることを切実に願う歌を残している。

さらに持統女帝《じとうじょてい》が息子に跡を継がせるために濡れ衣を着せられた大津皇子《おおつのみこ》。彼の姉が無実の罪を着せられた弟の運命を想い、やるせない気持ちを表現した歌も万葉集には収められている。

真実を主張できない理由

濡れ衣であることが明白なのに汚名が晴らされなかったのは、「国家の理論」が優先されたため。彼らの無実を認めれば、天皇が罪をなすりつけたことが明らかになってしまう。天皇が絶対とされていた時代、これを認めるのは不可能だった。どんな身分であろうと、天皇の誤りを指摘することは許されなかったのだ。万葉集にこうした〝罪人〟の歌が収められているのは、濡れ衣を着せられた人々の無念を、少しでも軽減させたいという選者の想いがあったからかもしれない。

▶ **其ノ二**

夫の没後は、自分の皇子を皇太子にしようと企む

▶ **其ノ三**

しかし、皇太子には姉の皇子、大津皇子が有力視されていた

▶ **其ノ四**

大津皇子に濡れ衣を着せ、処刑させることで、自分の子を皇太子にした

美しいバラにはトゲがある

小野《おのの》小町《こまち》は男を自殺に追い込んで呪われた!?

幾多の男を惑わした美女

六歌仙のひとりに数えられるほどの歌の才と、世間がうらやむ美貌を併せ持った小野《おのの》小町《こまち》。出自についてはくわしく明かされていないが、その美貌に関するエピソードは数知れず。男からいい寄られる類の話は枚挙に暇《いとま》がない。中でも有名なのが「深草少将《ふかくさのしょうしょう》の百夜《ももよ》通い」である。

要約すると内容は次のようになる。小町にひと目ボレした深草少将が求愛したところ、彼女は「百夜通い続けたら契《ちぎ》りを結

ぶ」と約束。その要求を受けた少将は居宅から小町の住む里までの5キロの道のりを毎晩通い続けた。だが99日目の夜、少将は大雪に見舞われ、志半ばにして凍死してしまう……。

思わせぶりな態度をとっておいて……

このエピソードを聞くと、無残にも結ばれなかった男女の悲恋の物語のようにも見えるが、実はこの話には小町の悪女性が表れた別のエピソードがある。

少将が通い始めて100日目の晩、小町は何と約束を破って逃げ出してしまったというのだ。追いかけてくる少将から逃れるために、小町は侍女に自分の服を着せて身代わりにした。それを見た少将は怒り狂い、池に身を投げたという。

小町の晩年に焦点を当てた能楽「卒都婆小町《そとばこまち》」には、彼女が少将の霊にとりつかれて没落した姿も描かれている。美しさゆえに多くの男を惹きつけた小町だが、それゆえに生まれた悲劇は数知れない。

小野小町を読む

絶世の美女の人生丸わかり！

小野小町の人生を彼女が遺した歌を元に再構築した歴史絵巻。謎に包まれた美女の知られざる一面を描く。著者は『子育てごっこ』で文学界新人賞、直木賞を受賞した三好京三

『小説 小野小町伝説』三好京三 鳥影社

学問の神様、そのもうひとつの顔とは!?

人々を恐怖に陥れた菅原道真の怨霊

非業の死を遂げた道真

受験生の多くが合格祈願に参拝する場所といえば、天神様を祀った神社だ。京都の北野天満宮《きたのてんまんぐう》や福岡県の太宰府《だざいふ》天満宮、山口県の防府天満宮など全国に点在し、〝天神様〟こと菅原道真《すがわらのみちざね》が祀られている。こうして彼が祀らているのは、単に学問に優れていたためだけではない。実は、非業《ひごう》の死を遂げた彼の怨霊《おんりょう》を鎮めるために祀られたともいわれているのだ!

学問に長《た》けていた道真は、異例の早さで文章博士《もんじょうはかせ》に就任。順

道真の怨霊は、雷神となって清涼殿を襲った

調に出世を遂げ、ついには右大臣にまで上り詰める。だが、901年、彼は謀反の嫌疑をかけられ、大宰府に左遷されてしまう。実はこれ、すべて道真の政敵であった左大臣・藤原時平《ふじわらのときひら》の差し金だったというのだから報われない。

学問の神様のもうひとつの顔

道真の死後、京の都には異変が続発。天皇の皇子が次々に病死した上、清涼殿は落雷で多くの死傷者を出すという非常事態に陥った。

人々はこれを「道真の祟りだ」と恐れ、もともと火雷天神《からいてんじん》が祀られていた京都の北野に天満宮を建てて道真の怒りを鎮めようとしたのである。この天神信仰はやがて全国に広まり、各地に祀られた〝祟り封じ〟は、生前の道真が優れた学識の持ち主だったことから次第に学問の神へ変貌し、信仰されるようになった。天神様の真の姿は、人々を恐怖のどん底に陥れた〝荒ぶる神〟だったのである。

菅原道真

学識に優れていた道真だが、その才は文芸にとどまらなかったという。弓遊びが行なわれたとき、道真の射た矢は何と百発百中で門人たちを驚かせたという。文武両道に秀でた人物だったのである。

怪奇！ 空飛ぶ生首の真実!!

胴体を求めて飛んだ将軍・平将門の首

将門の首塚は日本各地に点在した！

東京都千代田区、オフィス街の一角にひっそりと佇《たたず》む小さな祠《ほこら》がある。反乱に敗れて殺害された将軍・平将門《たいらのまさかど》の首が、京から飛んできて落ちたとされる場所だ。

桓武天皇《かんむてんのう》から5代後の末裔となる将門は、父親の遺産である土地を親族に執拗《しつよう》に狙われ、ついには逆襲して伯父を殺害してしまう。さらに、その勢いに乗じて常陸《ひたち》国府《こくふ》を襲撃・占領し、自ら〝新皇〟と称したのである。だが、わずか五十数日後、朝

築土神社旧蔵の平将門像

廷側から逆賊の汚名を受けてあっけなく謀殺されてしまった。

怪奇現象を巻き起こす将門の首…

討ち取られた将門の首は、京の七条河原に晒《さら》された。だが、不思議なことに3カ月経っても首は変色せず、しかも将門の眼はカッと見開き、まるで歯ぎしりしているかのようだったという。そんなある日、歌人・藤六左近が将門の首を見て歌を詠んだ。すると地面が轟き、稲妻が走るとともに将門の首が雄叫びを上げたのだ！

「躯《からだ》につけていま一戦させん。俺の胴はどこだ！」

この叫びは毎夜、京中に鳴り響いて人々を恐怖で震撼《しんかん》させた。だがある夜、将門の首は胴体を求めて空を飛び、坂東、つまり今の関東に消えていったという。首が落ちたとされる場所は、先の千代田区の首塚以外にも、岐阜県大垣市の御首神社や同県の南宮神社など諸説ある。将門の首は、日本各地をさ迷ったあげく自身の胴体を見つけることができたのだろうか？

平将門の歴史年表

年代	出来事
九〇三？	鎮守府将軍・平良将の子として誕生
九三五	遺領を巡って紛争が起こり、伯父の国香を殺害
九三六	平良正に襲撃されるが、逆に奇襲する。下野国国府を包囲
九三七	朱雀天皇元服の大赦によって罪を赦される
九三八	武蔵国の紛争事件の仲介に入り、常陸国府を占拠する
九三九	平将門の乱、下野国府を占拠、「新皇」を名乗る
九四〇	平貞盛・藤原秀郷らに急襲されて死亡

さげすまれ「出世」を渇望

陰陽師・安倍晴明《あべのせいめい》は出世欲丸出しの俗物？

出世するため陰陽師になった晴明

安倍晴明《あべのせいめい》といえば希代の陰陽師《おんみょうじ》。京都にある晴明神社は、今も参拝者の姿が途絶えないほどの人気ぶりだ。

平安中期を舞台に活躍した彼はやがて「天文博士」という称号を得たが、それは晴明52歳のこと。意外にも遅咲きだ。というのも、彼はもともと朝廷の下級官吏。親の七光りやコネがない彼は朝から晩まで雑用に勤《いそ》しんだという。やがて役人としての将来に見切りをつけ、キャリアアップを図った彼が目をつけ

たのが、「陰陽師」という職だった。当時、最先端の呪術・科学であった天文道のエキスパート・陰陽師は重用され、朝廷内でも強い発言力を持っていた。彼は将来の見込みがない役人を辞めて、新たに陰陽師として出世をもくろんだのである。

晴明にまつわる出生の秘密

彼はなぜ役人を辞めてまで出世にこだわったのか？　それは、彼の出生の秘密に起因している。

彼に関する逸話に「晴明は和泉国《いずみのくに》信太《しのだ》の森の老狐から生まれた」というものがある。ある日、常陸国《ひたちのくに》筑波山麓の猫島に、遊女に化けた老狐がやってきた。老狐はそこで安倍仲麻呂《あべのなかまろ》の子孫という男と結ばれ、清明（晴明？）が誕生したというのだ。それゆえ、彼は幼い頃から「狐から生まれた化け物」と周囲からけむたがられたという。そんな不名誉なレッテルを貼られて育った彼にとって、周囲の声を黙らせるためには役人という地位を捨ててでも「出世」するしかなかったのだ。

安倍晴明の驚くべき術の数々

其ノ一
紙に霊力を吹き込んで鳥や動物の形をした式神を作り、自在に操った

其ノ二
呪文を込めた草の葉を蛙の上に投げ落とすと、蛙は潰れて死んでしまった

其ノ三
十二神将という12人の式神を操り、酒の支度や掃除洗濯などをさせた

中世を代表する女流作家のえげつない行為

ライバルの悪口を日記に書いた紫式部《むらさきしきぶ》

清少納言に対する強烈なダメ出し

紫式部《むらさきしきぶ》といえば、平安時代を代表する女流作家・歌人だが、彼女は著作の中に、名のある宮廷女性たちの人物評を多く書き残したことでも知られている。いずれも、どちらかというとシビアな評価が多いが、中でも当時ライバルとされていた清少納《せいしょうな》言《ごん》に対する評価は辛辣《しんらつ》のひと言。『紫式部日記《むらさきしきぶにっき》』の中で、彼女は得意げに漢字を使っているがよく見ると間違いが多いとか、このような人間の行く末がいいわ

けがないとか、清少納言に対して、かなりきついことを書いている。ここまでくると人物評というよりただの悪口だ。

なぜ、紫式部は清少納言のことをここまでこきおろしたのか？　それはお互いの主人同士の対立が深く関係している。

后たちの確執が女房に波及

ときの一条天皇《いちじょうてんのう》は藤原道隆《ふじわらのみちたか》の娘・定子《ていし》を皇后とし、藤原道長《ふじわらのみちなが》の娘の彰子《しょうし》を中宮《ちゅうぐう》としていた。

清少納言は定子の女房《にょうぼう》（朝廷や貴族に仕えた女性使用人）で、紫式部は彰子の女房だった。天皇の寵愛を競うふたりの后《きさき》のライバル関係が、女房間の関係にも影響を及ぼさないはずがない。紫式部の清少納言に対する評価の背景には、そうした確執があったのではないかといわれている。

単純に紫式部が清少納言の才能に嫉妬《しっと》していたのではないかという説もあるが、こちらはこちらで文学者らしい生々しさが感じられる。

紫式部を読む

『あさきゆめみし』大和和紀　講談社

漫画で読む『源氏物語』

紫式部といえば『源氏物語』だが、あまりに長大で気軽には手に取りづらい。そこでお勧めなのが『あさきゆめみし』だ。少女漫画と侮るなかれ。全54帖がほぼ忠実に描かれている

零落しても勝ち気な性格は変わらなかった

清少納言《せいしょうなごん》は老いてなおイヤ〜な女だった!?

宮廷生活を綴った『枕草子』

清少納言は生家の清原《きよはら》の姓にちなんだ女房名で、本名は未詳とされている。歌人・清原元輔《きよはらのもとすけ》の晩年の娘で、981年頃に結婚するが後に離別、993年頃から一条天皇の中宮定子に仕えた。明るく機知に富み、才気溢れる清少納言は、定子の寵愛を受ける一方、公卿《くぎょう》たちとも交わって宮廷生活を謳歌した。そうした生活の記録を作品としてまとめたのが彼女の代表作『枕草子《まくらのそうし》』である。

中宮定子は次女を生んだ後、産後の肥立ちが悪く、24歳の若さで世を去った。それは清少納言にとっても、宮廷生活の終わりを意味する出来事だった。

老いても才女を気取る清少納言の業

清少納言は日頃から、何が何でも一番と思われていたいと、定子に心中を語っていたという。どうやら平安時代を代表する才女の実像は、勝ち気で高慢な女性であったようだ。

そんな清少納言も、定子の死によって庇護者を失うと、宮廷を去るハメになった。再婚もしたようだが、晩年はすっかり落ちぶれたとされる。後年、ある公家が彼女の住む郊外のあばら屋の前を通りかかったとき、落魄《らくはく》した生活を哀れんでみせた。すると清少納言が老いた顔を出し、「駿馬《しゅんめ》の骨は買い手がある」と切り返したという。骨となっても貴ばれる名馬に自らを例えたのだ。落ちぶれてなお変わらない、清少納言の勝ち気な性格をよく表したエピソードといえよう。

清少納言のトリビア

本名未詳の理由

当時、女性は不浄な陰のものとして扱われていたため、名前を正式な記録に残さないのが通例であった。清少納言の本名が残らなかったのもそのためといわれている

派手な恋愛遍歴をたどった歌姫

天才歌人・和泉式部《いずみしきぶ》はアバズレ女だった!?

結婚しても恋に夢中!?

和泉式部《いずみしきぶ》は中古三十六歌仙のひとりで、王朝歌人の中でも随一といわれるほど才能に恵まれていた。私生活では15歳にして和泉守《いずみのかみ》橘道貞《たちばなのみちさだ》に嫁ぎ、一女を産むが、道貞の陸奥《むつ》赴任に際して寒い国に行きたくないとわがままをいって、夫を単身で送り出した。都に残った式部は、夫の留守中、漁色家で知られる為《ため》尊親王《たかしんのう》に口説かれて関係を持つ。彼を忘れられずに恋文にしたためて贈ったのが、小倉百人一首にも採られた「あらざらむ

この世のほかの　思ひ出に　今ひとたびの　逢ふこともがな」という歌である。

最愛の男性を立て続けに失い…

為尊親王が26歳で早世すると、間に何人かの男たちとの味気ない関係を経て、運命の相手・敦道親王《あつみちしんのう》と出会う。彼は為尊親王の弟で、兄に輪をかけて美男で、かつ男らしかった。ふたりは当然のごとく恋に落ち、のぼせ上がった敦道親王は、式部を自分の館に連れ込んでしまう。こうした敦道親王との日々を記したのが『和泉式部日記』である。

幸せは長く続かず、敦道親王も兄同様に早世してしまう。宮廷に出仕した式部は、すでに離婚していたこともあり、40歳過ぎで摂政・藤原道長《ふじわらのみちなが》の四天王のひとりである藤原保昌《やすまさ》と再婚した。道長から「浮かれ女」と評された式部だが、恋愛遍歴の最後はこの保昌となったようだ。夫の任地・丹後に下った後の晩年は、派手な前半生から一転、寂しいものだったという。

知っておきたい用語集

和泉式部日記

和泉式部が記したとされる、日本の代表的女流日記文学。内容は恋愛物語であり、恋心を和歌に託してやり取りする場面が多い。敦道親王の死後１年の間に書かれたといわれている

参考文献

『教科書が教えない歴史』藤岡信勝、自由主義史観研究会（産経新聞社）
『逆説の日本史3 古代言霊編』井沢元彦（小学館）
『逆説の日本史12 近世暁光編』井沢元彦（小学館）
『本当はもっと面白い戦国時代』神辺四郎（祥伝社）
『松平定知が選ぶ「その時歴史が動いた」名場面30』NHK取材班編（三笠書房）
『戦国武将名言録』楠戸義昭（PHP研究所）
『驚愕！歴史ミステリー』（コスミック出版）
『戦国武将の名言に学ぶ』武田鏡村（創元社）
『日本史年表・地図』児玉幸多編（吉川弘文館）
『その時歴史が歪んだ信長異聞録』（ぶんか社）
『別冊歴史読本 戦国時代人物総覧』（新人物往来社）
『改訂新版 戦国群雄伝』（世界文化社）
『改訂新版 日本史の謎』（世界文化社）
『徳川慶喜と将軍家の謀略』（世界文化社）
『肖像画をめぐる謎 顔が語る日本史』（世界文化社）
『織田軍団 覇業を支えた常勝集団のすべて』（世界文化社）
『邪馬台国と卑弥呼の謎』中江克己（学研）
『スキャンダル！日本史』武光誠（河出書房新社）
『真説 日本誕生 黄金の女王・卑弥呼』加治木義博（KKロングセラーズ）
『実録戦後 女性犯罪史』（コアマガジン）
『歴史を彩った悪女、才女、賢女』安西篤子（講談社）
『日本史人物「女たちの物語」上・下』加来耕三、馬場千枝（講談社）
『日本人の恋物語』時野左一郎（光人社）
『驚愕！歴史ミステリー』JB、山口敏太郎ほか（コスミック出版）
『悪女と呼ばれた女たち』小池真理子（集英社）
『日本をつくった女たち』仙道弘（水曜社）
『戦国武将への大質問』歴史の謎研究会（青春出版社）
『歴史を動かした女たち』高橋千劔破（中央公論新社）
『日本夫婦げんか考』永井路子（中央公論新社）
『男をむさぼる悪女の日本史』片岡鬼堂（日本文芸社）
『悪女・賢女の日本史』中江克己（日本文芸社）
『日本史・激情に燃えた炎の女たち』村松駿吉（日本文芸社）

『歴史をさわがせた女たち 日本篇』永井路子（文藝春秋）
『戦国の意外なウラ事情』川口素生（PHP研究所）
『世界の「美女と悪女」がよくわかる本』世界博学倶楽部（PHP研究所）
『戦国時代の「裏」を読む』中村彰彦（PHP研究所）
『日本史未解決事件ファイル』日本博学倶楽部（PHP研究所）
『戦国武将 怖い話、意外な話』楠戸義昭（三笠書房）
『悪女たちの昭和史』松村喜彦（ライブ出版）
『日本の歴史101の謎』小和田哲男（三笠書房）
『学校では教えない日本史』歴史のふしぎを探る会（扶桑社）
『歴史の意外な「ウラ事情」あの事件・あの人物の〝驚きの事実〟』日本博学倶楽部（PHP研究所）
『〔図解〕日本史未解決事件ファイル』日本博学倶楽部（PHP研究所）
『〔図解〕古代史の「謎」と「真実」ここまで解き明かされた日本誕生の舞台裏』武光誠（PHP研究所）
『戦国武将・闇に消されたミステリー いまだ解けない80の謎』三浦竜（PHP研究所）
『戦国10大合戦の謎（愛蔵版）』小和田哲男（PHP研究所）
『戦国武将「できる男」の意外な結末』日本博学倶楽部（PHP研究所）
『陰謀と暗号の世界史 歴史の闇ファイル』（笠倉出版社）
『陰謀と暗号の世界史 歴史の闇ファイル2』（笠倉出版社）
『大奥のおきて「女人版図」しきたりの謎』由良弥生（阪急コミュニケーションズ）
『日本史の謎 闇に隠された歴史の真実を暴く』（世界文化社）
『暴かれた古代日本 新事実を旅する』（世界文化社）
『教科書が教えない 歴史人物の常識疑問』（新人物往来社）
『学校では教えてくれない 日本史人物の謎』（学研）
『歴史を変えた武将の決断』（祥伝社）
『タブーの日本史』（宝島社）
『実録！仰天世界事件史2』（太洋図書）
『実録！仰天世界事件史3』（太洋図書）
『名言で読む幕末維新の歴史』外川淳（講談社）
『こんなに変わった！（日本史）偉人たちの評判』河合敦（講談社）
『図説 気になる「内幕」がまるごとわかる！戦国地図帳』歴史の謎研究会編（青春出版社）
『平清盛 栄華と退廃の平安を往く』（晋遊舎）
『恋する日本史 やまとなでしこ物語』山名美和子（新人物往来社）

「歴史の真相」研究会
(「れきしのしんそう」けんきゅうかい)

豊富な文献とデータベースをもとに歴史に隠された真実を考察する団体。日本史に限らず、世界史まで幅広く研究する。主な著書に『学校では教えてくれない本当の日本史』『あなたの知らない! リアル戦国読本』(ともに宝島社) などがある。

Book Staff

編集／坂尾昌昭、山田容子（株式会社 G.B.）
デザイン／森田千秋（G.B.Design House）
ＤＴＰ／徳本育民
表紙・introduction イラスト／山本（shige）重也
本文イラスト／諏訪原寛幸、宇野道夫、影井由宇、渡辺とおる、水木繁、福田彰宏

おもしろ日本史大全

2013 年 8 月 22 日　第 1 刷発行
2022 年 8 月 19 日　第 3 刷発行

著者　「歴史の真相」研究会

発行人　蓮見清一
発行所　株式会社宝島社
〒 102-8388　東京都千代田区一番町 25 番地
営業　03-3234-4621
編集　03-3239-0928
https://tkj.jp

印刷・製本　株式会社光邦

ISBN978-4-8002-1292-4